Siedler

Buch

Karl V. ist einer der mächtigsten und zugleich geheimnis-
vollsten Herrscher der Geschichte. Niemand vor ihm und
niemand nach ihm regierte über mehr Länder als dieser
Kaiser. In Ferdinand Seibts Biographie steht nicht der
Politiker im Vordergrund, sondern der Mensch mit seiner
Willenskraft und die ungeheure Dramatik seines dreißigjährigen Ringens um die Ordnung der Welt. 1500 im
flämischen Gent geboren, 1558 im spanischen Kloster San
Hieronymo in Yuste als Einsiedler gestorben, war er in
vielerlei Hinsicht der letzte Kaiser des Mittelalters, das in
seiner Epoche mit der Reformation und der Entdeckung
neuer Welten zu Ende ging. Das verleiht Karl V. einen tragischen Zug – den er wohl selbst deutlich empfunden hat.
Die Propheten und Astrologen sagten ihm ein Weltkaisertum voraus, doch die Umbrüche und Wirren der Zeit stürzten ihn in immer neue Krisen. Indem er den Aberwitz der
Universalmonarchie durchschaute und freiwillig abdankte –
ein unerhörter Vorgang –, wird dieser unnahbare und rätselhafte Monarch zugleich zum ersten Herrscher der Moderne.

Autor

Ferdinand Seibt, 1927 geboren, ist em. Professor für Mittelalterliche Geschichte in Bochum. Mit der ihm eigenen
Poesie hat er der Geschichtsschreibung immer wieder zu
ungewohnten Perspektiven verholfen. Weitere Veröffent-
lichungen: »Deutschland und die Tschechen« (1974),
»Karl IV.« (1978), »Revolution in Europa« (1984), »Glanz
und Elend des Mittelalters« (1987).

Ferdinand Seibt

Karl V.
Der Kaiser und die Reformation

Siedler

Umwelthinweis:
Alle bedruckten Materialien dieses Taschenbuches
sind chlorfrei und umweltschonend.

Siedler Taschenbücher erscheinen im Goldmann Verlag,
einem Unternehmen der Verlagsgruppe Bertelsmann.

1. Auflage
Vollständige Taschenbuchausgabe August 1998
Copyright © 1990 Wolf Jobst Siedler Verlag GmbH, Berlin
Umschlaggestaltung: Design Team München
Umschlagabbildung: Archiv für Kunst und Geschichte, Berlin
Zeichnungen, Karte und Stammbaum: Horst Fechtner, München
Satz: IBV Satz- und Datentechnik, Berlin
Made in Germany 1998
ISBN 3-442-75511-5

Inhalt

Vorwort

Karl V., der Kaiser, in dessen Reich die Sonne nie unterging, hat schon viele Biographen beschäftigt. Dieses Buch versucht ein neues Bild des Unnahbaren. Nicht der Politiker steht im Vordergrund, sondern der Mensch mit seiner Willenskraft und der ungeheuren Dramatik seines dreißigjährigen Ringens um die Ordnung der Welt. Die bekannten Gemälde Tizians, die wenigen bisher kaum beachteten Reden des Kaisers, seine Lektüre, seine Briefe zeigen eine Persönlichkeit, die man zu Unrecht mit dem Klischee von Epochen bedenkt. Seiner burgundischen Herkunft, der habsburgischen Dynastie und dem katholischen Glauben verpflichtet, sind ihm die französischen Könige, die deutschen Protestanten und die Türken lebenslange Widersacher geworden. Er wahrt in seiner Religionspolitik ebenso wie in seiner Herrschaftsform gedankliche Selbständigkeit, und scheiternd entschließt er sich zu dem ungewöhnlichsten Schritt in der Geschichte des Heiligen Römischen Reiches: Er dankt ab und widmet seine letzten Lebensjahre der gedanklichen Selbstfindung – eine fast moderne, in Wahrheit europäische Innerlichkeit.

Ich danke meinen Mitarbeiterinnen in Bochum, dem Siedler Verlag und namentlich Herrn Thomas Karlauf für alle Hilfe bei der Herstellung dieses Buches. Besonders freut mich die Verarbeitung des Buches nun in neuer Ausgabe bei Goldmann. In diesem Zusammenhang danke ich Frau Diane von Weltzien für alle Umsicht.

Karl V., der Kaiser, in dessen Reich die Sonne nicht unterging, steht an der Wende zweier Weltalter. 1500 im flämischen Gent geboren, 1558 im spanischen Kloster San Hieronymo in Yuste als Einsiedler gestorben, war er in vielerlei Hinsicht die letzte Gestalt des Spätmittelalters, das in seiner Epoche mit der Reformation und der Entdeckung neuer Welten zu Ende ging. Das gibt diesem Kaiser seinen tragischen Zug – den er wohl selbst deutlich empfunden hat. Die Propheten und Astrologen sagten ihm ein Weltkaisertum voraus, aber die politische Wirklichkeit und nicht zuletzt Martin Luther stürzten ihn in immer neue Krisen. Und dennoch: Niemand vor ihm und niemand nach ihm hat jemals über mehr Länder regiert. Indem er den Aberwitz der Universalmonarchie durchschaute und am Ende freiwillig abdankte – ein unerhörter Vorgang –, wird dieser unnahbare und rätselhafte Kaiser zugleich zum ersten Herrscher der Moderne.

Ferdinand Seibt, 1927 geboren, ist ordentlicher Professor an der Ruhr-Universität Bochum. Mit der ihm eigenen Poesie des Nachdenkens hat er der Geschichte immer wieder ungewohnte Perspektiven gegeben. Er hat dabei Verstehen gelehrt, hat Einsichten vermittelt in Zusammenhänge, die einst die Welt veränderten und heute noch wirksam sind. Ferdinand Seibt ist auch Autor der Biographie »Karl IV. – Ein Kaiser in Europa« (1978) und des großen historischen Bestsellers »Glanz und Elend des Mittelalters« (1987).

Ein Sonnenkaiser

Quod in celis sol/hoc in terra Caesar est: Was die Sonne am Himmel, ist der Kaiser auf Erden. Das kann man auf einer Münze von 1548 lesen: eine Schaumünze, Prunkgeld, kaiserliche Propaganda, wohl auch ein veritables Souvenir. Karl V. ist gemeint, jener Kaiser, in dessen Reich die Sonne nie unterging. Ein halbes Jahrhundert zuvor hatte Christoph Kolumbus im Namen Kastiliens die Neue Welt entdeckt. Kolumbus wußte das bekanntlich nicht, er glaubte, in Westindien gelandet zu sein, auf der Rückseite der Alten Welt. Auf einem solchen verkleinerten Globus hätte die Sonne tatsächlich Tag und Nacht jeweils einen Teil von Karls Imperium beleuchtet. Deutschland, Spanien auf der einen, seine neue Herrschaft auf der anderen Seite der Weltkugel. Die Münze zeigt deshalb den kaiserlichen Doppeladler zwischen den beiden Säulen des Herkules, dem griechischen Symbol für die Grenzen der Welt. Damit ist Karl in die Nachfolge dieses antiken Heros gerückt, er ist der Held, der die ganze Welt bezwang. Sein Adler hält die östliche und die westliche Welthälfte in seinen Fängen und breitet die Schwingen über den Atlantik.

Eine neue Spannweite des Doppeladlers, ein neues Bild der Erde, ein neuer Begriff vom Kaisertum: Plus ultra, über alles hinaus! So heißt denn auch der Wahlspruch Karls V., der, ersonnen einst für den noch nicht Zwanzigjährigen, dem fast Fünfzigjährigen beinahe zur erfüllten Prophetie wird. Plus ultra steht auf der Rückseite dieser Gedenkmünze, und das klingt weit anspruchsvoller als die Devise der römisch-deutschen Kaiser, die sich auf ihren Siegeln nach einer antiken Devise als Semper augustus bezeichnet hatten, »stets Mehrer des Reichs«. Nicht nur vermehrt, sondern ins Unerhörte gesteigert ist das Kaisertum Karls V., in eine neue Welt getragen, von der man freilich erst allmählich eine Vorstellung gewann. Vorerst, um 1548, empfand sich Karl als Kaiser zweier Reiche, wenn auch das eine, ferne, unbekannte in seinem Bewußtsein zurücktrat angesichts der schier endlosen Aufgaben in Europa.

In dieser Alten Welt stellte sich Karl mit dem Bild von der Sonne über alle anderen – ein Sonnenkaiser. Jahrhundertelang hatten Papst und Kaiser darum gestritten, wer diesen Vergleich für sich beanspruchen dürfe. Es ging darum, wer die Sonne sei, die das Licht ausstrahlt, und wer der Mond, der es nur weitergibt. In der Bibel steht von diesem Zwiespalt nichts. Aber auf Karls Münze ist kein Zweifel: Der Kaiser ist die Sonne. Als Sonne im Planetenreigen war gut hundert Jahre zuvor schon einmal ein Kaiser aufgetreten, Sigismund, der letzte Luxemburger. Als Sonnenkönig wird schließlich Ludwig XIV. von Frankreich mehr als hundert Jahre danach seinem Land erscheinen. Hier aber, um 1548, leuchtet die Sonne Karls über der Erde.

Die kaiserliche Schaumünze von 1548 verrät auf einen Blick mehr von Karls Kaisertum als Urkunden und Akten. Jedenfalls erreichte sie mehr Menschen, denn anders als die Schriftstücke der kaiserlichen Kanzlei ging sie von Hand zu Hand. Geprägt 1548, zeugt sie tatsächlich von einem besonderen Triumph im Leben dieses Kaisers. Damals erschien er wirklich als Herr der Welt. Während seine Vizekönige aus dem fernen Amerika eine Eroberung nach der anderen meldeten, nicht ohne gleichzeitig beispiellose Greuel an den sogenannten Indios zu beklagen, hatte er selbst in Europa alle besiegt, die dem kaiserlichen Anspruch, den machtpolitischen Träumen der Habsburger im Wege standen.

1548 war Karl auf dem Höhepunkt seiner Macht. Gerade zehn Jahre später wird er all dieser Macht entsagt haben. Er wird, auch das unerhört in der römischen Kaiserherrlichkeit des Mittelalters, auf alle seine Herrschaften verzichten, auf Burgund und Spanien, auf Amerika und das römisch-deutsche Kaiserreich, und wird als kranker, müder Mann in einem Landhaus in Nordspanien Wand an Wand mit dem Hieronymitenkloster San Yuste zwar nicht als Mönch, nicht ohne Lebensfreude, aber nachdenklich und fern vom Trubel der Welt seine letzten Lebensjahre verbringen. Ein resignierter Kaiser! Er wird um seine Erlösung ringen in langen Gebetsstunden, versunken in die Betrachtung eines merkwürdigen Bildes, das seine himmlische Begegnung mit der heiligen Dreifaltigkeit zeigt.

Die Begegnung von Kaiser und Gott gehört zur Tradition des mittelalterlichen Kaiserbildes und ist immer wieder dargestellt worden, geschnitzt, gemeißelt, gemalt. Aber diese Begegnung zwischen Kaiser Karl V. und der heiligen Dreifaltigkeit zeigt nicht die Krönung des irdischen Herrschers durch den Allerhöchsten. Sie zeigt, wie der Herrscher der Welt seine Krone niederlegt und im Totenhemd demütig niederkniet vor der göttlichen Majestät. Es gibt kein zweites Bild von kaiserlicher Weltentsagung in der christlichen Kunstgeschichte, auch keinen Bericht, keine Chronik von demütig betenden Kaisern im Totenhemd vor Gottes Thron. Plus ultra! Nicht zufällig hat Karl das Bekenntnis, das er mit sich nahm in sein stilles Altersasyl und das der Nachwelt sein Vermächtnis vermitteln sollte, keinem Chronisten anvertraut, sondern dem Pinsel Tizians.

Der Herrschaftsraum

Karl erschien seinen Zeitgenossen schon als »ein ganz Großer«, und seine Geschichte ist oft geschrieben worden. Sein Leben wurde dabei mit großen und kleinen Lampen ausgespäht bis an die Grenzen des Erweisbaren. Noch die verborgensten Einflüsse auf sein Denken und Handeln in achtundfünfzig Lebensjahren suchte man aufzuspüren, und seine Vita hat mehr Aufmerksamkeit auf sich gezogen als andere Kaiserbiographien. Kein Wunder: Im deutschen Geschichtsbild gilt Karls Regierungszeit als die Zeit des Ringens um die Reformation, in der die konfessionelle Spaltung der deutschen Nation unumkehrbar wurde. Für die Spanier ist Karl umgekehrt der Schöpfer der modernen staatlichen Einheit. Im französischen Rückblick gilt Charles Quint als der große Widersacher, besonders was die französische Italienpolitik betrifft – ohne Karl hätte sich Frankreich vielleicht auf Mailand und Neapel ausdehnen lassen – und als ein zähes Hemmnis der französischen Ostexpansion. Die Gefahr der habsburgischen Einkreisung erscheint in ihm personifiziert. Die niederländische Geschichte sieht in Karl, dem gebürtigen Niederländer, vornehmlich den letzten gemeinsamen Herrscher, der zwischen 1515 und 1543 die südlichen und die nördlichen Provinzen zusammenbrachte, von Flandern bis nach Gelderland, ehe sie sein spanischer Sohn entzweite. Eine Geschichte des Protestantismus in Europa wird in Karls Regierungszeit Modellhaftes für protestantische Ständepolitik erkennen, denn bei aller seiner entschlossenen Ablehnung wußte er doch, wo es seine Politik erforderte, mit den Lutheranern auch zu paktieren. Und die Geschichte der katholischen Christenheit hätte eigentlich kaum einen treueren Paladin zu nennen als ihn – vorausgesetzt, man versteht sein Verhältnis zum Katholizismus. Er diente ihm treuer als die Päpste, aber ein subtiles Verständnis für die theologischen Streitfragen der Zeit lag ihm nicht. Umstritten sind bis heute seine eigenen Vorstellungen von seiner Herrschaft, in der Sprache der Historiker, seine Kaiseridee.

Nach dem Urteil eines lakonischen Engländers hatte Karl »zwei Feinde: die Ketzer und die Schulden«. Martin Luther und Anton Fugger sind in der Tat Partner und Widerpart in seinem Leben gewesen. Darüber hinaus mußte sich Karl mit sieben Päpsten auseinandersetzen und mit einem fast gleichaltrigen König von Frankreich, dem eigentlichen politischen Rivalen auf dem europäischen Schlachtfeld. Es wurde ein jahrzehntelanges Duell, nicht nur metaphorisch, sondern gipfelnd in der wiederholten Herausforderung zum persönlichen Zweikampf. Mit zwei englischen Königen suchte Karl ebenso zu paktieren wie mit einer selbständig regierenden Königin, die sogar seine Schwiegertochter wurde. Den deutschen Königsthron, den böhmischen und den ungarischen konnte er besetzen, den dänischen suchte er für seinen Schwager zu behaupten. Ein schon gelähmtes Polen, ein fernes Rußland hielt er immerhin im Auge. Alles andere in Europa war in seiner Hand.

Zwei, drei getreue Ratgeber schätzte er lebenslang. Kurfürsten, Granden und Kardinäle hielt er auf Distanz. Aber den Familiensinn der Habsburger kultivierte er in hohem Maße. Eine kluge Tante Margarete hatte ihn erzogen, mußte seinen ersten politischen Unternehmungen weichen und wurde ihm doch bald als seine Statthalterin in den Niederlanden unentbehrlich. Sein loyaler Bruder Ferdinand wurde mit seiner Hilfe König und Kaiser und sein unmittelbarer Nachfolger, nachdem er in seiner Jugend dem Älteren in Spanien wie auf dem Kaiserthron den Vortritt hatte lassen müssen. Die Ergebenheit seines Sohnes Philipp war, auch nach den Formen des spanischen Hofzeremoniells, kaum zu übertreffen. Seine Tochter Margarete, außerehelich, aber sichtlich mit der gleichen Gunst bedacht wie seine ehelichen Kinder auch, folgte ihm als Generalstatthalter in den Niederlanden. Sein unehelicher Sohn ging als Don Juan d'Austria, der Türkensieger, in die Geschichte ein.

Sieht man ab von dem im einzelnen wenig bekannten Einfluß seiner Tante Margarete auf seine Kinderjahre, traten noch dreimal Frauen in engste persönliche Beziehungen zu Karl. Zwei von ihnen gebaren ihm Kinder außerhalb der Ehe, wahrscheinlich nach nur kurzen Begegnungen. Dazwischen, in dreizehn zum Teil glücklichen Jahren in Spanien, brachte ihm Isabella von Portugal drei Kinder zur Welt und widmete ihm all ihr Vertrauen. Dahinter stand die ganze Leidensfähigkeit aus der harten Schule der Prinzessinnen dieser Zeit.

Bezeichnend für die Persönlichkeit des Kaisers ist ohne Zweifel das enge Vertrauensverhältnis zu einem kleinen Personenkreis. Dies spricht für einen scheuen, abwägenden, sehr kritischen, vielleicht sogar menschenverachtenden Sinn, aber auch für sein Vermögen, lebenslange Bindungen einzugehen. Er wußte seine Vertrauten auszuwählen, und denen er einmal vertraute, denen wandte er sich immer wieder zu. Im Bewußtsein seiner Auserwählung erhob er sich aber auch über sie.

Macht war ihm bestimmt, noch ehe er geboren war. Man mag zweifeln, ob er dafür geboren war: schwächlich, in den ersten Lebensjahren unter ständiger ärztlicher Aufsicht, geplagt von Ohnmachtsanfällen, sein Leben lang in Atemnot bei stets offenem Mund, wie uns alle seine Bilder zeigen, im besten Mannesalter bereits von Asthma und Gicht gezeichnet. Eine kaum mittelgroße, eher zierliche Gestalt, mit feingliedrigen Händen, großen dunklen Augen, mit dem starken Unterbiß der Habsburger, der dominanten Nase, einer leicht fliehenden Stirn und weitausgewölbtem Schädel unter vollem Haar, in dem sich schon bei dem Fünfunddreißigjährigen weiße Spuren zeigten. Er wirkte eher wie ein Künstler, ein feinsinniger Weltbetrachter, ein Priester oder ein Gelehrter, nicht wie ein Schlachtenlenker, nicht wie ein Herr, in dessen Hände das Schicksal der Welt gegeben war.

Auch traut man ihm die Strapazen eines Herrscherlebens nicht zu. Die archaische Struktur des Heiligen Römischen Reiches kannte keine Hauptstadt, nur Krönungs- und Tagungsstädte. Auch die beiden spanischen Reiche verpflichteten den Königshof zur Wanderschaft. Vom Herrscher erwarteten die Untertanen noch immer, auch zu Karls Zeiten, daß er Recht sprach an Ort und Stelle. Die Amtsführung eines reisenden Richters, dessen Zuständigkeit von der Nordküste Afrikas über Spanien, Italien, ganz Mitteleuropa bis an die Nordseeküste der Niederlande reichte! Vor den Niederländern, die er damit als seine eigentlichen Landsleute auszeichnete, zog Karl am 25. Oktober 1555 Bilanz seiner Herrschaft und seiner Reisen: neunmal nach Deutschland, sechsmal nach Spanien, viermal nach Frankreich, zweimal nach Afrika, zweimal nach England – das alles zu Schiff, reitend, als Gichtkranker auch in der Sänfte.

Habsburg oder Burgund?

Was Karls Bewußtsein zuallererst geprägt haben mag, war seine Herkunft. Die Namen, die Verdienste der Ahnen, die lange Reihe der Vorfahren zählten immer und überall zum dynastischen Selbstbewußtsein in Fürstenhäusern, demonstriert und eingeübt schon in den Kinderjahren. Eine solche Erinnerung ist uns auch heute nicht völlig unverständlich, aber sie reicht meist nicht über drei, vier Generationen hinaus. Sich nicht nur des Großvaters zu erinnern, seines Schicksals und seiner Leistungen, sondern auch noch eines markanten Ahnherrn vor mehreren hundert Jahren, das gehört in den Gedankenkreis der ahnenbewußten, der adeligen Familien. Allein die fernen Namen zu wissen, erregt in unserer Welt Aufsehen, die Verdienste unbenommen. Zu Karls Zeiten wirkten die Verdienste der Ahnen noch in der Gegenwart fort, im Sinn einer vollkommenen Identifikation des Enkels mit dem Ahn.

Wir können das Bewußtsein des blassen Mannes, das ihn weit über seine Mitwelt hob, nicht verstehen, ohne uns zugleich seiner Vorfahren zu erinnern. Aber vielleicht sollten wir mit moderner Skepsis zuerst von den Belastungen sprechen, denen Karl durch seine Vorfahren ausgesetzt war. Zwei unter den Frauen aus Karls Stammbaum galten als geistesgestört; die zweite war seine Mutter. Johanna »die Wahnsinnige« hatte ihn, ihren ältesten Sohn, als zweites Kind zur Welt gebracht. An seiner Erziehung war sie kaum beteiligt. Ihr Mann, den man »den Schönen« nannte, zeigt sich im Porträt als Stutzer mit femininen Zügen, ein Frauenheld aus dem sittenstrengen Haus Habsburg, um den sich die junge Spanierin in wahnsinniger Eifersucht verzehrte. Man hat ihre Krankheit daraus hergeleitet. Philipp starb plötzlich 1506. Seine Frau konnte sich kaum von seinem Leichnam trennen und verdämmerte danach ihr Leben mit ihrer letzten, postum geborenen Tochter Katharina auf dem spanischen Schlößchen Tordesillas. Mit der zähen Vitalität vieler Geisteskranker überlebte sie beinahe ihren kaiserlichen Sohn. Erst als sie 1555 starb, zur Zeit seiner Abdankung, wurde Karl rechtmäßig alleiniger Herrscher von Kastilien. Allerdings wirkte das nur in Urkundenformeln.

Die gesamte Familiengeschichte ist wichtig für Karls Selbstbewußtsein und für sein Schicksal. Sein Großvater in männlicher Linie war Kaiser Maximilian, »der letzte Ritter«, einer der populärsten Habsburgerherrscher. Karl folgte ihm nicht durch Erbrecht, sondern durch die Wahl der Kurfürsten, deren Entscheidung durchaus nicht von vornherein feststand. 1519, als Maximilian im Januar starb und Karl im Juli zu seinem Nachfolger gewählt wurde, war der Neunzehnjährige bereits seit drei Jahren König von Spanien; die Krone von Spanien hatte er ererbt.

Das Heilige Römische Reich, auf dessen Thron er gewählt wurde, war damals schon mehr als siebenhundert Jahre alt. Die beiden spanischen Königreiche, die er übernahm, waren erst seit einer Generation vereinigt. Karls Großvater mütterlicherseits, Ferdinand von Aragon, hatte 1469 Isabella von Kastilien geheiratet. So kam das Küstenreich Aragon, das über die Balearen, Sardinien, Sizilien und Unteritalien, also über das gesamte westliche Mittelmeer, soweit es christlich war, sich verbreitet hatte, zu dem kargen, aber weiten Hochland von Kastilien und dem südlichen Granada. Die politische Ehe war schwierig, und daß der Erbprinz aus dieser Ehe, Karls Onkel, schon im Kindesalter starb, danach auch noch die ältere seiner Schwestern, so daß die Erbschaft auf Karls Mutter übertragen werden mußte, machte die Situation nicht leichter. Ferdinand von Aragon, Karls Großvater, führte die Regierung bis zu seinem Tod 1516. Karl hatte in

Spanien das Recht auf seiner Seite, aber als Landfremder betrat er ein schwieriges Terrain.

Eigentlich war er zum Herrscher von Burgund geboren. Auch das war eine neue Herrschaftsbildung des späten Mittelalters, kaum vier, fünf Generationen alt, aber doch reich und wohlorganisiert, durch Karl an der Nordgrenze noch erweitert. Burgund umfaßte den größten Teil des westlichen Mitteleuropa, von dem wir wenig reden, weil wir diese Gebiete heute nur in anderen Verbindungen kennen, als Niederlande und Belgien, Elsaß und Lothringen, Luxemburg, Savoyen und die Provence. In Wirklichkeit strebte dieser Raum von der Nordsee bis zur Riviera immer wieder zu eigenen politischen Zusammenhängen, und Verkehr und Kultur erweisen ihn als eine besondere Region auf der europäischen Landkarte. Hier sprach man französisch und deutsch, provenzalisch und italienisch, flämisch und »niederländisch«, hier waren die Sprachräume ineinander verzahnt, hier gab es Austausch zwischen West und Ost. Vor allem verlief die älteste und wichtigste Straße vom Mittelmeerraum in den europäischen Norden durch diese Region, von der Rhône bis nach Flandern. 1363 war ein Prinz aus französischem Königshaus zum Herzog von Burgund geworden, Philipp der Kühne, und ihm folgten noch drei »ohne Furcht« und »kühn« und einmal ein »guter«. Diese vier hatten nacheinander fast die ganze Region von der Saône bis an die Nordsee erobert, erheiratet, mit Druck und Lockungen erworben und mit bemerkenswerter Konsequenz in zeitgemäße Herrschaftsformen gefaßt. Am Ende, 1477, blieb eine Erbprinzessin, Karls Großmutter. Schon vor dem Schlachtentod ihres Vaters, Karls des Kühnen, hatte man sie mit dem Erbprinzen der Habsburger und voraussichtlichen Kaiser verheiratet.

Mit dieser Ehe hatten die Habsburger von Österreich über Tirol und ihren Stammsitz am Oberrhein eine Brücke vom östlichen ins westliche Mitteleuropa geschlagen. Das legte den

Grund zu ihrer Vormacht in Mitteleuropa. Man kann es nicht deutlich genug sagen: Über den Westen stiegen sie auf, den sie zuerst erwarben, 1477. Daß ihnen zwanzig Jahre später Spanien zufiel und wieder dreißig Jahre danach auch die Königreiche Böhmen und Ungarn, soviel die Türken davon übriggelassen hatten, das bestimmte sie in einer bis dahin in Europa unerhörten Konzentration von Ländern, Reichtum und strategischen Positionen schon beinahe zur Hegemonie. Über zwei, drei unvorhergesehene Todesfälle war diese ganze unbeschreibliche Macht schließlich auf Karl gefallen, auf seine Schultern, in seinen Schoß, so daß die Aufzählung seiner Würden und Herrschaftstitel, nichts ausgenommen, über 70 Positionen umfaßte.

Versuchen wir einzudringen in jene Gedankenwelt, in der man nicht reich oder arm geboren wurde wie heute, sondern hoch oder niedrig, in der man nach viel einfacheren Gesetzen als heute zur politischen Elite oder zur Herrschaft bestimmt war und diese Bestimmung nicht frei war vom Zufall, vom Erbfall. Mußte sich Karl, mit einem burgundischen Herzogsnamen zum Herrscher Burgunds geboren, danach zum König von Spanien gekrönt und zum römisch-deutschen König und Kaiser gewählt, im Besitz aller Machtmittel, soweit der Herrschaftsaufbau seiner Zeit den Mächtigen solche Mittel in die Hand gab, nicht zwangsläufig wie der Auserwählte Gottes fühlen? Und wie stand es mit denen, die mit ihm lebten?

Moderne Staatswesen sind Gesellschaftsgebilde aus abstrakter Übereinkunft. Selbst unser Souveränitätsbegriff, auf das Volk übertragen, ist Abstraktion. Der lebendige Herrscher, den wir im Rückblick als eine »Verkörperung« des Gemeinwesens bezeichnen würden, bot in den alten Zeiten der Monarchie zwanglos Bindungen an, die jeder Bereitwillige unter seinen Untertanen eingehen konnte, mit all der Identifikationsmöglichkeit, die ein abstrakter National- oder Staatsbegriff nicht leisten kann. Geburt, Ehe, Krönung und Tod des Königs geben Gelegenheit, diese Identifikation zum Ausdruck zu bringen. Mit einem jungen Herrscher verbinden sich Zukunftshoffnungen; mit dem Bild des alten vereinigen sich die Erfahrung eines langen Lebens und die gesammelte Kraft seiner Reife. Das eine wie das andere rührt aus der Einbildung des Betrachters. Und doch hat es mehr als den Schein für sich: Das Leben des Monarchen reicht unmittelbar in den persönlichen Erlebniskreis eines jeden. Ein rechter Untertan, selbst noch in einer parlamentarischen Monarchie, lebt mit seinem Monarchen ein ganzes Leben lang.

Karl wurde begrüßt als das »junge edle teutsche Blut«, von Luther und von Hutten. Zu dieser Zeit war ihm das Deutsche noch eine fremde Sprache, und er rühmte sich seiner Abkunft von den französischen Königen. Am Ende seines Lebens stand dann der Ruhm des Einsamen, der die Welt bezwungen hat, der ihr aber entsagte und sich selbst bezwang – ein barockes Thema, das in Bild und Buch noch lange weiterlebte. Dazwischen galt Karl in der Darstellung seiner Lobredner als neuer Herkules, als Wohl- und Wundertäter, als der Held, der die Hydra besiegte und den Höllenhund, der den Augiasstall zu reinigen verstand und immer dem schmalen und steilen Weg folgte. Die Taten des Herkules standen einem Monarchen glänzend an, denn sie dienten, recht interpretiert, der allgemeinen Ordnung, dem Sieg des Guten im Staat und dem gemeinen Nutzen. Aber so sehr sich der Held im Kampf gegen die öffentlichen Laster, gegen Mißbrauch von Gewalt und Korruption bewährte, die seit dem 16. Jahrhundert kritische und konfessionell gespaltene Christenheit versagte ihm den Heiligenschein. So etwas wie ein mythisches Himmelreich der antiken Heroen eröffnete sie den gekrönten Häuptern dagegen bereitwillig in Malerei, Emblematik und heraldischer Fiktion. Karl war einer der ersten, der diesen Himmel erstieg.

Das Kompliment der Gebildeten, ihre symbolträchtige Verherrlichung propagierte nicht den Staat, nicht das Abstraktum, nicht das Wappen oder die Nationalfarben, auch nicht das uralte kaiserliche Siegeszeichen, den Adler, sondern in konkreterer Menschlichkeit: die Dynastie. Von der männlichen Linie ein Habsburger, fühlte und dachte Karl zumindest als junger Mann vornehmlich wie ein Burgunder nach seiner mütterlichen Abkunft, und er mußte fast dreißig Jahr alt werden, ehe er mit dem »Damenfrieden« von Cambrai genötigt wurde, die politisch extreme Forderung nach voller Restitution des mütterlichen Erbes von Burgund zumindest in den Hintergrund zu drängen. Das deutsche und besonders auch das österreichische Element dachte er dem jüngeren Ferdinand zu. Die Ruhmredner und -maler verstärkten diesen Akzent.

Prophetie und Politik

Was bestimmte das Gemeinschaftsbewußtsein, Niveau und Inhalt der gedanklichen Beziehungen zwischen dem Kaiser und seiner Umwelt? Man dient einem Herrn und man rühmt ihn. Beides ist uns zugleich mit der Monarchie abhanden gekommen, in einem kritischen, schmerzlichen und unumkehrbaren Prozeß. So erscheint im Urteil der Gegenwart oft schon der Beamte, der »Staatsdiener«, als Anachronismus, und Politiker als Ruhmredner ihrer Politik ertragen wir nur schwer. Denn längst ist uns diese gleichsam natürliche Ebene der politischen Selbstdarstellung fremd geworden, nicht so sehr im Zuge der Französischen Revolution, die allzuoft dafür herhalten muß, sondern eher durch das doppelgesichtige 19. Jahrhundert und durch den »Personenkult« unserer Zeit. Wenn aber ein kritisches, verfassungsgebundenes, dialektisches Rechtsdenken mit dem nüchternen Grundsatz der Gleichheit aller, allenfalls noch durch den Respekt vor den Menschenrechten abgesichert, unser Gemeinschaftsbewußtsein bestimmt und dies von den meisten auch noch zum Fortschritt erklärt wird, wie sollten wir da Verständnis finden für eine tiefere Emphase, die um alle monarchische Aura einen geheimnisvollen Glanz legte? Und das nicht etwa als Köhlerglauben für wundersüchtige Bauern. Karls engste Umgebung förderte diese Einflüsse, vor allem sein Großkanzler Gattinara.

Um die Welt recht zu verstehen, in der er lebte, die Hoffnungen, die ihm entgegenschlugen, die ganze Weltordnung, in der er für viele der unersetzliche Schlußstein war, muß man sogar auch von den Propheten sprechen. Propheten um den Kaiserthron? Wir alle leiten Tag für Tag einen erheblichen Teil unserer Denkarbeit aus sehr unsicheren Voraussetzungen ab. Vornehmlich wenn wir uns mit der Zukunft befassen, mit unserer eigenen geradeso wie mit der unserer Angehörigen oder auch der unserer Welt. Zukunftserwartung ist letztlich eine Triebfeder aller Geschichtsphilosophie, hat mit Geschichte manches gemeinsam. Archaische Zukunftserwartungen sind stark dem Magischen verhaftet; spätantike und mittelalterliche werden aus Symbolen entwickelt, nach Zahlen, nach dem Kalender, nach der Bibel. Die Astrologie spielt in diesem Zusammenhang noch heute eine Rolle. Und niemand soll sagen, daß er von magischem, symbolischem oder konfigurativem Denken ganz frei sei, wenn er über Zukunft spekuliert. Allein das fatale Mißverständnis von Wiederholungen in der Geschichte ist Gegenbeweis genug.

Die mittelalterliche Geschichtsphilosophie bediente sich zum Beispiel der Bibel, um entsprechend den sechs Schöpfungstagen die Welt in sechs Zeitalter zu gliedern: Mit dem siebenten hob das Weltgericht an und danach der Weltensabbath, das Himmelreich auf Erden. Die sechsteilige Zeitenskala überlieferte um 400 der heilige Augustinus der christlichen Nachwelt, und kaum ein anderer unter den spätantiken Theologen prägte das lateinische Christentum stärker als er. In allen möglichen Varianten glaubten sich die mittelalterlichen Prognostiker bereits im sechsten Zeitalter, unmittelbar vor dem Weltgericht, aber »unbekannt ist der Tag und die Stunde«.

Allerdings gab es da einen unter den mittelalterlichen Futurologen, der es anders wußte, einen hervorragenden Kopf, wohl nicht unbeeinflußt von der jüdischen Kabbala, einer geheimen Überlieferung, die einiges ähnlich sah. Joachim von Fiore, Abt in einem Waldwinkel in Kalabrien, wiewohl einigermaßen weitgereist, teilte den Lauf der Welt nicht in die Jahrhunderte vor und die nach Christi Geburt, auch nicht oder nicht allein in die sechs beziehungsweise sieben Zeitalter der Schöpfungswoche, sondern in eine Ära Gottvaters, nach dem Alten Testament, Gottsohnes, dem Evangelium der Apostel zuzuschreiben, und zuletzt in eine Ära der dritten göttlichen Person, des Heiligen Geistes. Dafür hatte die christliche Buchreligion keine Entsprechung. Deshalb ging Joachim davon aus, daß im künftigen Geistzeitalter die Menschen auch nicht mehr durch die Schrift, sondern von innen her erleuchtet würden, durch das »ewige Evangelium des Heiligen Geistes«.

Für das christliche Gegenwartsbewußtsein, das sich stets am Rande des Weltuntergangs wähnte, war Joachims Lehre revolutionär. Wer über die Zukunft nachdachte, die persönliche oder die Zukunft der großen politischen Gemeinschaften, der sah nun nicht mehr bei jeder politischen Katastrophe das Weltgericht im Anzug, sondern der blickte voraus in ein weites Aktionsfeld, einem neuen Zeitalter, einem besseren Dasein auf Erden entgegen, unter christlichen Voraussetzungen. Prophezeit war eine aus kosmologischem Wandel herrührende Reform, in der mit Hilfe des Heiligen Geistes sich endlich die Hoffnung auf eine grundlegende Besserung erfüllte.

Joachim, selbst ergriffen vom Anliegen der christlichen Weltreform, wies unerhörte Möglichkeiten. Er beschrieb sie in einigen Büchern und »bewies« seine Erkenntnisse aufgrund von Übereinstimmungen zwischen dem Alten und dem Neuen Testament, mit den Worten der großen und der kleinen Propheten, mit Hilfe biblischer Figurationen, namentlich aus der Apokalypse, nach Zahlen, Stammbäumen und dem zyklischen Zusammenhang der Trinität. Er schrieb und zeichnete, und er deutete seine Zeichnungen. Er beriet, keineswegs ein verborgener Prophet, Könige und den Kaiser seiner Zeit. Als er 1202 starb, geriet sein Werk jedoch bald in Vergessenheit. Die Kirche entdeckte einigen Makel daran. Erst die große, religiös enthusiasmierte Franziskanerbewegung fand, halb durch Zufall, in den vierziger Jahren des 13. Jahrhunderts, Joachim habe ihr die Vorreiterrolle für das Dritte Zeitalter des Heiligen Geistes zugesprochen. Die radikalen Franziskaner, die sogenannten Spiritualen, seit dem Ende des 13. Jahrhunderts kirchlich infamiert und gebannt, wurden »Joachiten« und trugen seine Deutungen einschließlich neuer, die man ihm zuschrieb, in geheimen Zirkeln durch die Christenheit. Schon die römische Revolution Cola di Rienzos 1347 war davon inspiriert. Hundert Jahre später lebte die heimliche Hoffnung auf eine bessere Welt ebenso wie die öffentliche Reformdiskussion in Klöstern, auf Königshöfen, ja selbst an der päpstlichen Kurie und so mancher Universität von Prophetenwissen, das sich aus den Vorhersagen Joachims, eines inzwischen angewachsenen Pseudo-Joachismus und aus älteren Vatizinien nährte. Dazu traten Kaisermythen und die Erwartung eines Engelpapstes. Die Augustinereremiten, der Orden Luthers, die sich besonders der Reform der Christenheit verpflichtet fühlten, griffen auch nach Joachim. Augustinereremiten brachten von 1517 an in Venedig Echtes und Unechtes von Joachim zum Druck. Augenscheinlich gab es dafür auch sofort ein Publikum. In Venedig hatte die päpstliche Inquisition nicht so leicht Zugriff. Und sogar Aegidius von Viterbo predigte als Kardinal 1512 auf einem Konzil Joachitisches.

Joachims Prophetie der Weltzeitalter griff auch in die Politik. In seinen Vorhersagen hatte er einem Kaiser die entscheidende Rolle zugedacht, und in Überschneidung mit anderen Prophetien galt dafür bald Friedrich II., fünfzig Jahre nach Joachims Tod, bald Friedrich III., zweihundertfünfzig Jahre später. Schließlich suchte man nach jemandem mit dem Buchstaben P. und dann nach dessen Sohn. Das war Karl, Sohn Philipps des Schönen. Dieser Karl trug ja doch überdies noch den Namen Karls des Großen, des Urahnen allen mittelalterlichen Kaisertums, stammte aus dessen Geschlecht und vereinigte in seiner Herkunft den Adler und die Lilie, das deutsche Kaisertum mit der französischen Dynastie. Das alles lockte die Auguren.

Übrigens nicht nur in den Niederungen des Aberglaubens:

1519, in der Wahlkapelle von St. Bartholomäus in Frankfurt, erinnerte bei seiner Stimmabgabe der Kurfürst von Brandenburg an den Karlsnamen und seine verheißene Bedeutung. Mag sein, schreibt Marjorie Reeves, der wir die wichtigsten Studien zum Thema verdanken, daß die Fuggergulden schwerer wogen; aber das ideologische Gewicht der Kaiserprophetie in einer Gedankenwelt, die ohnehin auf der mythischen Legitimität aller monarchischen Regierung beruhte, ist für den nachdenklichen Betrachter kaum zu überschätzen.

Humanisten und Astrologen, Poeten, Philosophen und Prediger, wenn sie nur allesamt nach der Einheit der Schöpfung suchten – und wer suchte sie nicht? –, wenn sie bedrückt waren von der Unvollkommenheit der Kirche, von der eigensüchtigen Politik der Könige, nicht zu sprechen vom Unfrieden unter den Menschen bis in die alltägliche Gegenwart, nahmen alle leicht Zuflucht zu Joachims Hoffnungen auf »einen Hirten, einen Schafstall, einen Herrn, der alle Welt unter seinem Imperium halten wird, und es wird ein goldenes Zeitalter erklärt werden«. Genauer kannte damals der Nürnberger Buchdrucker Johannes Hergot Joachims Prophetie vom Dritten Reich, das alle gegenwärtige Ordnung auflösen sollte, aber er wurde dafür geköpft.

Andere Vorhersagen, namentlich solche, deretwegen man nicht geköpft wurde, sondern bei Hofe offene Ohren fand, beruhten auf weit kurioseren Konstruktionen. Aber Joachim blieb im zweiten Viertel des 16. Jahrhunderts »klar der Prophetenfavorit«. Und alles zielte auf Karl V. Er war der »Bändiger der widerspenstigen Lilien« nach seinem spektakulären Sieg bei Pavia 1525 über König Franz von Frankreich. Er war »der notwendige Züchtiger des päpstlichen Übermuts« nach dem Sacco di Roma von 1527. Er war »der Sieger über alle Ungläubigen«, nachdem er 1535 Tunis eroberte, angeblich 20000 christliche Sklaven befreite und beinahe auch noch den in der christlichen Seefahrt gefürchteten Chairedin Barbarossa gefangengenommen hätte. In

Deutschland konzentrierte sich die Erwartung auf die Einheit der Christenheit, die im Konfessionsstreit besonders bedroht erschien.

Es gab eine Gegenpropaganda: Kein anderer als Luther selbst zog gelegentlich die alte Erwartung eines Friedensherrschers namens Friedrich hervor. Einen solchen »Friedensbringer« hatte schon eine Reformschrift von 1439 propagiert, die damals binnen kurzem nicht weniger als fünf Mal im Druck wieder aufgelegt wurde. Aber Luthers Argument war schwach. Er vermochte nicht recht »prophetisch« zu denken. Denn sein Friedrich war niemand anderer als der sächsische Kurfürst, der ihn zwar selber beschützte, aber als Kandidat bei der Kaiserwahl 1519 zurückgetreten war. Auch stützte Luther Friedrichs Bedeutung nur mit einer Metapher und nicht mit einem Symbol: Der verheißene Friedrich sollte im Prophetentext nämlich die Christenheit am Grabe Christi in Jerusalem befreien, während Luthers Friedrich die Christenheit durch das neue Evangelium befreite. Im Publikum der Propheten überzeugte das nicht.

Als der Kaiser 1547 die Lutheraner besiegt hatte, da griff auch der Wiener Universitätsprofessor, Humanist und Historiker Wolfgang Lazius nach den dunklen Büchern. Karl, vorhergesagt als »ein Fünfter«, als »Sohn eines P.«, sei in seiner Bedeutung für das Schicksal der Welt weit über alle christliche Geschichte hinaus zu vergleichen mit den Großen des Alten Testaments, mit David und am Ende sogar mit Moses. Gerade in diesen Personenkreis hatte dann auch Tizian bald nachher im Bild von der Dreifaltigkeit den resignierenden Kaiser eintreten lassen.

Wir wissen aber nicht, wie Karl auf die Erwartungen der Propheten reagierte. Wir haben auch keine Auskünfte darüber, was er vom herkömmlichen Zeremoniell des Kaisertums hielt, das ihm auf seine Weise in Gesten, Worten, Zeichen und Symbolen eine weltgeschichtliche, besser: eine heilsgeschichtliche Rolle in der Welt zuwies. Wir pflegen das Wort Kaiser so leicht in den

Horizont unserer politischen Rekonstruktionen zu setzen wie andere Amtsbezeichnungen auch und vernachlässigen, daß ein jeder Amtsbegriff nicht nur von seinen Funktionen lebt, sondern auch vom Echo in den Herzen und Köpfen der Mitlebenden. Der begeisterte Lobpreis, mit dem Mercurino Gattinara, aus der Schule Margaretes von Savoyen, der niederländischen Statthalterin, Ziehmutter und Tante Karls V., 1519 in Spanien die weltgeschichtliche Bedeutung des Kaisertums vor den Großen des Landes erklärte – und sie dafür gewann –, hatte den Glanz des kaiserlichen Namens freilich deutlich gemacht. Denn die Spanier wollten ursprünglich ihren König nicht in die schier aussichtslosen Geschäfte der Christenheit verwickelt wissen; noch weniger wollten sie dafür zahlen. Hinfort aber gehörten sie, mit Geld und mit Soldaten, zu Karls hingebungsvollsten Helfern. Nicht zu sprechen von den Erwartungen in Deutschland, den prophetischen und den realistischen.

Karl selbst mied den Kaiserpomp. Als er 1530 in Bologna gekrönt wurde, legte er auf die Teilnahme der Kurfürsten im Krönungszug keinen Wert. Nur einer war dabei. Und auch sonst scheint er sich des kaiserlichen Ornats, im wörtlichen Sinn wie metaphorisch, kaum je bedient zu haben. Spätestens seit 1535 bevorzugte er schlichtes Schwarz. Was er vom Heiligen Römischen Reich im besonderen dachte, er, der Herr der Welt, ist nirgends überliefert. Gattinara, sein Großkanzler, der aus ghibellinischer Tradition zu kaiserlicher Italienpolitik drängte, starb gerade im Krönungsjahr 1530.

Karls Biographen haben bis heute Karls Propheten oder richtiger: die auf Karl gedeuteten Prophetien ignoriert und den Kaiser vornehmlich an der politischen Auseinandersetzung gemessen. Aber haben Karls Propheten nicht auch auf ihre Weise Politik gemacht?

Das Problem der Frömmigkeit

Im Prophetentext hatte also »das Kind von Gent« nicht nur den Erwartungen zu genügen, die seine Familie, die spanischen Granden, die deutschen Reichsfürsten, der Papst ebenso in ihn setzten wie Luther, die deutschen Bischöfe, die städtischen Obrigkeiten oder auch der gemeine Mann in Stadt und Land. Karl sollte Visionen und Prophetien der Hofpoeten mit Leben erfüllen und unter ganz anderen Perspektiven vor dem Männerbund der Ritter vom Goldenen Vlies bestehen, dessen Oberhaupt er neunjährig nach dem frühen Tod seines Vaters geworden war. Vor allem sollte er ein frommer Kaiser sein. Aber es ist schwer auszumachen, was ein frommer Kaiser ist.

Merkwürdigerweise haben Karls Biographien dieses Thema gemieden. Wenn wir die vielberufene Parole von der mittelalterlichen Mentalität beim Wort nehmen, dann ist es aber gerade zuallererst Frömmigkeit, Bindung an das Transzendente, was die Menschen dieser Jahrhunderte von unserem Sinnen und Trachten entfernt. Nicht, daß sie unverständlich wären für ein frommes Gemüt unserer Tage – jedenfalls nicht unverständlicher als der Schamanenglaube der Sibiriaken, der Kriegerkult der Prärie-Indianer oder der Sippenglaube der Nordmänner. Aber immerhin ist die Frömmigkeit, wie sie im frühen 16. Jahrhundert ein engagierter Christ übte, noch vor der neuerlichen Vertiefung des Christentums durch Reformation und Gegenreformation, eine Frömmigkeit, wie sie einem Kaiser zukam, eingeordnet in den gläubigen Weltkreis der Christenheit, den orbis christianus, eine ferne Welt. Sie erscheint uns widersinnig, fern der rationalen Konsequenz unserer Daseins- und Lebensauffassung. In Umrissen kennen wir ihre gesellschaftsbezogene Vielfalt und ihre religiöse Mehrdeutigkeit, das Nebeneinander von lebensumspannender selbstbewußter Religiosität und guten Werken. Es gilt von heute aus Beziehungen zu setzen zu den Lebensplänen einer Zeit, die den Menschen von der Ewigkeit her zu bestimmen suchte und nicht von der kurzen Spanne seines irdischen Daseins. Memento mori! Das ist alles andere als ein Schlagwort.

Nur schemenhaft bedachte der bis heute noch immer maßgebliche Biograph Karls die Frömmigkeit seines Helden: Er sprach kurzerhand von »tiefster mittelalterlicher Frömmigkeit«. Genauer vermutete Brandi Einflüsse der »Brüder vom gemeinsamen Leben« auf Karl, einer niederländischen Frömmigkeitsbewegung des Spätmittelalters, der sogenannten Devotio moderna. Brüderlich zu leben im armen Alltag, von einfacher Arbeit im Garten, am Schreibpult, in der Schulstube, das galt seit der Wende zum 15. Jahrhundert als ein neuer Weg in der rechten Nachfolge Christi und führte die Brüder nicht ins Kloster, sondern, in enger Verbindung mit dem Orden der Augustinerchorherren, in ein kleinbürgerliches Dasein. Die Schulgründungen der Brüder freilich hatten bedeutende Männer hervorgebracht: Neben Erasmus und Luther, die hier das Abc erlernt hatten und damit natürlich ebenso die brüderische Frömmigkeit, vor allem Adrian von Utrecht, den späteren Papst Hadrian V. Dieser Adrian war – das ist Brandis Brücke – einer der Lehrer Karls V. gewesen. Karl hatte ihn 1517 als seinen Statthalter nach Spanien mitgenommen, und von dort kam er, nicht ohne Karls Zutun, 1521 zu einem knapp einjährigen Pontifikat auf den römischen Stuhl. Lassen wir beiseite, daß Adrian, ob ein guter oder ein schlechter Schüler bei den Devoten, selber eigentlich kein Devotenleben geführt hat. Prälat, Kardinal und Papst – der Gründer der Bewegung, Gert Groote, hatte einst sogar die Priesterweihe abgelehnt, um der »neuen Demut« ein Beispiel zu sein.

Auch Karl wurde kein Gärtner, Schreiber oder Lehrer, sondern Kaiser. Und das eben nicht nur durch ein unabwendbares Fatum: Er hatte sich 1516 beim spanischen Erbfall gegen seinen jüngeren Bruder Ferdinand durchgesetzt. Drei Jahre später hat er mit allem Nachdruck für die römische Königs- und Kaiserwahl kandidiert und dabei wieder seinen Bruder Ferdinand in die Schranken gewiesen. Devotenfrömmigkeit war das nicht. Der hochfahrende Sieger von Pavia und Rom, von Tunis und Mühlberg, der zwanzig Jahre lang seinen politischen Gegnern nichts anderes entgegenzubringen wußte als Unversöhnlichkeit – dem gefangenen König Franz I. von Frankreich 1525 genauso wie dem gefangenen Kurfürsten Johann Friedrich von Sachsen 1547 –, wäre jedenfalls ein schlechter Schüler der niederländischen Devoten gewesen.

Hatte die Zeit ihren Kaisern aber nicht eine besondere Frömmigkeit zugedacht? Peter Rassow, nach Karl Brandi der meistzitierte deutsche Karlsbiograph, bezeichnete vor dreißig Jahren Karl V. als den »letzten mittelalterlichen Kaiser«. Das wäre ein tauglicher Begriff dafür. Denn bei der religiösen Unbedingtheit des Mittelalters gab es ein Idealbild, wie die beiden Häupter der Christenheit, Kaiser und Papst, in religiös fundierter Brüderlichkeit miteinander wirken sollten. Konstantin und Sylvester, Otto III. und Sylvester II., Heinrich III. und Leo IX. schienen diesem Ideal, zumindest der Fama nach, immerhin nahe. Karl IV. und Clemens VI. konnten ähnlich erscheinen, weil der »Pfaffenkönig« dem Papst seine Wahl verdankte. Umgekehrt hatte Karl V. für die Papstwahl Adrians agiert. Aber als er ihn im Mai 1522 an diese Wahlhilfe erinnerte, zu gemeinsamer Aktion in Reformfragen, kam eine kühle Antwort. In den wenigen Monaten von Hadrians Pontifikat gab es kein Zusammenwirken. Spätere Päpste, die Karl in diesem Sinne beschwor, verhielten sich gar feindselig. Immerhin suchte Karl diesen Kontakt. Aber anscheinend eher aus politischer Einsicht denn aus einem Bedürfnis seiner Frömmigkeit. Man könnte fast sagen, das Papsttum, zumindest in seiner zeitgenössischen Prägung, sei ihm eher suspekt gewesen, als daß er dessen Autorität hätte gelten lassen – und das nähert seine angeblich mittelalterliche Frömmigkeit schon fast dem protestantischen Standpunkt.

Das Mittelalter hatte seinen Kaisern noch andere Aspekte für ein frommes Leben zugedacht; sakrale und ethische. Der sakrale machte den Kaiser sozusagen von Kopf bis Fuß – von der Form seiner Krone, die ihn auch als Chorbischof auswies, bis zu den verpflichtenden Wegen nach Aachen und Rom – zu einem Leitbild, zum sichtbar Auserwählten, legitimiert durch Gottes Gnade. Karl gab dem nur selten Ausdruck. Zwar eine Krönung in Aachen, aber keine in Rom; zwar in Aachen ein Hofzeremoniell, aber nur ein Schauzug in Bologna, an dem nur einer der sieben Kurfürsten teilnimmt. Kein Reliquienkult, kaum fromme Stiftungen, keine besondere Bindung an einen religiösen Orden, nur später, für den resignierten Herrscher, die Mönche von San Hieronymo in Yuste. Keine Schaukrönungen, kein Levitendienst in der Weihnachtsmesse, wie ihn noch Kaiser Sigismund übte, und auch keine Präsenz als »Vogt der Christenheit« beim Tridentiner Konzil, obwohl es nach seinem Wunsch auf Reichsboden lag und obwohl das Vorbild Sigismunds für die Reformkonzilien von Konstanz und Basel gut einhundert Jahre zuvor zur persönlichen Gegenwart einlud und obwohl manches aus der Hussitengeschichte dem Kaiser im Umgang mit Protestanten vor Augen gestanden haben mag.

Es gab auch ethische Forderungen an einen Kaiser. Sie verpflichteten ihn zuallererst zum gerechten Umgang mit der Macht, nach dem Vorbild der mittelalterlichen Theodizee. Dabei ist schwer zu entscheiden, ob der Akzent auf der Gerechtigkeit lag oder auf Macht. Auch verschoben sich die Gewichte im Laufe der Jahrhunderte; Grund war einerseits die politische Entwicklung in Europa, andererseits das wachsende Verständnis für »innere Gerechtigkeit«. Die Gerechtigkeit Karls des Großen, am

Anfang der Kaiserreihe, war zweifellos machtbestimmt und nur einem äußerlichen Gerechtigkeitsverständnis verpflichtet. Heinrich III. dagegen, der wohl die größte Kaisermacht im nachkarolingischen Europa in Händen hielt, war bemüht, nach dem Bibelwort als »weinender Vollstrecker der Gerechtigkeit« zu erscheinen. Das lag Karl V. ein halbes Jahrtausend später sehr fern.

Frömmigkeit fordert auch Mühsal in einem frommen Amt. Unausgesprochen, weil verknüpft mit der Forderung nach politischer Wirksamkeit, war jeder Kaiser zur größten Aktivität verpflichtet, und mancher hat sich darin gewiß aufgerieben. Weil diese Kaiser – und hierin war Karl V. tatsächlich »der letzte« und insofern noch »mittelalterlich« – allesamt reisende und das heißt reitende Herrscher waren, läßt sich die Aktivität vielfach schon an den Reisewegen ablesen. So gesehen war Karl als der letzte auch Kaiser der längsten Reisewege. Dennoch gab es Kritik aus seiner nächsten Umgebung: 1532 und noch einmal 1541 tadelte ihn seine Männerrunde, das Generalkapitel der Ritter vom Goldenen Vlies, wegen mangelnder Aktivitäten. Und etwa zur selben Zeit schrieb ihm sein ehemaliger Beichtvater Loaysa: »Es ist nicht recht, daß Eure Majestät zur Erholung Dinge tut, die Gott beleidigen und gar trügerisch sind... mit Müßiggang, Wohlleben, Lastern und Ausschweifungen sind niemals Kronen oder Triumph gewonnen worden. Immer stritten in Eurer königlichen Person Trägheit und Ruhm miteinander...« Loaysa, der ihn wohl kennen mußte, warnt Karl vor der »Sinnlichkeit fleischlicher Liebe«. Wir kennen den Grund für diese Warnung nicht. Aber wir wissen, daß der früh Gichtkranke unwillig war, die ärztliche Diät zu ertragen, und daß er zumindest mit seinen Tafelfreuden bis in seine letzten Lebenstage die Ärzte ennuyierte.

»Unnahbar – das ist das Wort, das in keiner Charakteristik Karls fehlen wird.« Dieses Urteil von Herbert Nette hat richtungweisenden Charakter. Die Unnahbarkeit ist mit Unbedingtheit verknüpft, allerdings nicht in allen Dingen und erst allmählich. Unbedingt tritt der Vierzehnjährige auf, als es gilt, Statuten des Ritterordens vom Goldenen Vlies zu wahren; unbedingt erweist er sich 1521 gegenüber dem standhaften Luther, ohne daß er deshalb zum mustergültigen Katholiken zu stempeln wäre. Unbedingt, bis zur politischen Zerreißprobe, verficht er seinen Erbanspruch auf den französischen Teil von Burgund. Unnahbar wird er spätestens nach dem Tod des Großkanzlers Gattinara 1530, dessen Position nicht wieder besetzt wird. Unnahbar ist er im Umgang mit seinen Räten, bei aller Aufmerksamkeit und stetem Mißtrauen.

Man darf Karls Individualismus als Christ und als Kaiser nicht verkennen; man darf also nicht mit Karl Brandi von »einem Mann der tiefsten mittelalterlichen Frömmigkeit« sprechen. Die tiefste Frömmigkeit war zu aller Zeit vielgestaltig. Das Christentum ist eine eminent politische Religion, nach dem Gebot der Nächstenliebe und nach dem Vorbild des Alten Bundes zwischen Gott und dem Volk Israel. Dementsprechend hatten sich die einzelnen politischen Gruppen des Mittelalters darin auch gut eingerichtet. Reicher Adel und das wohlhabende Bürgertum hatten sich einen »feingüldenen Herrgott« geformt, wie Thomas Müntzer das nannte. In den wirtschaftlich und künstlerisch blühenden Gegenden Oberitaliens, Nordfrankreichs und Burgunds entstanden »Sakrallandschaften«. Der fromme Christ konnte oftmals am Tag den biblischen Szenen begegnen, die Fiktion des heiligen Landes begleitete ihn in Bildern, Reliefs und Figurengruppen, und die Mäzene fühlten sich besonders eng mit dieser Kunst verwoben. Karl hat keine solchen Zeugnisse hinterlassen. Anders als etwa sein Namensvetter Karl IV., der eine ganze Porträtgalerie von Heiligen stiftete, dazu Kirchen und Kapellen, anders als nach dem Zeugnis Dutzender sogenannter »Stifterbilder« viele fürstliche Familien der Zeit, anders als seine Tante Margarete, stiftete er keine Kirchen, keinen Bildschmuck, trug er nichts bei

zur Vergegenwärtigung der biblischen Szenen oder der Heiligen-
leben. Während die Maler in einer an ästhetischen Eindrücken
spärlichen Zeit wesentlich mitwirkten an religiöser Empfindsam-
keit, ließ Karl nur mit einem einzigen Bild dazu beitragen, eben
mit seinem letzten.

Tizian als Biograph

Seit Karl IV., also seit rund zweihundert Jahren, waren Kaiserbilder ein beliebtes Sujet in der Malerei, natürlich nur auf Anordnung und an entscheidenden Plätzen für die Herrschaftssymbolik, auf Holz und auf Leinwand, in Holz und Stein. Während sich Karl IV. vor dem geheimnisvollen Goldgrund der Mysterienbilder als Sakralfigur gefiel, ließ sich sein Sohn Sigismund wohl dreißigmal als schöner König porträtieren, meist mit einer Pelzmütze. Man sieht, wie rasch die Intentionen wechseln. Friedrich III., der dann über fünfzig Jahre das Kaisertum innehatte, war auch in dieser Hinsicht introvertiert. Sein Sohn Maximilian dagegen schwelgte wieder auf Triumphbildern in Holz und Kupfer im neuen Medium, in Druck und Buch.

Karl ließ sich bis etwa zu seinem dreißigsten Lebensjahr von verschiedenen Künstlern malen und modellieren; von da an suchte er seinen künstlerischen Interpreten allein in Tizian. Der Übergang ist deutlich. 1532 hatte Jacob Seisenegger den Kaiser gemalt. Karl fand sich in einer Kopie dieses Bildes von Tizian augenscheinlich besser verstanden. Er erhob den Venezianer in den Ritterstand und verlieh ihm den Rang eines Pfalzgrafen. Der »eques caesaris« war fortan dazu ausersehen, die besonderen Prädikate der Majestät festzuhalten: den überlegenen Kaiser, den unnahbaren, den triumphierenden und schließlich den entrückten. Karl, der seine Persönlichkeit so spröde verbarg, auch in den Briefen an seine Frau, seinen Sohn oder seine kluge Tante in Mechelen, erscheint uns demnach am nächsten durch Tizians Kunst. Läßt sich, was aus Bildern spricht, in Worten wiedergeben?

Immerhin kann man einiges umsetzen. Karl ist auf den Bildern Tizians immer allein; keine Familie, keine Räte, keine Könige oder Fürsten. Der Unnahbare hat alle Kraft der Persönlichkeit in seinem Anlitz konzentriert, nicht etwa in Zutaten. Ohnehin wird alle Beigabe durch die schlichte Kleidung verdrängt. Jeder Vergleich, auch wenn man von der Kunst Tizians dabei absieht, hebt die Bilder Karls weit über die seiner europäischen Standesgenossen. Heinrich VIII. erscheint ihm gegenüber eher wie ein prächtiger Stutzer, Franz I. von Frankreich wie ein illustrer Schelm, der unerbittliche Realismus der Renaissancemaler decouvriert die deutschen Fürsten in ihrer Mediokrität und läßt die Päpste der Zeit verweichlicht und beschränkt erscheinen. Wie unendlich überlegen wirkt all jenen gegenüber der blasse Karl mit seinen sensiblen Händen, dem Tizian alle Ausdruckskraft in die Augen legte!

Karls Augen aber triumphieren nicht, obwohl das kaiserlichen Augen gut anstünde. Auch fehlt das Lächeln des Triumphes, wie es Karl IV. kultivierte. Karls Augen blicken weit über die Welt hinaus. So auch in seinem größten militärischen Triumph, im »gemalten Reiterstandbild« nach dem Sieg von Mühlberg über die deutschen Protestanten 1547. Der Kaiser sitzt weltfern auf seinem Rappen. Da sind keine Menschen, keine lebenden und keine toten, keine Truppen im Hintergrund. Nicht einmal Fahnen und Kanonen weisen darauf, daß außer Karl noch andere Menschen unter dem Mühlberger Schlachtenhimmel zu finden wären.

Folgt man Tizians Porträtgalerie, lebte und handelte Karl einsam auf dieser Welt. Ein Hund ist ihm gelegentlich zugesellt, als sollte er unterstreichen, daß der Kaiser unter Menschen keine Vertrauten fand. Auch fehlen alle Beigaben, die auf Karls Kaisertum schließen ließen, mehr noch: Es fehlen Hinweise auf die Existenz anderer Menschen überhaupt. Karl jedenfalls trägt kein Szepter, hat keine Krone in seiner Nähe, er ist nicht als

Herrscher dargestellt, aber auch nicht als Leser, als Jäger, als Zuhörer, obwohl er Musik besonders liebte. Er ist allein. Um so auffälliger ist das letzte, das Totenbild. Hier muß Karl im Kreis der Himmlischen antreten zum persönlichen Gericht. Hier ist er dann auch mit zwei Frauen in Verbindung gebracht, denen er sich am nächsten glaubte, seiner Gattin und einer anderen, nicht identifizierten, wohl seiner klugen Tante. Dabei ist er eingereiht in den Kreis der ganz Großen aus den Ursprüngen des göttlichen Bundes mit den Menschen und steht schräg gegenüber der Gottesmutter.

Dynastische Solidarität

Karl wurde zuvörderst zum Habsburger erzogen. Nur ein modernes Mißverständnis könnte es versäumen, dieses pädagogische Ziel an die erste Stelle zu rücken. Während Ferdinand, der jüngere Bruder, vierjährig von Mechelen nach Spanien gebracht wurde, an den Hof seines Großvaters Ferdinand, der Aragonien und Kastilien regierte und dazu neigte, den Enkel zu seinem Nachfolger zu formen, blieb Karl, der ältere, am Hof der Tante in den Niederlanden. Zeugnisse fehlen, ebenso Augenzeugenberichte und Tagebücher, wie sie spätere Hofhaltungen hinterließen. So mag man annehmen, daß Margarete, die Tante, dem jungen Karl und seinen beiden Schwestern die Mutter ersetzte.

Margarete gehörte zu den klügsten unter den klugen Habsburgerinnen im Lauf der Geschichte. Zweimal hatte sie sich im Dienst der Dynastie der üblichen Heiratsdiplomatie ausgesetzt. 1496 heiratete sie in einer Doppelhochzeit gemeinsam mit ihrem Bruder Philipp nach Spanien. Der Mann in dieser für das Schicksal der Habsburger so wichtigen Ehe, der Erbprinz Juan, verstarb nach einem halben Jahr. Die zweite Verbindung galt dem Herzog von Savoyen. Auch sie war kurzlebig. Im Auftrag Kaiser Maximilians, ihres Vaters, regierte sie danach für den unmündigen Neffen zunächst die Niederlande. Seinetwegen ließ sie sich von diesem Amt abberufen, und bereitwillig übernahm sie es auf sein Geheiß dann doch wieder. Margarete besaß die Überlegenheit bedeutender Frauen, die sich ihres Standes und ihrer Rolle in einer ausgeprägten Männergesellschaft wohl bewußt waren. Sie könnte das Exempel geliefert haben für Karls Pflichtbewußtsein; bis zur letzten Stunde währte ihre dynastische Solidarität –

die vornehmste Eigenschaft der Habsburger von ihrem Eintritt in die Herrschergeschichte unter König Rudolf 1273 bis zum rebellischen Selbstmord des Kronprinzen Rudolf von 1889.

Dynastische Solidarität prägte Karls Politik, in seinen Plänen noch weit stärker als in allem, was er damit erreichte. Sie schloß den jüngeren Bruder nicht aus. Die dynastische Solidarität fügte sie beide vielmehr zusammen. 1519, mit dem Tod Maximilians zum Herrn des Habsburgererbes geworden, gab Karl zögernd, aber am Ende doch uneingeschränkt, die deutsche Habsburgermacht 1521/22 in die Hände des Bruders und blieb, als Kaiser, der König von Spanien und Herzog von Burgund. Karls Bruder, nicht Karl, wurde nach einem unerwarteten Erbfall 1526 zum König von Ungarn und Böhmen und schließlich 1531, nach Karls eigener Kaiserkrönung, zum römischen König.

Im Geist der Artusrunde

Ein Hinweis auf Karls Verbindungen zur Mitwelt fehlt auf keinem seiner Porträts. Man muß ihn freilich zu finden wissen: nicht Krone und Szepter, nicht Fürstenhut, Jagd, Krieg oder Hofleben sind angezeigt, sondern der Orden vom Goldenen Vlies. Selten an der prunkvollen Kette, meist nur an einem Bändchen aus Gold oder Seide, hängt das Ordenszeichen, ein goldenes, in der Mitte von einer Spange gehaltenes Widderfell etwa in Daumenlänge. Jeder Ritter sollte es jederzeit bei sich tragen. Andere Könige und Fürsten, die der erlauchten Runde angehörten, lassen das kleine Vlies auf ihren Porträts geradeso erkennen. Karl akzeptierte es offenbar als das einzige Zeichen seiner gesellschaftlichen Stellung. Anders als die dynastische Verbindung – die zu den Habsburgern von der Vaterseite, zu den Valois nach seiner Mutter, zu Spanien und Portugal nach den Großeltern –, brachte ihn der Orden vom Goldenen Vlies in eine Wahlverwandtschaft, in eine ritterliche Vereinigung unter Männern. Dem Orden haftete etwas an von der legendären Artusrunde, wie sie die Ritterepik seit Jahrhunderten verbreitete. Er gab sich männlich, kriegerisch, schloß Frauen aus, war nicht dem Minnedienst geweiht, sondern dem großen Abenteuer.

Würdenträger, Generalkapitel, Zeremoniell und Ordenstracht erinnerten an Templer oder Johanniter, und doch war der Orden keinesfalls »ein Nachkömmling der Ritterorden aus der Kreuzzugszeit«, wie Karl Brandi meinte. Der Orden erscheint als die einzige menschliche Gemeinschaft, zu der Karl sich auf seinen Bildern bekennt. Wir müssen ihn näher kennenlernen.

Karl wurde durch seinen Großkämmerer Wilhelm de Croy in

das Leben und Denken eines rechten Ritters eingewiesen und damit auch in die Ordensideale. Sie entsprachen der Gedankenwelt, die »der kühne« Karl, sein Großvater, bis an den Rand der Lebensklugheit getrieben hatte, jedenfalls über die politische Klugheit hinaus. Es sind dieselben Ideale, die in besonderer Weise der burgundische Adel kultivierte. Der erfahrene Grandseigneur de Croy lebte seit Karls neuntem Lebensjahr Tag und Nacht mit dem Prinzen zusammen. Er ritt und focht, er aß und schlief mit ihm. Neunjährig wurde Karl als Erbprinz von Burgund das Oberhaupt der Gemeinschaft. Er war einundzwanzig Jahre alt, als sein Mentor und Erzieher starb.

Wäre Karl etwa dem Laienorden des heiligen Franziskus verbunden gewesen, so hätten wohl alle seine Biographen nicht versäumt, gründlich nach Franziskanischem in seinen Unternehmungen zu suchen. Merkwürdig, daß man die bis zu seinem einundzwanzigsten Lebensjahr geführte Gemeinschaft mit seinem Großkämmerer weit weniger zur Beurteilung des jungen Monarchen heranzog, seine Stellung in der Ordensgemeinschaft so gut wie gar nicht. In Wahrheit hatten beide, der alternde burgundische Aristokrat und der junge, elternlose künftige Weltenherrscher, in diesem Männerbund ihre geistige Heimat.

Der Orden vom Goldenen Vlies war 1429 vom Burgunderherzog Philipp dem Guten gegründet worden. Im Verhältnis zu den Mönchsorden, auf denen die alte Kirche beruhte, zu den Ritterorden, die in der Kreuzzugszeit aus der Idee von Krankenpflege und bewaffnetem Pilgerschutz hervorgegangen waren und die bald zu den Speerspitzen der militärischen Expansion des Abendlandes wurden, auch im Verhältnis zu den sogenannten Laienorden, jener religiösen Aufbruchsbewegung aus allen Schichten und Ständen, die seit dem 12. Jahrhundert nach intensiverer Teilnahme an der rechten Nachfolge Christi suchte, waren Ritterorden wie die vom Goldenen Vlies im Spätmittelalter ein neues gesellschaftliches Führungsinstrument für die sich festigenden

Nationalmonarchien und zugleich ein neuer Weg der Selbstdarstellung einzelner Mitglieder der »Familie der Könige«.

Man hat dieses neue Ordenswesen bis heute nicht im Zusammenhang studiert, geschweige denn seine besondere Modernität. In Wirklichkeit stehen wir hier am Anfang der Militär- und Verdienstorden, die der Staat noch heute in Anerkennung besonderer Leistungen vergibt, freilich nicht mehr nur an die aristokratischen Eliten, sondern an alle Staatsbürger.

1348 kam König Edvard von England, wohl der größte Kriegsherr seiner Zeit, zum ersten Mal auf den Gedanken, eine festgesetzte Zahl von verdienten Männern, nicht mehr als eine »Tafelrunde«, in einer besonderen Gemeinschaft zusammenzufassen und an sich zu binden. Damals entstand der englische Hosenbandorden. Es folgten, ein wenig später, im Sinn persönlicher und gesellschaftlicher Erneuerung durch eine geistige »Wiedertaufe«, der Bath-Orden, dann der französische Orden vom Heiligen Michael und fast gleichzeitig der Drachenorden Kaiser Sigismunds von 1408, auch er in Verbindung mit dem Erzengel und besonders dem Kampf gegen die Türken gewidmet. Einunddreißig Auserwählte aus der europäischen Hocharistokratie bildeten 1429 dann mit Herzog Philipp den Orden vom Goldenen Vlies.

Fast alle diese Ordensgemeinschaften, die damals binnen siebzig Jahren entstanden, gibt es noch heute. Angehörige des europäischen Hochadels können noch heute Hosenband- oder Vliesritter werden. Die Ziele dieser Männerbünde waren sehr unterschiedlich, sie reichten bis ins Utopische. Handelte es sich bei der alten »Artusrunde« etwa um ein Bündnis individueller Helden, die jeder auf seine Weise nach Abenteuern suchten, von denen die Ritterepik seit dem 12. Jahrhundert vielfältig berichtete, so waren die Michaels-, die Drachen- oder die Vliesritter besonderen Aufgaben verpflichtet: dem Einsatz für ihren Monarchen, für das Heil der Christenheit und für den Kampf gegen die Türken.

»Großes« zu tun, das sollte die Ritter bei ihren Lebensplänen lenken, und die Vliesritter hatten in eigenen Zusammenkünften, sogenannten Kapiteln, davon zu berichten und sich der Kritik ihrer Ordensgenossen zu stellen. Das »Große« war inzwischen in engeren Zusammenhang mit dem Schicksal des Staates gerückt, dessen Souverän dem Orden vorstand. Der atavistische Heroenkult war zugunsten des »Gemeinwohls« gebändigt worden, der Staatszweck heiligte den Ritterdienst. Über den Staatszweck befand nicht der Ordenssouverän allein. Das Generalkapitel hatte kritische Befugnisse, auch gegen seinen Ordensherrn, und so entstand in diesen Ordensgemeinschaften allmählich ein eigener abstrakter Begriff vom Wohl des Staates, der neben anderen Definitionen – solchen, die sich die Kronjuristen ausdachten, solchen, die im Kreis der Räte galten, und vornehmlich denen, welche die Ständeversammlungen entwickelten – mit beitrug zur Herausbildung der Idee der Staatsräson.

Die Versuche religiös inspirierter Laien, seit dem 12. Jahrhundert sich in eigenen Gemeinschaften zu organisieren, litten allesamt an Organisationsproblemen und gingen daran zugrunde. Laienklöster sind ein Widerspruch in sich. Damals griff man im Westen die alte Idee von Doppelklöstern auf, in denen sich Männer und Frauen zur geistlichen Gemeinschaft verpflichteten. Dies wurde von der Kirche ebensowenig akzeptiert wie klösterlich lebende Ehegemeinschaften. Mehr Glück hatten da die Monarchen mit ihren neuen Verdienstorden. Sie vereinigten das uralte Ideal der Männerbünde mit religiöser Lebensführung. Sie überwanden die Probleme der klösterlichen Organisation durch die intendierte Bündnisbildung mit äußeren Zeichen der Zugehörigkeit, mit periodischen Kapitelsitzungen in Ordenstracht und mit Ordenszeremoniell, so daß ein solcher Ordensritter nicht aus seinen familiären Bindungen heraustreten mußte, um der Gemeinschaft anzugehören. In dieser Eigenheit steckt ein besonderer zivilisatorischer Effekt, der das Mittelalter überdauerte.

Die ersten Schritte in die Politik

Der Orden vom Goldenen Vlies veranlaßte und lenkte Karls erste Schritte in die Politik. Er war kaum vierzehn Jahre, als Margarete, seine Tante und Regentin der Niederlande, einen kastilischen Granden verhaften ließ. Der war ein Opponent der spanischen Politik des alten Königs Ferdinand und hatte deshalb in den Niederlanden Zuflucht gesucht. Margarete wollte Loyalität demonstrieren. Aber Don Juan Manuel war Ordensritter vom Goldenen Vlies. Als solcher konnte er von niemandem verhaftet und auch nicht gerichtet werden, außer von seinem Ordenskapitel. Eilends traten die Ordensritter zusammen und bewogen ihren jungen Souverän, bei seiner Tante zu intervenieren. Zum ersten Mal – und mit erstaunlicher Festigkeit – trat Karl im politischen Leben auf und stellte sich an die Spitze einer Adelsfronde. »Wenn sie ein Mann wäre«, ließ die Erzherzogin sagen, »anstatt ein Weib, so würde sie die Herren ihre Satzung singen lassen!« Aber sie mußte gehorchen, denn als Weib und Statthalterin war sie abhängig vom Machtwort Kaiser Maximilians. Und sie mußte hinnehmen, daß Maximilian mit dieser Aktion die Mündigkeit seines burgundischen Enkels anerkannte. Don Juan Manuel wurde später einer von Karls zuverlässigsten Diplomaten. Für den Augenblick aber hatte Karl das Vertrauen des einheimischen Hofadels gewonnen, eine gute Regierungsbasis. Dem Eklat folgten die Mündigkeitserklärung und die Übernahme der Regentschaft binnen weniger Monate.

Am 5. Januar 1515 übernimmt Karl sein niederländisch-burgundisches Herzogtum. Seine Tante, die er damit düpiert und in den Hintergrund drängt, wird er sieben Jahre später erneut zur

Regentin in diesem Land bestellen. Und sie wird eine seiner Getreuesten sein. Sie wird 1529 sogar große europäische Geschichte machen, weil sie sich kurzerhand in Cambrai mit der Mutter des französischen Königs treffen wird, einer Jugendgespielin, um einen Frieden zwischen Kaiser Karl und König Franz auszuhandeln, zwischen Deutschland, Spanien und Frankreich also, den sogenannten Damenfrieden. Ein bemerkenswert »vernünftiges« Vertragswerk vom Standpunkt ausgewogener Politik. Margarete blieb, im Interesse der niederländischen Wirtschaft, lebenslang eine Befürworterin proenglischer Politik. Sie war stets besorgt um diese Beziehung, denn zumindest außerhalb Spaniens war der Handel mit England für die Habsburger die zuverlässigste Steuerquelle. In allem war sie ihrem Neffen ergeben, vermutlich auch aus Einsicht in die Machtstruktur der Monarchie: »Monseigneur ie me recommande treshumblemente à vostre bone grace…« Und schließlich, an ihrem Todestag: »Monseigneur, die Stunde ist gekommen, da ich nicht mehr mit meiner eigenen Hand schreiben kann…« Noch einmal eine Beschwörung zum Frieden mit England und Frankreich. Später wird ihr die Schwester Karls nachfolgen, Maria, verwitwete Königin von Ungarn, und dann Margarete von Parma, die uneheliche Tochter des Kaisers. Beide werden nicht weniger klug regieren und um Ausgleich bemüht sein. Alle drei Habsburgerinnen brachten auf ihre Weise den Niederlanden eine glücklichere Zeit als die Männer vor und nach ihnen. Aber die Zeit schätzte die Männer mehr.

Zurück zum jungen Karl: Mit seinem Regierungsantritt am 5. Januar 1515 wurde nicht nur sein Obersthofkämmerer, Wilhelm de Croy, Ritter des Goldenen Vlieses, zum mächtigen Mann, sondern der ganze Orden gewann an Einfluß. Zunächst aber wuchsen die Mühen: »Das Diner magnifique bei dem ersten von Karl abgehaltenen Kapitel des Goldenen Vlieses war so schwer, daß die meisten Ritter nachher die Vesper versäumten, teils weil sie unwohl waren, teils weil sie noch immer bei Tische saßen.«

Alle Ordensritter gehörten in Burgund zum äußeren Rat des Herzogs. Als ein Jahr später, am 23. Januar 1516, Karls spanischer Großvater starb, König Ferdinand, übernahm der Orden vom Goldenen Vlies die Totenfeier. Das hieß nicht viel anderes in den ungeschriebenen Gesetzen diplomatischer Beziehungen, als daß der Orden damit die Trauer Karls, des Nachfolgers, repräsentierte. Und als Karl schließlich auszog, um sein spanisches Erbe anzutreten, sehr zögernd, nach ausgiebigen Ordensfesten, von denen eines nicht weniger als zehn Tage währte, und nach einer unglücklichen, ebenfalls überlangen Seefahrt, da sahen die Vliesritter in Spanien neuen Pfründen entgegen – aber auch neuen Mitgliedern. Deshalb hatten sie, mit päpstlicher Genehmigung, wie das vonnöten war bei einem in der ganzen Christenheit anerkannten Orden, ihre Satzung verändert. Sie hatten die Zahl der Ordensritter auf das Doppelte vermehrt. Nun war mehr Platz für Spanier und später auch für Deutsche in ihrem Kreis.

Als er endlich zwanzig Monate nach dem Tod seines Großvaters mit seiner versprengten Flotte an der Nordküste Spaniens landete, hätte Karl seine Herrschaft in dem fragilen Doppelkönigreich vielleicht schon verloren, wäre nicht der umsichtige Erzbischof von Toledo gewesen, der sie mit fester Hand und mit kirchlicher Autorität zu bewahren wußte. Kardinal Francisco Ximenez de Cisneros handelte nicht etwa aus Vasallentreue zu den Habsburgern, sondern weil er überzeugt war von der Notwendigkeit nationaler Einheit im neuen, durch die Heirat von Ferdinand und Isabella fünfundvierzig Jahre zuvor zusammengeschlossenen Spanien. Der Greis starb auf dem Weg zu dem unbegreiflich langsam vorrückenden königlichen Gefolge. Dank vom Hause Österreich? Spätestens hier zeigte sich Karl von jener eigenartigen Unverbindlichkeit, mit der er gelegentlich auch die persönliche Aufopferung seiner Untertanen ohne sichtbare Regungen hinnahm.

Übrig blieb eine diplomatische Aufgabe, die Karl offensichtlich mit der Kraft seiner Persönlichkeit löste: die Begegnung mit seinem um drei Jahre jüngeren Bruder Ferdinand. Der war von Kind an in Spanien am Hof seines Großvaters erzogen worden, als dessen Liebling und heimlich erklärter Nachfolger. Die Brüder sahen einander nach vielen Jahren zum ersten Mal. Den Winter verbrachten sie gemeinsam, dann brach Ferdinand gehorsam auf in die Niederlande, um Karl dort zu vertreten. Stellvertreter zu sein wurde fortan sein politisches Los. Immer wieder von seinem älteren Bruder auf diese Weise an der Herrschaft beteiligt, blieb er der zweite Mann: als Herzog von Österreich, als Präsident des Reichsregiments, schließlich als König unter dem Kaiser. Mitunter tat er das sehr unwillig, am Ende aber, nach vielen guten Diensten in der deutschen Politik, wurde er Karls Nachfolger auf dem Kaiserthron.

Die Anfänge in Spanien gestalteten sich schwierig, aber schließlich erfolgreich. Karl besuchte seine geisteskranke Mutter in Tordesillas. Niemand durfte Zeuge sein; niemand weiß deshalb auch zu berichten, ob und wie die beiden miteinander sprachen. Johanna, »die Wahnsinnige«, war nach dem Gesetz eigentlich die Königin von Kastilien und blieb es auch bis zu ihrem Tod. Genaugenommen, und die Intitulation der Urkunden drückt das auch aus, war Karl nur in ihrem Auftrag Regent in diesem Landesteil. Aber das hatte kaum je politische Konsequenzen.

Drei Jahre nach Ferdinand, dem spanischen, starb Maximilian, Karls deutscher Großvater. Unbestritten war Karl nun der Erbe der deutschen Habsburgerschaft, also Österreichs, Tirols, der sogenannten Vorlande um den Breisgau und der Besitzungen in der Nordschweiz. Die Nachfolge auf dem römisch-deutschen Kaiserthron dagegen war der Wahl der Kurfürsten anheimgestellt. Überall kann man lesen, daß die Wahl durch mindestens 850000 Gulden aus der Fugger-Kasse entschieden wurde, den

Kurfürsten in Einzelverträgen als »Handsalbe« zugeschrieben. Eine solche »Manipulation« widersprach geradewegs dem Wählereid, den die sieben am Wahltag in der Frankfurter Bartholomäuskirche zu leisten hatten. Aber: das Geld war nicht etwa eine Honorierung nach vollzogener Wahl, sondern im voraus entrichtet. Aus gleichem Anlaß waren die französischen Goldsäcke den kurfürstlichen Diplomaten in die Hände gelegt – eine Fehlinvestition.

Die Interessen des Bankhauses und Monopolunternehmens der Fugger – sowie ihrer kleineren Augsburger Konkurrenten, der Welser –, die fast überall in Mitteleuropa engagiert waren, wo es Silber oder Kupfer zu schürfen gab, und auch in manch anderem Wirtschaftszweig, lassen sich natürlich nicht als Reichsinteressen bezeichnen, auch nicht im besonderen Sinne als habsburgisch. Ob umgekehrt das römisch-deutsche Kaisertum im habsburgischen Interesse lag oder die Habsburgerherrschaft im deutschen, müßte unvermeidlich auch hier erwogen werden. Denn aufgrund der Erbschaft in Burgund waren die Habsburger im westlichen Mitteleuropa, dem reichsten und vielleicht bestorganisierten Herrschaftsraum, nicht nur an die erste Stelle gerückt, während sie in Ostmitteleuropa schon Ende des 13. Jahrhunderts Fuß gefaßt hatten. Sie waren dadurch auch, das muß festgehalten werden, in eine gefährliche Nachbarschaft geraten, in die französische, von der Rheinmündung bis zum Oberlauf der Saône. Die weitere französische Ostgrenze bis an die Riviera war Reichsgrenze, welche die römisch-deutschen Kaiser zu verteidigen hatten. Hier deutet sich an, was Maximilian bereits als »Erbfeindschaft« bezeichnet hatte, sah er doch die westlichen Nachbarn als »die alten und natürlichen Feinde unseres Hauses Burgund«. Unter den Federn der späteren deutschen Nationalgeschichtsschreibung ist daraus die deutsch-französische Erbfeindschaft geworden. Die dynastische Erbfeindschaft mußte aber zur natürlichen, nämlich zur räumlich bedingten und insofern unausweichlichen Feindschaft werden, wenn die Habsburger gleichzeitig mit der Reichskrone auch die Krone von Spanien trugen.

Dazu noch die Besonderheiten des spanischen Erbes: Die Könige von Aragon hatten im Spätmittelalter ein großes Reich gespannt, das sich von der spanischen Ostküste bis nach Unteritalien erstreckte. Die Balearen, Sardinien, Sizilien und Malta waren besondere Edelsteine in der aragonesischen Krone, hinzu kamen noch wechselnde Stützpunkte in Nordafrika. Das war ein Reich nach den Interessen der aragonesischen Kaufleute, aber es band auch Macht im westlichen Mittelmeerraum, die man vielleicht anderweitig benötigte. Schon die kastilischen, die innerspanischen Adeligen sahen das mit Mißtrauen. Um wieviel mehr die deutschen Fürsten!

Das römische Reich, wenn auch damals schon »deutscher Nation«, erstreckte sich über die Alpen südwärts bis gegen Bologna. Was sollte der Papst nun sagen, wenn durch die neue Konstellation die Habsburger Herren nicht nur in Ober-, sondern auch in Unteritalien waren? Wenn sie nicht nur Mailand, sondern auch Neapel in Händen hielten und auf diese Weise, wie einst die Staufer, den Kirchenstaat in die Zange nehmen konnten? Wahrhaftig, die Wahl Karls auf den Kaiserthron konnte nur den König von England unberührt lassen, vorausgesetzt, daß er die Abwendung vom Kontinent ernst nahm, die in dem meist unbeachteten, aber gleichwohl mit gesamteuropäischer Beteiligung geschlossenen Friedensvertrag bei Picquigny 1475 beschworen worden war. Aber neben Karl und Franz hatte sich auch Heinrich VIII. von England um die Reichskrone beworben.

Heinrichs Kandidatur wurde von den Historikern nie sehr ernst genommen – vielleicht zu Unrecht, denn dieser potente Monarch hegte doch große Pläne und leistete für sein administrativ gefestigtes Königreich durch seine Art der Reformation Beachtliches. Die Rivalität von Franz und Karl um den Thron

Karls des Großen lebte um so deutlicher fort. Vergessen wurde dabei bisweilen, daß Franz nicht nur dem Abenteuer nachging und nicht nur der französischen Expansion. Die Vision einer bis dahin unbekannten habsburgischen Machtfülle an allen französischen Landgrenzen mußte Franz schon aus Gründen der politischen Selbstbehauptung motivieren. Daß alle drei Kandidaten, die sich um die Reichskrone bemühten, so ziemlich derselben Generation angehörten, mag diese Disposition noch unterstreichen: Ein junger Herrscher sucht die Verteidigung leichter in der Offensive.

Die Wahl am 28. Juni 1519 verlief schließlich einstimmig. Mercurino Gattinara, einer der wenigen Vertrauten und künftiger Großkanzler des Kaisers bis zu seinem Tod 1530, gratulierte: Karl sei jetzt »le plus grand empereur et roy«, den es jemals gab, seit das Reich Karls des Großen, dessen Krone er trug, geteilt worden war, also seit dem 9. Jahrhundert. Mit Gottes Gnade sei Karl nun auf dem rechten Weg, »au droit chemin de la monarchie«, die ganze Welt unter einem Hirten zusammenzuführen. Von der ganzen Welt unter einem Hirten hatte der kalabresische Prophet Joachim einst gesprochen, und sein Wort ging noch immer in vielen Brechungen durch die Christenheit.

Die Gratulation verhallte anscheinend. Karl hat sich nie, obwohl sein Name Programm dafür gewesen wäre, auf Karl den Großen bezogen. Vermutlich war ihm die Tradition seines Urahnen zu wenig; sein Kaiserbegriff umspannte die ganze Welt, nicht nur das alte Europa, sondern auch die Neue Welt. Die Schaumünze von 1548 erinnert daran.

Ein karolingisches Element in Karls Politik war die enge Verbindung zu Frankreich, die er gleich nach seiner Wahl suchte, wohl wissend um die bedrohlichen Realitäten der Landkarte. Verlobungen des noch Unvermählten mit französischen Prinzessinnen blieben diplomatisches Spiel. Ohne Auswirkung blieb auch die Lehensnahme Karls als Graf von Flandern und Artois für diese von alters her französischen Teile seiner Herrschaft vom König von Frankreich, die bis 1526 bestand, so daß Karl sich gelegentlich auch als Pair von Frankreich bezeichnete und dazu als Prinz von Geblüt. Auch der Austausch der beiden Staatsorden, des Goldenen Vlieses und des Michaelsordens, zwischen Karl und Franz änderte nichts an der von der Landkarte diktierten Rivalität. So ging der Krieg, den schon Maximilian mit Frankreich geführt hatte, unter den Enkeln weiter, von 1521 bis 1552, in fünf Feldzügen mit Unterbrechungen durch dreißig Jahre.

Verwaltungsfragen

Es gab keine Zentralbehörden. Karl regierte in Personalunion. Ein Staatsrat, in dem ursprünglich Burgunder die Mehrheit hatten, war zehn Jahre später überwiegend spanisch. Es gab Vizekönige, Gouverneure, bis 1530 auch einen Großkanzler, alles andere hielt Karl selber in der Hand. Keines der drei großen Herrschaftsgebiete Karls, Spanien, das Reich und die Niederlande, hatte um 1520 existenzgefährdende Probleme. Aber die Stände im Herzogtum Burgund, Städte und Adel in Spanien mit der besonderen Rivalität zwischen Kastilien und Aragon, die deutschen Fürsten im Kampf um die seit 1495 betriebene Reichsreform, all das machte sein Regiment schwierig, belastete jede Politik im Sinne monarchischer Souveränität. Wenn er am Ende 1548 die noch nicht abgeschlossene Reichsreform aus den Tagen Maximilians vergeblich in ein überständisches Bündnis mit Fürsten und Reichsständen zu verwandeln suchte, wenn er die burgundischen Stände über seine Herrschaftsinteressen hinaus hofierte, in Spanien dagegen stets Strenge demonstrieren mußte, um die innere Rivalität zu überbrücken, so vermag das andererseits nicht die Erfolge seiner Universalherrschaft zu verdecken. Wobei angemerkt sei, daß politische Konstellationen ihren Erfolg nur dann erweisen können, wenn sie ein Menschenalter überdauern. In diesem Sinn reden wir von politischer Größe als ›Begründung‹ neuer Ordnungen, obwohl wir doch wissen, daß das Reich Karls des Großen durch seinen Sohn geteilt wurde, das Europa Napoleons noch zu Lebzeiten des Korsen zerbrach und Bismarcks politisches System schon wenige Jahre nach seiner Abdankung in Frage gestellt war.

Im Reich regierte Karl trotz der festen Zugeständnisse seiner berühmten ›Wahlkapitulation‹ so, daß sich der endgültige Übergang des Kaiserthrones zum Erbgemächte der Habsburger nicht mehr aufhalten ließ. Die Nachfolge des Bruders 1531 war aufgrund der neugewonnenen kaiserlichen Macht trotz einiger Gegnerschaft nicht zu verhindern. Aus der kastilisch-aragonesischen Personalunion schuf Karl das moderne Spanien. Die italienische Herrschaft mit ihrem habsburgischen Gepräge aus seiner Zeit wirkt bis in die Gegenwart. Das größte deutsche Problem allerdings, die Reichsreform, verband sich mit einer umfassenden religiösen Laienbewegung, die der Mönch Martin Luther auslöste, so daß Karls Herrschaft mehrfach gefährdet war. Was am Ende entstand, der Augsburger Religionsfriede von 1555, trug als Kompromiß zwischen Ferdinand und den Fürsten schon nicht mehr seine Unterschrift. Er hatte sich lange gewehrt. Ein vergleichbarer fortdauernder Widerstand war dem mittelalterlichen Sakralkaisertum unbekannt. Hätte Karl tatsächlich als der letzte mittelalterliche Kaiser zu gelten, so wären ganz andere Konfrontationen erwachsen. Er hätte nicht gezögert, nicht verhandelt, nicht nach unorthodoxen Kompromissen gesucht, um »die Substanz des Glaubens ohne großes Ärgernis« zu bewahren. Gerade der neue, der universale Kaisergedanke Karls gründete auf politischer Rücksicht. Die inneren deutschen Probleme übertrafen Karls Bereitschaft zum Entgegenkommen jedoch bei weitem. Luther, die erste große politische Begegnung Karls nach der Kaiserwahl, erscheint deshalb nicht einfach als Opponent, sondern viel eher als der große Versucher vor Karls weltumspannenden politischen Plänen.

Krönung in Aachen

Mai 1520: Fast ein Jahr war verstrichen seit der emphatischen Gratulation zur Kaiserwahl durch Mercurino Gattinara, der in der Schule Margaretes zum Diplomaten gereift war und nun zu Karls Großkanzler avancierte. Der Kaisertitel, nach Gattinara »der allergerechteste, um den ganzen Erdkreis zu gewinnen, … von Gott angeordnet, von den Propheten vorhergesagt, von den Aposteln gepredigt, von unserem Erlöser Christus in Worten und Taten bestätigt«, wurde in den Augen dieses Großkanzlers, magnus Cancellarius, zum Instrument für die Welthierarchie. Einen Großkanzler hatte es am Kaiserhof noch nie gegeben. Großkanzler und Großkaiser?

Für Gattinara verhieß Karls Kaisertum jedenfalls, was Propheten, Apostel, ja Christus selbst vorhergesagt hatten. Ein eschatologisches Kaisertum also. Eingehüllt in die Glaubenswahrheiten und die Mysterien der Prophetie, eingetaucht in die dunkle Welt der religiösen Ahnungen, uns heute kaum mehr zugänglich, warb Gattinara enthusiastisch für die Weltmonarchie. Der Kaiser selbst aber hat sich mit keinem Wort zu einer solchen Berufung geäußert.

Die Zeit drängte und Karl zögerte. Endlich, zehn Monate nach seiner Wahl, verließ er Spanien. Sein erster Besuch führte übers Meer nach England. Denn der König von England, der sich gleich Karl um die Kaiserkrone beworben hatte, mußte nun in einem Höflichkeitsbesuch Genugtuung haben. Im übrigen stammte auch ein Kaiser aus der europäischen »Familie der Könige« und suchte die Welt unter anderem mit Familienbindungen zu lenken.

Familienaffären schlagen wiederum auf seine Politik zurück. Heinrich VIII. war mit Karls Tante verheiratet, Katharina, einer Schwester seiner geisteskranken Mutter. Heinrich war unzufrieden mit seiner Ehe. Der Thronfolger, den er vergeblich erhofft hatte, war wohl nur das politische Argument seiner Unzufriedenheit. Aber Heinrich war wichtig als Bundesgenosse gegen Frankreich. Also segelte Karl von Spanien zunächst nach England, ehe er sich dem Thron Karls des Großen zuwandte.

Am 26. Mai 1520 landete er in Dover. Ein paar Tage Festmähler und Ritterspiele. Denn Ritter auf dem Thron waren sie alle oder suchten es zu sein, und wegen Ruhm und Ehre, der vieldeutigen, abgegriffenen, in ihrer persönlichkeitsbildenden Kraft heute kaum mehr begreiflichen Ritterehre, wurden sie zu Abenteurern auf ihren Thronen: Heinrich VIII., der sich noch 1512 einen Frankreichfeldzug nicht verkneifen konnte, gegen Vernunft und Verträge, und Franz I., der in Wahrheit eher dem »Fürsten« Machiavellis glich. Demgegenüber blieb das Ordenshaupt vom Goldenen Vlies lange Jahre persönlich untätig. Statt seiner siegten seine Feldherren. Das immerhin sprach der wortkarge Karl auch einmal aus in einem seiner Briefe.

Es war die Staatsräson der gelehrten, großenteils nichtadeligen Räte, die das ritterliche Königtum Europas schließlich versachlichte. Karls wichtigster Ratgeber für das nächste Jahrzehnt, sein Großkanzler Gattinara, war ein bürgerlicher Burgunder aus kaisertreuer Tradition.

Am 22. Oktober 1520 erreicht Karl Aachen, die Krönungsstadt. Es geht nicht um ein bloßes Zeremoniell. Die Krönung zum römischen König war und blieb ein Rechtsakt, bis zum Ende des Reiches, bis zur letzten Krönung von 1792. Freilich unterschied man zu Karls Zeiten noch zwischen der Krönung zum römischen König auf dem Thron Karls des Großen in Aachen und zwischen der Kaiserkrönung in Rom. Karl wird der letzte sein, an dem die Kirche nacheinander beide Herrscherweihen vollzog. Die Herrschaftsbefugnis beginnt aber schon mit der rö-misch-deutschen Krönung in Aachen.

Feierlicher Einzug am Abend, Beschwörung der Wahlkapitu-lation am nächsten Morgen. Mit dieser ersten förmlichen Wahl-kapitulation wird deutlich, daß hier nicht nur »Mittelalter« ge-spielt wird, sondern daß man gleichzeitig »Neuzeit« verhandelt. Die Macht der Fürsten ist zu groß, als daß sie sich vom neuen Herrscher nicht schriftliche Garantien ausbedingten. Ihre Vor-gänger vertrauten einst der Gunst seiner Vorgänger, allenfalls dem beiderseitigen rechten Augenmaß. Karl dagegen wird mit Bedingungen bekannt gemacht, wobei auch eine Rolle spielt, daß er als Fremder und noch dazu als König von Spanien das Heilige Römische Reich Deutscher Nation betritt. Er soll keine fremden Räte in seiner Umgebung haben und keine fremden Truppen ins Land bringen. Die »spanische Servitut«, deretwegen dreißig Jahre später die Fürsten gegen ihn rebellieren, galt als Bruch der Wahlkapitulation.

Die alte Krone wird ihm aufgesetzt, die angeblich Karl der Große getragen hat. Übernehmen muß er auch dessen Schwert, dessen Kleider, dessen Prunkpantoffeln und Handschuhe. Bei späteren Gelegenheiten benutzt Karl die achteckige Platten-krone, die man in Nürnberg aufbewahrte, in Wahrheit ein Werk des 10. Jahrhunderts, offenbar nicht wieder. Statt dessen trat ein neues Kleinod in seinen Dienst, in dem die alte Verbindung von Bischofsmitra und Kronreif weiterlebte, so daß man sie als Scha-lenkrone bezeichnet hat. Sie ist uns nur bildlich überliefert, denn Philipp II. von Spanien, Karls Sohn, mußte sie in drängender Fi-nanznot versetzen, und sie ist nie wieder aufgetaucht. Alle bildli-chen Darstellungen zeigen den gekrönten Karl stets mit einer sol-chen Schalenkrone. Ganz ohne Aussagewert ist dieser äußere Umstand nicht: Karl V. tritt offenbar nicht einfach in die Fuß-stapfen Karls des Großen; Karls Umgang mit der alten Reichs-krone erlaubt nur Vermutungen. Jedenfalls nützte er sie nicht als

Herrschaftsreliquie, nicht als Unterpfand einer alten Tradition. Deshalb hat auch Tizian im Dreifaltigkeitsbild neben dem knienden Kaiser im Totenhemd nicht die achteckige Bügelkrone, sondern jene Schalenkrone auf die Erde gesetzt.

Die Sache Luthers

Kein Wort jemals darüber, wie Karl die Krönung im uralten Aachen erlebte. Die Tagespolitik ruft, und der bislang des Deutschen nicht mächtige, auch kaum sprachgewandte, sogar mit einem Sprachfehler behaftete Monarch muß nun einem der redegewaltigsten Deutschen gegenübertreten: Luther.

In Köln trifft Karl zunächst Luthers Landesherrn, Friedrich »den Weisen«. »Der Weise«, ein ehemaliger Thronkandidat, hatte sich bei der Aachener Krönung entschuldigen lassen; er sei alt und krank. Nun sah er Anlaß, noch vor dem Reichstag mit dem Kaiser zu sprechen. Friedrich war kein »Lutheraner«, ein Wort, das damals schon umging und ursprünglich dem jungen Feuerkopf Müntzer zugedacht war. Kurfürst Friedrich gehörte eher zu jenen, die sich im kirchentreuen Sinn einen »feingüldenen Heiland« zurechtgemacht hatten, wie Thomas Müntzer drei Jahre später beklagen wird, einen Christus im Reichtum der flamboyanten Hallenkirchen, im Dekor von Gold und Silber, für behagliche Meditationen. Es galt zu spenden, gelegentlich auch zu büßen, und immer wieder mit feinem Sinn in sich zu gehen in der vielfältigen Nachfolge Christi. Viele vertrauten auf die Kraft von Gebeten und guten Werken, andere auf Wallfahrten und die Wunderkraft aus dem Gnadenschatz der Kirche, auf Ablässe und Reliquien.

Gerade Friedrich hatte im Laufe seines Lebens eine staunenswerte Menge von Relikten der Märtyrer und Heiligen im Wittenberger Allerheiligenstift gehäuft, meist in prächtigen Fassungen, und er starb fünf Jahre später als ein getreuer Sohn der alten Kirche. Friedrich also war kein Lutheraner. Aber sein Landeskind

Luther schützte er aus Gerechtigkeitssinn oder aus Fürstenstolz, und in der Begegnung mit dem Kaiser erhoffte er eine friedliche Beilegung der Auseinandersetzung um den streitbaren Wittenberger Professor. Ganz leicht war das nicht, denn der Bettelmönch Luther hatte seit drei Jahren schon allzu viele Zuhörer gefunden und genügend Fürsprecher, um sich in der politisch vielgestalteten Welt des Reiches vor dem unmittelbaren Zugriff von Kirche und Kaiser sicher zu glauben.

Der päpstliche Legat Aleander forderte vom Kaiser die Reichsacht über den gebannten Luther. Karl dagegen sagte dem sächsischen Kurfürsten zu, die Reichsacht nicht ohne Verhör zu verhängen. Das erinnert an seine Wahlkapitulation, keinen Deutschen ungehört zu richten. So etwas klingt ganz selbstverständlich und war doch nicht nach dem alten Herkommen. Dem hätte es entsprochen, daß der Kaiser einen kirchlich Gebannten verfolgte, um so für den kirchlichen Richter der weltliche Arm zu sein. Karl wich ohne weiteres ab von den mittelalterlichen Kaiserpflichten. Und daß er den rebellischen Mönch, der die päpstliche Banndrohung in aller Öffentlichkeit verbrannt hatte, vor einen Reichstag lud, um sich selbst von seiner Hartnäckigkeit zu überzeugen, das machte den Kaiser gleichzeitig auch noch zum Zensor an einer kirchlichen Rechtshandlung. Die causa Lutheri wirft ihren Schatten auf das Verhältnis von Kaiser und Papst.

Der päpstliche Legat Aleander, gewandt und gelehrt, durchschaute die Rechtssituation sofort. Er ahnte die Kraft der Reformation, und wahrscheinlich war ihm die Konsequenz der kaiserlichen Entscheidung um so deutlicher, als die Kirchengeschichte dafür ein gar nicht so fernes Beispiel parat hatte: die Sache Hussens. Auch Hus war schließlich auf dem kirchlichen Instanzenweg verurteilt und gebannt worden, ehe er an ein künftiges Konzil appellierte und deshalb den Weg nach Konstanz antreten mußte. Damals hatten gegenüber der Kirche Hussens Advokaten vergeblich die Rechtshoheit des böhmischen Königs beschworen. Inzwischen hatte die Wahlkapitulation des Kaisers kirchlichen Rechtsansprüchen einen Riegel vorgeschoben. Und niemand anderer als Luther selbst hatte 1519 seine Affäre mit der des Johannes Hus verbunden, der fast genau hundert Jahre zuvor in Konstanz auf den Scheiterhaufen mußte.

Diese in deutschen Darstellungen oft ignorierte Berufung auf Hus hob Luther in seiner Selbstrechtfertigung mehrfach hervor. Zuallererst, spektakulär, vor der akademischen Öffentlichkeit Deutschlands und mit den entscheidenden Konsequenzen für Luthers Kirchenbegriff, fiel der Name in der berühmten Disputation an der Leipziger Universität. Gerade in den Tagen der Kaiserwahl hatte Luther an dieser renommierten hohen Schule gemeinsam mit seinem Wittenberger Kollegen Karlstadt gegen den Ingolstädter Doktor Johannes Eck eine akademische Niederlage in der Kunst der Disputation hinnehmen müssen. Eck, nach Punkten der Sieger, hatte Luther dabei so etwas wie eine Austrittserklärung aus der Kirche entlockt: »Auch Konzilien können irren...« Luther hatte diesen folgenschweren Satz im Hinblick auf das Konzilsurteil über Johannes Hus formuliert. Für gewöhnlich datiert man den Ursprung der Reformation mit Luthers Ablaßthesen von 1517. Man könnte aber auch sagen, daß erst mit Luthers Protest gegen die konziliare Unfehlbarkeit im Sommer 1519 die Geschichte des Protestantismus begann. Das ist nicht unwesentlich. Denn man muß sehr wohl unterscheiden: die theologische Distinktion zwischen wahrer Glaubenshaltung und falschem Ablaßhandel teilten viele Theologen der alten Kirche. Aber der Protest gegen die Lehrautorität des Konzils, der fortan wirksam wurde in der gesellschaftlichen Wirklichkeit, bereitete den Grund für ein neues Heilsverständnis aus persönlicher Überzeugung.

In diesem Zusammenhang war Luthers Berufung auf Hus bemerkenswert konsequent. Zwar könnte man noch einwenden, daß Hus in Konstanz 1415 nicht widerrufen wollte, was er seinem Verständnis nach nie behauptet habe; Luther dagegen agierte unbekümmert aggressiv zugunsten seiner Gnadentheologie, die er gerade in jener Zeit umsetzte in den drei großen Reformschriften »An den christlichen Adel der deutschen Nation« – dem jungen Kaiser gewidmet –, »Von der babylonischen Gefangenschaft der Kirche« und »Von der Freiheit eines Christenmenschen«. Aber jeder der beiden, Johannes Hus wie Martin Luther, wollte widerlegt und nicht zum Gehorsam befohlen werden. So war die Wirkung der beiden in der politischen Wirklichkeit ähnlicher als auf dem Feld der Theologie, wo Luther mit seinem Gnadenbegriff weit selbständiger und tiefgründiger dachte als der Reformprediger Hus, der sich auf recht unklare Weise an dem freilich ähnlich gerichteten Gnadenbegriff des Johannes Wiklif orientierte. Ungeachtet dieser Unterscheidung war zu jenen Zeiten die Hussitenschablone in den Köpfen der Politiker offenbar wirksamer, als sie es zugeben mochten. Nicht nur Luther, sondern auch seine Widersacher namentlich an der Kurie und selbst der Kaiser scheinen bei der Auseinandersetzung um den Wittenberger Reformator auch die Affären um seinen Prager Vorgänger im Bewußtsein gehabt zu haben.

Die Reichsstände forderten also, im Sinn der Wahlkapitulation, eine Vorladung Luthers. Karls Räte, namentlich sein Beichtvater und der Papstlegat, widerstrebten. Karl schwankte, willigte aber schließlich in die Vorladung ein. Die Reformation war zum Politikum geworden.

Die Herausforderung von Worms 1521

Am 6. März 1521 wurde der Augustinereremit und Doktor der Theologie Martin Luther vor die seit Ende Januar in Worms tagenden Reichsstände geladen, unter kaiserlichem freien Geleit, das ausdrücklich auch für seine Rückreise gelten sollte. Dahinter verbarg sich ebenfalls eine Erinnerung an Johannes Hus. Denn freies Geleit, nicht vor den Reichstag, sondern vor das Konstanzer Konzil, hatte 1414 auch Johannes Hus von Kaiser Sigismund erhalten und war doch in Konstanz verurteilt und verbrannt worden. Seitdem wird darüber gestritten, ob Sigismunds Geleit auch für die Rückreise galt. Luther mußte an seinem Geleitbrief nicht zweifeln. Lehren aus der Geschichte zog aber anscheinend auch der Kaiser, denn er soll, wie man erzählte, eine Verhaftung Luthers in Worms abgelehnt haben mit der Bemerkung, er wolle nicht auch schamrot werden wie sein Vorgänger Sigismund.

Mit seinem Protest gegen die Mißbräuche in der Kirche hatte Luther ursprünglich viel Zustimmung gefunden. Aber dann gab es Anstoß in Glaubensdingen, so unsicher man in dergleichen damals vielfach noch war, weil Luther seinen theologischen Standpunkt in spektakuläre Aktionen umsetzte. Nach einem wohlwollenden Verhör durch den Kardinal Cajetan in Augsburg 1518 hatte Luther nicht widerrufen, sondern war aus der Stadt geflohen; später hatte er demonstrativ die kirchlichen Rechtsbücher und die päpstliche Bannandrohung verbrannt, auch ignorierte er Bann und Interdikt, die ihn am Jahresanfang 1521 wirklich trafen. An ihrer Statt appellierte er an ein allgemeines Konzil. Gerade das hatte Hus auch getan. Nur war ein solches Konzil, sehr anders als am Ursprung der hussitischen Bewegung, zum Glück für Luther in diesen Jahren überhaupt nicht in Sicht. Das fünfte Laterankonzil, 1512 eröffnet, hatte 1517 mit wenig Erfolg seine Sitzungen beendet. Ohnehin hatte Luther, wie gesagt, die Konzilsautorität in Glaubensfragen bezweifelt.

Luthers Reformschriften von 1520, sozusagen die Manifeste seines Kirchenprotests, waren im Druck schnell unter die Leute gekommen. Deshalb gingen auf dem Wormser Reichstag die Meinungen der Reichsstände, theologisch ungebildet wie die meisten waren, deutlich auseinander. In seiner Schrift »Wider die babylonische Gefangenschaft der Kirche« hatte Luther den Papst als den Antichristen bezeichnet. Das war kein Schimpfwort, kein Grobianismus, wie er später in Luthers Schriften nicht fehlte, sondern eine metaphysisch fundierte Verdammung. Der Antichrist, nicht in theologischer Definition, sondern in legendenhaft verbreiteter, aber deshalb nicht minder glaubhafter Version, war der grausame Tyrann am Ende der Zeiten. Auch dieses Argument rückt Luther in die Nähe der Hussiten. Sie hatten es schon 1412 gebraucht.

Ein solcher Luther sollte nun, gegen Kirchenrecht, zu einem Verhör vor Prälaten und Fürsten, das hieß aber auch, vor Geistlichen und vor Laien, geladen werden. Selbst der Papst, anders als sein Legat in Deutschland, schien einverstanden mit diesem Schritt und schrieb an den Kaiser: »Wir werden denselben Martin in Gnade wie einen lieben Sohn aufnehmen und ihn mit Ehren belohnen.« Diese Bemerkung Leos X. vom 25. Februar 1521 zeigt den Optimismus, mit dem man auch in Rom Luthers Widerruf erwartete.

Am 16. April traf Luther in Worms ein. Tags darauf wurde er vor den Kaiser zitiert. Auf einem Tisch lagen seine Schriften, und Luther sollte sich dazu bekennen oder widerrufen. Die Szene ist mehrfach geschildert worden, freilich nicht immer ganz mit denselben Worten. Luther soll, wie es heißt, mit schwacher Stimme um einen Tag Bedenkzeit gebeten haben. Seine Reaktion schien bereits den Widerruf anzuzeigen. Aber am folgenden Tag, so wird berichtet, soll er fest und klar, eher zu heftig gesprochen haben; seine Stimmlage ist offenbar zuverlässiger übermittelt als seine Worte. Sein »Gott helfe mir, Amen!« am Schluß seiner Erklärung, zunächst lateinisch und dann deutsch, hatten offenbar alle gehört. Widerlegt werden wollte er »durch die Heilige Schrift oder die klare Vernunft«, im übrigen berief er sich auf sein Gewissen. Das erinnert wieder an Johannes Hus, der vor dem Konstanzer Konzil ebenfalls nur durch die Heilige Schrift oder durch die Vernunft widerlegt werden wollte.

Luther wirkte, wenn man die Berichte vergleicht, fester als Hus 106 Jahre zuvor, auch ging er in wenigen Worten über zum Angriff auf das Papsttum. Damit sprach er jedenfalls die Laien unter den Zuhörern stärker an als mit theologischen Argumenten. Auch verband er seine Stellungnahme mit dem verbreiteten und bereits national gefärbten Haß gegen Rom: »Der Papst ist die Macht, die mit ihren allerbösesten Lehren und mit ihrem schlechten Beispiel die christliche Welt mit beiden Übeln des Geistes und des Leibes verheert, verwüstet und verderbt hat...«

Das sagte er offen vor dem Schirmherrn der Christenheit, und so lag darin auch eine Aufforderung an den Kaiser, nach seinem herkömmlichen Amt die Mißstände zu korrigieren. Oder war hier gar eine Gesinnungsgemeinschaft angesprochen? Wandte sich Luther mit seiner Warnung vor den »allerbösesten Lehren des Papstes« gar an einen Mann, dem man zumutete, jetzt als Weltmonarch die Christenheit zu retten? Wie sehr wurde Karl als der Antipode der offensichtlichen Verderbnis betrachtet, und wie sah er sich selbst?

Am 23. Oktober 1520, bei seiner Krönung in Aachen, hatte Karl die Begrüßungsreden der Fürsten nicht erwidert. Er war still geblieben, und der Schweigende erschien seinen neuen Untertanen vielleicht auch schwächlich. Inzwischen hatte er manche Verhandlungen geführt, manche Fäden aus der Reichspolitik seines Großvaters Maximilian neu geknüpft. Er erschien fest, wenn es um die Reform des Reiches ging, unsicher, vielleicht schwankend, bei der Reform der Kirche. Hier war er besonders auch deshalb ohne Regentenerfahrung, weil die Kirche in Spanien, unter der strengen Hand des Statthalters und Dominikanermönchs Kardinal Ximenez de Cisneros, zumindest auf der Prälatenebene, im Pfründenwesen und gegenüber manchen Auswüchsen päpstlicher Finanzpolitik als weit weniger reformbedürftig gelten konnte. Durch den unverhohlenen Widerstand des Augustinermönchs gegen die päpstliche Autorität und damit, wie es ihm scheinen konnte, auch gegen seine eigenen Aufgaben in der Welt fühlte Karl sich auf das Äußerste herausgefordert. Aber nicht zur Reform im Sinne Luthers.

Eine historische Konfrontation

Luther war abgetreten. Er verließ die Reichsstadt und wurde auf dem Weg nach Sachsen durch seinen Kurfürsten bekanntlich in Schutzhaft genommen – einst ein positiv besetzter Begriff – und auf die Wartburg gebracht. Damit war er jeder Ketzerverfolgung entzogen. In Worms hatte er Verwirrung hinterlassen. Soweit es möglich ist, die Urteile zu prüfen, die seinem Abgang folgten, findet man kaum Verständnis für die Größe der Situation. Die einen bekannten sich zur kirchlichen Disziplin und hatten deshalb Luther gar nicht hören wollen. Die anderen sympathisierten mit seiner Stellungnahme und wollten ihm, ohne tieferes Verständnis für die gerade bewiesene Toleranz der alten kirchlich-kaiserlichen Rechtsordnung, auch weiterhin kompromißlos anhängen. Wieder andere wollten verhandeln. Nur einer fühlte sich durch die Worte des Bettelmönchs ganz persönlich betroffen und zeigte demnach auch eine ganz persönliche Reaktion: der bislang so schweigsame Kaiser.

Der freilich sprach noch immer nicht. Er schrieb. Am Morgen des 19. April trat er mit einer dezidierten Stellungnahme vor den Reichstag. Er hatte sie in der Nacht selber aufgesetzt, in der Sprache, deren er, zumindest auf diplomatischem Parkett, am ehesten mächtig war, französisch. Im Vergleich zu späteren Zeugnissen von seiner Hand oder nach seinem Diktat argumentierte der junge Kaiser sehr eindringlich. Daß er überhaupt selber zur Feder griff, belegt seine Unsicherheit gegenüber dem gesprochenen Wort geradeso wie die Bedeutung, die er der Schriftform beimaß. Sein Leben lang wird dieses »moderne« Element seine Politik begleiten. Er wird ein Regent über Akten werden. Seine Stellungnahme zeigt aber auch, wie sehr er sich als Kaiser von Luther angesprochen fühlte, ohne daß er wahrscheinlich je das theologische Anliegen des Wittenberger Professors begriff. Immerhin reagierte er, soweit sich erkennen läßt nur er allein, auf Luthers Weigerung, zu widerrufen, mit einem persönlichen Glaubensbekenntnis.

Es ist erstaunlich, daß dieses Bekenntnis, vielleicht nicht erschöpfend, aber wohl das einzige, das uns seine Feder hinterließ, in den zahlreichen Karlsbiographien bis heute so wenig Beachtung fand.

Es handelte sich auf dem Reichstag zu Worms um eine historische Konfrontation. Der Kaiser hat sie, offenbar spontan und allein, als den Anfang des Protestantismus, als die politische Formulierung der Reformation in Deutschland begriffen. Sein Zeugnis belegt darüber hinaus, daß ihn nicht etwa eine andere Konfession, ein unterschiedliches theologisches Weltbild, von dem sächsischen Theologen trennte, sondern im Wortsinn Konservativismus, das Bewahren von Recht und Ordnung aus Tradition.

Gelegentlich hat man Karl und Luther als lebenslange Rivalen bezeichnet. Dienen solche Urteile gemeinhin wohl mehr der Pointierung, so war doch das Schicksal von Reformation und Protest, war Luthers Anliegen fortan von Karls Politik begleitet bis zu seinem Tod. Aber wenn schon pointiert: da trat nicht etwa nur der Bürgersohn dem Fürsten gegenüber, und nicht nur der Professor dem Kaiser, auch nicht nur der Reformator dem Universalmonarchen. Es ging auch nicht um eine Konfrontation der beiden Persönlichkeiten, des wortgewaltigen Luther und des schweigsamen Karl. Vielmehr trafen beide im wichtigsten Augenblick ihres Lebens aufeinander, sozusagen in ihrem innersten Beruf. Luther lebte bekanntlich aus seiner reformatorischen Idee, fühlte sich auserwählt zur Verkündung des göttlichen Wortes wie ein Prophet. Auserwählt, und zwar von Gottes Gnaden, und zur Herrschaft bestimmt fühlte sich zweifellos auch der junge Kaiser. Wie aber Luther in tiefster Emotion mit seinen Gedanken rang, wie er danach sein innerstes Gefühl im Bewußtsein seiner Berufung zu offenbaren verstand, so war der Kaiser ganz Herrscher über sich selbst, ganz Disziplin im Rahmen der Weltordnung. Und so, unter dem Vorzeichen eines ähnlich gewaltigen, aber mit äußerster Anstrengung gebändigten Willens zur unverrückbaren Ordnung, läßt sich die scharfe Stellungnahme gegen Luther am ehesten als der eigentliche Gegenpunkt zur weltbewegenden Erklärung des Wittenbergers begreifen.

Karls Glaubensbekenntnis

Karls Erklärung umfaßt in modernem Druck etwa 40 Zeilen. Der Text ist an die ständischen Repräsentanten des Reiches deutscher Nation gerichtet, also an geistliche und weltliche Kurfürsten, geistliche und weltliche Fürsten, an Prälaten und Grafen und an die Vertreter von ein paar Dutzend Reichsstädten: »...Ihr, die ihr die edle und berühmte Nation von Germanien seid«. Karl fährt unvermittelt fort: »Ihr wißt...« Der Text führt also ohne Umschweife in den Zusammenhang: »Ihr wißt, daß ich von den allerchristlichsten Kaisern der edlen deutschen Nation abstamme...« Karl tritt hervor mit dem ganzen Gewicht seiner Person, und das in einer Welt, die nicht nur die Verdienste der Ahnen auf die Nachfahren übertrug, sondern auch ihre Qualifikationen. Anders hätte sich eine Erbmonarchie im letzten nicht verteidigen lassen.

Der Kaiser erinnerte an die »katholischen Könige von Spanien«, an die Erzherzöge von Österreich und die Herzöge von Burgund. Er achtet bei dieser Aufzählung streng auf die Hierarchie der Herrschaften, und er unterläßt es, in diese Ahnenreihe auch die französischen Könige aufzunehmen. Offenbar erscheint ihm die französische Verwandtschaft vor den deutschen Reichsständen in diesem Augenblick nicht ganz als die rechte Empfehlung. Jedenfalls beruft er sich auf Vorfahren, »die alle bis zu ihrem Tod treue Söhne der römischen Kirche gewesen sind und stets Verteidiger des katholischen Glaubens«. Hier gebraucht er Formeln aus der Urkundensprache, sehr geläufige Formeln.

Diese Formeln sprechen für ihn, für seinen Ahnenstolz und sein Traditionsbewußtsein, aber auch für die Formelhaftigkeit seiner Gedankenwelt. Als er sich in der Nacht anschickte, zu beschreiben, was er gegen den widerspenstigen Augustinermönch eigentlich zu verteidigen gedenke, da konnte er sich nicht anders als mit Formeln behelfen, wie sie ihn täglich umgaben: »Verteidiger des katholischen Glaubens, der geheiligten Zeremonien, Dekrete, Anordnungen und heiligen Bräuche…« Wie wird da doch deutlich, daß sich die Gedanken Karls auf anderen Bahnen bewegen als die des eifernden Reformators, den seine Glaubensüberzeugung so sehr in Anspruch nahm, daß ihn die sächsischen Räte wohlwollend mäßigen mußten. Der Weltenherrscher ist überlegen, er muß nicht um Überlegenheit ringen, sein Glaubensverständnis hält sich an die unverrückbaren Regeln der Tradition, an Zeremonien und heilige Bräuche. Das hat übrigens gar nichts zu tun mit der Frömmigkeit der niederländischen Devotenbewegung, von der schon die Rede war.

Wenn er so den Glaubensinhalt umschreibt, wie denkt Karl dann vom Glaubenszweck? Er glaubt »zur Ehre Gottes, der Vermehrung des Glaubens und zum Heil der Seele«. Luther rang in jenen Jahren um einen gnädigen Gott. Karl konstatiert einen Glaubenszweck ohne jede sichtbare Emotion. Nicht aus der Liebe zu Gott, schon gar nicht aus dem brennenden Eifer der Frage nach dem rechten Weg oder aus persönlicher Ergriffenheit argumentiert der Kaiser, sondern aus Traditionsbewußtsein, entsprechend seiner Herkunft, die ihm keine Entscheidung abverlangt, und wegen seines heiligen Amtes, in das er geboren und gewählt worden ist. Und wieder nach Rechtsformeln: »Nach deren Hinscheiden, wodurch sie uns durch natürliches Recht und Erbe« – hier unterdrückt er seine Wahl durch die Kurfürsten! – »die besagten heiligen katholischen Pflichten hinterlassen haben, dafür zu leben und zu sterben nach ihrem Beispiel, welchem wir« – Karl spricht im Plural der Majestät – »als wahrhafte Nachahmer dieser unserer Vorfahren mit der Gnade Gottes bis heute gefolgt sind.«

Soweit die Disposition für die kaiserliche Entscheidung. Ein formelhafter Aufbau, ohne Emphase, unter Berufung auf Recht und Herkommen und die Kraft der Tradition. Diese verpflichtet, sie bestimmt den eigenen Lebensweg – tatsächlich eine treffliche Widerspiegelung der Umstände, unter denen man zum Fürsten geboren wurde. Nun allerdings tritt Karl aus dem unpersönlichen Rahmen heraus, begegnet er uns als Person. Seine Entscheidung fällt unter den Voraussetzungen seiner Geburt und seiner Bestimmung, aber er spricht bezeichnenderweise nicht mehr im Plural: »Aus diesem Grund bin ich entschlossen, alles zu halten, was meine besagten Vorgänger und ich bis zur Gegenwart gehalten haben...«

Der Kaiser hätte nicht fortfahren müssen. Die Sache Luthers war entschieden. Die Tradition, das Beispiel der Vorfahren und ein so formelhaftes Glaubensverständnis im Hintergrund, stand er ganz gewiß nicht für einen theologischen Neubeginn, sondern allenfalls für eine Korrektur von Mißbräuchen. Dazu freilich hatte sich Karl lebenslang immer wieder bekannt, auch gegenüber den Päpsten. Aber wie sollte er aus dieser Position jemals den Wittenberger Propheten begreifen!

Karls Lebensführung richtete sich also, nicht in Einzelheiten, aber in ihrer Tendenz, nach der Tradition. Wenn sich eine Reform nicht, im wörtlichen Sinn, als Rückführung auf die »geheiligten Bräuche« begreifen läßt, wird er sie ablehnen. Denn Neuerungen sind nicht legitimiert. Man muß dem Herkommen folgen »und besonders dem, was angeordnet wurde durch meine besagten Vorfahren, sowohl auf dem Konzil von Konstanz als auch auf anderen«. Das ist nun allerdings eine bemerkenswerte Erhöhung der kaiserlichen Position. Denn sein kaiserlicher Vorfahr Sigismund hatte das Konzil von Konstanz zwar mit seiner Diplomatie zuwege gebracht und durch seine Autorität zusammengehalten, aber »angeordnet« hatte er dort wirklich nichts. Das war Sache der Konzilsväter, nicht des Kaisers. In Karls Stellungnahme, die er, wie gesagt, allein und ohne Berater abfaßte, klang das gar nicht katholisch! Übrigens zeigt dieser Passus noch einmal, wie sehr ihm in diesen Tagen die Erinnerung an das Konstanzer Konzil vor Augen gestanden haben mag.

Was aber ist nun die Autorität in Glaubensdingen? »Denn es ist sicher, daß ein einzelner Mönchsbruder in seiner Meinung irrt, wenn sie gegen die ganze Christenheit steht, in all den vergangenen Zeiten über tausend Jahre wie auch in der Gegenwart, nach welcher Meinung die besagte Christenheit geirrt hätte und noch im Irrtum sei.« Karls Glaube ist eine Frage der Disziplin. Er überschreitet mit dieser Feststellung nicht die Grenzen seines Wissens. Er ist kein Theologe, und er läßt es gar nicht darauf ankommen, mit Luther auf theologischem Feld zu diskutieren. Denn die Affäre ist viel einfacher. So wie *er* sich zur Tradition seiner Ahnen bekannte, »vivre et mourir a leur exemple«, so verbindlich hält er diese Lehre auch für alle Welt.

Immerhin wendet er sich mit diesem Satz dem Widersacher Luther zu und findet darüber auch zur Begründung seines Urteils: »parquoy suis determiné… Deshalb bin ich entschlossen, hier alle meine Reiche und Herrschaften einzusetzen, meine Freunde, meinen Leib, mein Blut, mein Leben und meine Seele.« Die Aufzählung unterstreicht in ihrer Gliederung den Nachdruck des Entschlusses. Bemerkenswert ist, daß Karl nicht nur als Herrscher auftritt, daß er nicht nur seine Machtmittel ins Feld führt, sondern auch seine Person mit Leib und Leben, daß er sich einsetzt für seinen Entschluß, wie ein Ritter sich einsetzt, gewappnet und zu Pferde. Bemerkenswert aber auch, daß er bei diesem Einsatz nicht nur von seinen Reichen spricht und damit von seinen Untertanen, sondern auch von seinen Freunden. Freunde sind keine Untertanen. Sie sind auch nicht durch Vasallenpflichten gebunden, sondern nur durch ihre Freundschaft. Man kann eigentlich an keinen anderen Freundeskreis um den Kaiser denken als an die Ritter vom Goldenen Vlies.

Karl muß seine Erklärung noch weiterführen. Denn in der Konsequenz seiner Gedanken fehlt noch so etwas wie eine Sanktion: »Denn es wäre eine große Schande für mich und für Euch, die Ihr die edle und berühmte Nation von Deutschland seid, die wir« – damit identifiziert er seine Beurteilung mit seinen Zuhörern – »durch Privileg und besonderen Vorrang eingesetzt sind als Verteidiger und Schützer des katholischen Glaubens, wenn in unserer Zeit nicht allein Ketzerei, sondern auch nur Argwohn von Ketzerei oder Verminderung der christlichen Religion aufbricht durch unsere Nachlässigkeit in der Beherztheit der Menschen zu unserer und unserer Nachfolger ewiger Unehre.« Ehre und Schande. Das sind Perspektiven eines Ritterlebens. Ehre und Schande gelten nicht nur für den einzelnen, sondern auch für die Gemeinschaft, an die Karl sich mit seinen Worten wendet. Das werden wir uns für das ganze Leben Karls merken müssen – auch für seinen Thronverzicht.

Im letzten Schritt kommt Karl zum Kern seines Anliegens. Er führt seine Zuhörer – denn seine Erklärung war zum Vorlesen auf dem Reichstag bestimmt – zu dem entscheidenden Ereignis des Vortags: »Und nachdem ich die hartnäckige Antwort gehört habe, die Luther« – er schreibt den Namen so, daß die deutsche Lautung erhalten bleibt: Luthere – »gestern in Gegenwart von uns allen gab, erkläre ich Euch, daß es mich reut, solange gezögert zu haben, gegen den besagten Luther und seine falsche Lehre vorzugehen.« Ohne Zögern räumt der Kaiser also ein, geirrt zu haben, sein bisheriges Vorgehen zu bereuen. Es ist freilich eine billige Reue, eine Reue über allzu große Nachgiebigkeit. Das läßt auf enttäuschte Erwartungen schließen.

Mit Luthers Lehre hatte das nichts zu tun. Diese, namentlich Luthers entschlossene Stellung gegen das Papsttum, war auch den theologisch Ungebildeten bekannt und hatte sich schon lange vorher als falsch vor katholischen Ohren erwiesen, vor sachkundigeren als den kaiserlichen, und selbst der päpstlichen

Kurie war sie längst geläufig. Schon im Juni 1520 hatte der Papst wegen 41 Lehrsätzen Luthers den Bann angedroht, noch ohne dabei einen Namen zu nennen.

Ursache für Karls Enttäuschung war zweifellos, daß er vergeblich einen Widerruf erwartet hatte. Natürlich hätte der Kaiser aufgrund der Vorgeschichte die Situation realistischer einschätzen können. Aber er war schließlich fremd in Deutschland und bezog seine Informationen nicht zuletzt aus der päpstlichen Korrespondenz. Luthers Standhaftigkeit, die Eigenart seiner Gedankenwelt, erst recht die weitverbreitete antirömische Agitation bei Fürsten wie beim gemeinen Mann, die Luthers Reformschriften ebenso wie der knapperen Flugschriftenliteratur Ulrich von Huttens in Deutschland einen so fruchtbaren Boden bereitet hatte, all das mußte dem Kaiser fremd bleiben.

Ob dieser Agitation mit den Argumenten von Ehre und Schande der deutschen Nation zu begegnen war? Ob nicht die »Beschwernisse der deutschen Nation« schon einen festen Platz in den Köpfen hatten, jener Katalog von Klagen und Forderungen, der hundert Jahre zuvor aus den Reformvorschlägen der Konzilien von Konstanz und Basel hervorgegangen und bald auch gedruckt worden war? Seit dem Augsburger Reichstag von 1518 wurde dieser Katalog auf höchster Ebene diskutiert, und in Luthers Reformschrift »An den christlichen Adel deutscher Nation« war er soeben noch mit theologischer Argumentation verbunden worden. Immerhin konnte damals etwa ein Zehntel der deutschen Bevölkerung lesen; gerade die kleinen Flugschriften und Traktate, namentlich von Luther, wurden den Druckern oft aus den Händen gerissen. Mit einem Schlag entstand ein neuer Markt: Flugschriften, kurze, wenige Seiten zählende Erklärungen, Invektiven und Entgegnungen fanden nicht nur eine besondere Leser- und Hörerschaft, sondern verlangten auch eine eigene Form der Argumentation, kurzatmig, derb, oft karikierend, um auf jedermann zu wirken.

Bald merkte Karl, daß es beschwerlich war, gegen die »Beschwernisse der deutschen Nation« zu handeln, auf die sich jetzt selbst altgläubige Fürsten beriefen, während sie sich weigerten, nach dem kaiserlichen Befehl gegen Luther vorzugehen. Im übrigen war das kein sehr klarer Befehl. In Worms hatte man noch über die Möglichkeit gesprochen, mit Luther weiter zu verhandeln. Nicht einmal der Versuch ist bekannt, die Reichsacht auch auszuführen.

Luther blieb sein Leben lang dem Kaiser gegenüber voller Respekt. Den Papst dagegen hatte er, noch ehe er nach Worms kam, als den leibhaftigen Antichristen bezeichnet, den Sohn des Teufels, und Rom als die große Hure Babylon, vorhergesagt in den apokalyptischen Schriften. Karl vermied jede Polemik. Luther war für ihn ein widerspenstiger Bettelbruder, ein Mann, der ihn dazu aufforderte, gegen Recht und Ehre zu handeln, dessen Lehre im Widerspruch zur Überlieferung stand, dem er also den Begriff der »Reform« absprach, geschweige denn das Recht zu theologischer Selbständigkeit. »Und ich bin nicht bereit, noch jemals mehr mit ihm zu sprechen…«

Damit tritt Karl zum viertenmal nicht mit dem »Wir« der Majestät, sondern in der ersten Person auf: Er, der eigenhändig die Entgegnung schreibt, hat allein die Entscheidung gefällt. Er schwankte in seiner Vorgehensweise, das nimmt er auf sich, aber unerschütterlich ist er in der Sache selber. Beides muß man sich merken.

Luther soll zurückgeleitet werden, unter Beachtung des Wortlautes seines saufconduyt. Wieder verrät die Wortwahl, daß Karl den umstrittenen Begleitbrief Hussens im Kopf gehabt haben könnte, denn andernfalls wäre die hinlänglich bekannte kaiserliche Reisegarantie nicht noch einmal eigens hervorgehoben worden.

Karl hält Wort, und er fügt an, Luther möge auf dem Rückweg das Volk nicht mit seiner falschen Lehre beeinflussen, damit kein

Aufruhr entstehe. Auch das ist wohl eine bemerkenswerte Aussage. Sie zeigt, daß der berühmte Scheinüberfall und die folgende Schutzhaft auf der Wartburg zusammenhingen mit Luthers Popularität, die sein Auftreten begleitet hatte und die ihn beim gemeinen Mann wie beim Adel, bei Bürgern und Klerikern, bei Pfarrern und in nicht wenigen Klöstern zum Volkshelden, zum Träger der Reformhoffnungen machte. Karl, aus dem spanischen Milieu strengen Kirchenregiments, argwöhnte Aufruhr. Etwas davon traf zu in der Insubordination, die ihm der sächsische Kurfürst durch die heimliche Aktion vor der Wartburg bereitete.

Also schrieb er in der Nacht zum 19. April an seinem recht einsamen Entschluß: »Und, wie ich bereits zuvor gesagt habe, ich bin entschlossen, mich zu verhalten und gegen ihn vorzugehen wie gegen einen notorischen Ketzer, und ich rufe Euch auf, daß Ihr euch in dieser Sache wie gute Christen haltet, und Ihr seid verpflichtet, das zu tun, und Ihr habt es mir versprochen.« Das allerdings wog schwer. Karl hatte Luther vorgeladen entsprechend dem Geist der Wahlkapitulation, die er gerade ein halbes Jahr vorher in Aachen beschworen hatte; aber umgekehrt konnte auch er Bindungen einfordern. Das war für manche Fürsten eine schwierige Pflicht. Die Stände hatten sich aber, in Erwartung eines gütlichen Endes der »disputacion« mit Luther, gerade dazu am 19. Februar 1521 verpflichtet. Es wird noch einiger Zeit bedürfen, ehe die Fürsten imstande sind, mit derselben Standhaftigkeit wie der Augustinermönch ihr Bekenntnis in Glaubensdingen zum Element politischen Widerspruchs zu erheben. Die bisher auf Luthers Seite getreten sind, verschieben einstweilen die Entscheidung. In diesem Sinn werden ihre Räte in den nächsten Tagen und Jahren wieder und wieder verhandeln, und die äußeren Umstände der kaiserlichen Politik ebenso wie die konzilscheue römische Kurie werden diese Taktik begünstigen. Einstweilen ist Luther nicht nur der erste, sondern auch der einzige

Protestant. Erst acht Jahre später werden ihm Fürsten und Reichsstädte zur Seite treten.

Zufrieden waren mit Karls Reskript in Worms natürlich die Reichsstände, die Kurfürsten, Fürsten, Prälaten, Grafen und Städteboten, die sich an der Seite der alten Kirche hielten. Besonders zufrieden war der Papst. Seltsamerweise, denn Karl hatte ihn, den von Luther Angegriffenen, mit keinem Wort erwähnt. Leo X. ließ einen Monat später vor einem feierlichen Konsistorium im Kreis der Kardinäle Karls Schreiben im Wortlaut verlesen, und Übersetzungen davon machten lateinisch, spanisch und englisch die Runde. Denn der Akt war ein Triumph für die päpstliche Politik, war die Bestätigung der alten Ordnung, gegen die Karl, genaugenommen, mit seinem Verhör des bereits kirchlich Gebannten vor einem weltlichen Gremium zuvor verstoßen hatte. Nun hatte sich also das katholische Selbstgefühl durchgesetzt, hatte aber auch der besondere Optimismus einer jeden konservativen Ordnung neue Nahrung gefunden. Daß es sich um ein kaiserliches Handschreiben handelte, galt dabei besonders. Freilich kam es darauf an, daß sich die kaiserliche Ordnungsmacht mit ihrem Mandat auch behauptete. Das aber war aufs engste verbunden mit dem Anliegen einer politischen Reform im Reich, für die der gleiche Reichstag in Worms den Boden bereiten sollte.

Reichsreform

Gerade in jenen Tagen war Karls spanische Herrschaft in großer Gefahr. Als er sein Land verlassen hatte, rebellierten die Comuneros, die Städte Kastiliens. In Karls Abwesenheit wurden sie besiegt, am 24. April 1521 in der Schlacht von Villalar. Karl erfuhr erst Wochen später von der Restabilisierung seiner spanischen Herrschaft, denn der Kurier aus Spanien war in Frankreich in Gefangenschaft geraten. Der Kaiser hätte sich wahrscheinlich ohnedies nicht vom politischen Geschäft des Reichstags zurückziehen können.

»Karl V. hat mit einer unter allen deutschen Herrschern wohl nur ihm eigenen Präokkupation vom Anfang seiner Regierung bis zu seiner Abdankung die Idee der Monarchie vertreten und in deren Verwirklichung sein politisches Ziel gesehen, also auch eine Reichsreform gewiß nur in diesem Sinn akzeptiert.« Seine Wahlkapitulation von 1519 band ihn an die Existenz eines Kurkollegs, eines Reichsregiments, eines Reichstags und eines Kammergerichts, die miteinander insgesamt als Reichsinstitutionen zu bezeichnen wären. Für ein funktionierendes Verwaltungsgefüge war dies zwar nur rudimentär, und auch die Finanzierung war, besonders im Fall des Kammergerichts, ungeklärt, aber Karl verstand es bereits in Worms, die Existenz dieser Institutionen in den Dienst kaiserlicher Macht zu stellen. Dementsprechend belebte er auch die Einrichtung eines Reichsregiments von neuem, das unter seinem Großvater Maximilian zwanzig Jahre zuvor für kurze Zeit installiert worden war. Fünf von einundzwanzig Räten stellte fortan der Kaiser, und schon vor dem Reichstag bezeichnete er seinen Bruder als den künftigen Statthalter und Vorsitzenden dieses Gremiums. Ein Jahr danach bestellte er ihn auch dazu.

Das Reichsregiment sollte nur tätig sein bei kaiserlicher Abwesenheit. In seine Hände übergab Karl die Entwicklung einer einheitlichen Rechts- und Münzordnung für das ganze Reich, eine Aufgabe, die man schon zweihundert Jahre zuvor hatte lösen wollen. Ebenfalls aus diesem Gremium ging eine Strafrechtsordnung hervor, die unter dem Namen Karls als die »peinliche Halsgerichtsordnung« bis ans Ende des 18. Jahrhunderts in Deutschland wirksam blieb. Das politische Gewicht des Reichsregiments zerrieb sich in den folgenden Jahren allmählich, und zehn Jahre später, als der Kaiser wieder in Deutschland war, ging seine Geschichte endgültig zu Ende.

Um Reichsgewalt wirksam werden zu lassen, wollte man Fürstentümer und Reichsstädte in einzelnen Regionen zu gemeinsamem Wirken zusammenfassen, vornehmlich, damit sie für den Frieden im Land ein Polizeiaufgebot unterhielten. Die Idee, zu diesem Zweck »Reichskreise« zu bilden, geht bis ins 14. Jahrhundert zurück. In zwei Schüben waren 1500 und 1512 zehn solcher Kreise entstanden. Karls Matrikelordnung umschrieb sie präziser, auch band er die Kreishauptleute an die Beschlüsse des Reichskammergerichts. Die Reichskreise bildeten fortan, namentlich in West- und in Süddeutschland, eine der stärksten Klammern des Reichsgefühls und eine anschauliche Verkörperung von Reichsgewalt.

Karl hatte in seiner Wahlkapitulation gelobt, die Reichsreform wiederaufzugreifen, mit der die Stände die ohnehin schwache kaiserliche Gewalt in den Hintergrund drängen wollten. Aber Karl schob dabei die Kaisermacht wieder nach vorn. Aufgrund der Reichsmatrikel wurde das Reichsaufgebot neu geordnet, mit Finanzbeiträgen von allen Ständen in Verhältniszahlen zu ihrem Herrschaftsbereich. Freilich blieb es dem Kaiser verwehrt, mit den Matrikelgeldern ein eigenes Heer aufzustellen.

Recht sprechen sollte im Reich nach der Reformordnung von 1495 das Reichskammergericht. Der Kaiser stellte den Präsidenten, die Reichsstände acht Beisitzer, zu denen acht gelehrte Juristen hinzugewählt wurden. Bald aufgelöst und wieder eingesetzt, reorganisierte eben der Wormser Reichstag auf kaiserliches Betreiben dieses Kammergericht und wies ihm Nürnberg als Amtssitz zu, wo auch das Reichsregiment sich versammeln sollte. Wieder einmal erschien in der Reichsgeschichte Nürnberg in hauptstädtischer Funktion – auch diesmal ohne Dauer. Dem Reichskammergericht aber, das von Nürnberg schon bald nach Speyer und 1689 für das letzte Jahrhundert seines Bestehens nach Wetzlar umzog, sagt man heute immerhin nach, es habe »bis zu seinem Ende 1806 trotz institutioneller Gebrechen und allerlei Stockungen in seinem von den Zeitläufen abhängigen Geschäftsgang eine ebenso beträchtliche wie nachhaltige Wirksamkeit im Dienste des Friedens und einer wissenschaftlich fundierten, professionellen Rechtspflege« entfaltet. In Karls neuer Kammergerichtsordnung war die Zahl der kaiserlichen Beisitzer verdoppelt worden. Die Zuständigkeiten des Gerichts hatte man erweitert. Das Reichskammergericht bestand so lang wie das alte Reich, und Goethe, der dort seine juristischen Lehrjahre zubrachte, machte in anderem Zusammenhang von ihm reden. Man übersieht oft, daß er der Behörde keinen schlechten Leumund bescheinigte – bei aller Schwerfälligkeit. Die Exekutionsgewalt des Gerichts war eben nach wie vor eine Machtfrage und damit politisch an die Position des Kaisertums gebunden.

Bald nach dem Wormser Reichstag zeigte sich eine Grundfrage der Reformation in Deutschland, eine Frage von sehr anderem als religiösem Charakter: die Einziehung des Kirchenguts durch die reformierenden Fürsten. Im Streit darüber spitzte sich die Auseinandersetzung um den neuen Glauben zu. Abgesehen von den Entscheidungen mit Gesetzeskraft von 1555 und 1629 über den Status quo wurde das Reichskammergericht in den folgenden Jahrzehnten ein wichtiges Instrument zur Steuerung dieser Besitzumschichtung. Daß es dabei im allgemeinen kaiserlich und also konservativ entschied, ist wohl für den Gang der Reformation bedeutsam. Später konfessionsparitätisch zusammengesetzt, gehörte auch das Kammergericht zu jenen Institutionen des Reiches, die Klagen entgegennahmen, Gerechtigkeit verhießen und allein damit Zusammenhalt weckten.

Karl gilt uns Deutschen vornehmlich als der Kaiser Luthers, als der vielleicht wichtigste Politiker im Gang der Reformation. Es ist aber auch wichtig, die Reformtätigkeit Karls und seiner Räte kennenzulernen, vor allem was die Administration des Reiches betrifft. Denn gerade dadurch wurde seine Regierung bedeutsam für den Reichsbestand, wenn auch nicht in der Weise, die Karl ursprünglich angestrebt hatte, sondern aus einem Kompromiß mit den Ständen. Das war alles in allem ein erklecklicher Erfolg angesichts einer Entwicklung, in der man den römischen Königen und Kaisern das Heft aus der Hand zu winden suchte. Eine solche Machtverschiebung wäre freilich nicht zugunsten eines bereits gewachsenen ständischen Gemeinsamkeitsgefühls erfolgt, wie es der Trierer Kurerzbischof Berthold von Henneberg um die Jahrhundertwende nach seinen Vorstellungen von Kaiser und Reich entwickelt hatte. Im Gegenteil: es hätte ständischen Egoismen Tür und Tor geöffnet. Deshalb war, sucht man die Summe für das Ganze des deutschen Geschicks zu ziehen, Karls Verfassungspolitik nicht nur von weittragenden Folgen, sondern sie entsprach auch den Möglichkeiten der deutschen Verfassungswirklichkeit. Der Kompromiß am Ende hielt das Reich trotz konfessioneller Spaltung noch für beinahe dreihundert Jahre zusammen. Die Kompromißfähigkeit galt dabei sogar mehr als der jeweilige Streitgegenstand. Damit ähnelt die verfassungspolitische Eigenart dieses Reiches seinem konfessionspolitischen Zustand, wie er am Ende der Regierungszeit Karls nach dramatischen Kämpfen sich herauskristallisierte.

Die Teilung der Dynastie
in West und Ost

Nicht nur das Reich, auch der Herrschaftsraum der Habsburger fand durch Karl eine neue Ordnung. Mit dem Tod Maximilians war er der Souverän des Hauses geworden. Aufbauend auf die Hausdisziplin, die gerade den Habsburgern in hohem Maße eigen war, verhandelte und teilte er mit seinem Bruder Ferdinand. Er lebte selbst nach dieser Devise: Der Zwanzigjährige verzichtete 1520 am Tag seiner Krönung auf eine ungarische Prinzessin zugunsten seines Bruders, der sich mit ihr in Mitteleuropa besser etablieren sollte. Die gleiche Disziplin trieb die habsburgischen Prinzessinnen immer wieder in ungeliebte politische Ehen. Daß sich eine der Damen, die verwitwete Ungarnkönigin Maria, den kaiserlichen Heiratsplänen widersetzte, blieb in dieser merkwürdigen Geschichte von vielfach tragischen Frauenschicksalen, die noch niemand beschrieben hat, die seltene Ausnahme.

Nach dem Wormser Reichstag ließ Karl durch seine Räte die Habsburger Hausmacht neu ordnen. Grundlegend dafür war wieder sein Kalkül um die Teilung von Macht und Einfluß mit dem jüngeren Bruder: in Zukunft bald ein kaiserlich-königliches Gespann. Um das hervorzuheben, bedarf es nur weniger Vergleiche mit anderen deutschen Fürstenhäusern.

Der Achtzehnjährige erhält also vom Einundzwanzigjährigen nach einigem Feilschen der Räte, als hätte man Mißtrauen überwinden müssen, zunächst die fünf österreichischen Herzogtümer. Später kommen dazu noch Württemberg, dessen Herzog in der Reichsacht war, so daß die Habsburger eine Zeitlang über sein Land verfügten, danach Tirol mit seinen wichtigen Silberbergwerken und den Italienpässen. Zuletzt, im Februar 1522, wird Ferdinand auch noch das sogenannte Vorderösterreich um den Breisgau übertragen, das Elsaß, Pfirth und Hagenau. Der entsprechende Brüsseler Geheimvertrag soll erst nach Karls Kaiserkrönung veröffentlicht werden. Mit einem Wort, Karl entledigt sich aller seiner deutschen Herrschaftsansprüche zugunsten seines Bruders. Das zeigt zugleich auch die Grenzen seines Engagements in der deutschen Politik. Soweit es ihn als den römischen König und künftigen Kaiser angeht und unentbehrlich ist für sein Universalkaisertum, will er sich den deutschen Problemen stellen. Mehr aber nicht. Freilich zog Karl sich damit nicht völlig zurück aus den Grenzen des Heiligen Römischen Reiches. Er war und blieb der Herzog von Burgund. Als solcher sorgte er dafür, daß dieses Burgund einen besonderen Reichskreis bildete, nicht zuletzt im Hinblick auf seine Steuerkraft. Aber als Territorialherr wollte er in Deutschland nicht auftreten.

Das war nur die erste Stufe der brüderlichen Nachfolgeregelung. Sie wirkte weiter. 1531, nachdem er Kaiser war, ließ Karl seinen Bruder als römischen König nachrücken. Als er schließlich selbst die Kaiserkrone niederlegte, war niemand als sein Bruder, wenn auch erst nach Auseinandersetzungen um den übernächsten am Kaiserthron, zu seinem Nachfolger bestimmt. Nicht den Sohn also, wie das seit langem üblich war in der Familie der europäischen Könige, sondern den Bruder hat Karl lebenslang als seinen Nachfolger gefördert. Er hatte es ihm zugesagt, in Spanien, bei der ersten Begegnung mit dem Vierzehnjährigen. Karl hielt sein Wort. Diese ungewöhnliche Konstellation in einem monarchischen Lebensplan schlägt immer wieder in seinen Entscheidungen durch, und das ist wichtig für die räumlichen Akzente, die Karl in seiner Politik setzte, für seine Reisewege, für die Wahl seiner Aktivitäten und zu guter Letzt wohl auch für seine Resignation.

Ferdinand bekam also eine Frau nach mitteleuropäischem Zuschnitt. Die achtzehnjährige Anna, die er Pfingsten 1521 in Linz als Achtzehnjähriger vor den Traualtar führte, war eine Jagiellonenprinzessin, Kind aus jener östlichen Dynastie, die damals mit Polen, Litauen, Böhmen und dem bislang noch von den Türken verschonten Ungarn weit mehr als eine Million Quadratkilometer beherrschte – eine ähnlich große Landmasse wie das Heilige Römische Reich und das spanische Königreich zusammengenommen.

Wir haben nicht immer die rechten Vorstellungen vom riesigen Herrschaftsraum der Jagiellonen zwischen der Ostsee und dem Schwarzen Meer. In manchen Geschichtsbüchern wird die Bedeutung dieser Dynastie nicht einmal als Episode in der europäischen Geschichte gewürdigt, obwohl sie ein, zwei Generationen die europäische Politik beeinflußte. Sigismund August, der letzte Jagiellone, zählte zu Karls festen Korrespondenzpartnern. Freilich, ein großer Unterschied zwischen den westlichen Monarchien und dieser riesigen Herrschaftsbildung im Osten darf nicht unbeachtet bleiben: Der politische Aktionsraum der Jagiellonen war weit schwächer besiedelt und weniger entwickelt. Dabei gab es noch große Unterschiede zwischen dem Länderblock Böhmen, Mähren und Schlesien in der Mitte Europas, dem nördlichen Ungarn, dem südlichen Polen um die alte Hauptstadt Krakau, der Ostseeküste, namentlich dem deutschen Ordensstaat Preußen, seit 1466 in polnischer Abhängigkeit, zwischen der Bürgerkultur in Danzig, Riga und Dorpat einerseits und der schier unendlichen Weite der Wälder und Steppen Litauens, das um diese Zeit im Süden bis an das Schwarze Meer reichte. Aber wie auch immer: das polnisch-litauische Großreich bildete eine Potenz im Hintergrund, und seine westliche Sekundogenitur, im Besitz der Königreiche Böhmen und Ungarn, war ein respektabler Partner in Mitteleuropa.

Deshalb heiratete auch zwei Monate nach ihrem Bruder die Schwester Ferdinands, Maria, in Innsbruck den jungen Jagiellonenkönig Ludwig von Böhmen und Ungarn. Bruder und Schwester also im kreuzweisen Ehebund, ein politisches Bündnis, das bald zum spektakulären Erbfall wurde. Denn der junge böhmische und ungarische König Ludwig, lebenslustig, leichtsinnig, aber ritterlich, so ganz ein Mann nach dem Schlage des alten Maximilian, der ihn ein paar Jahre zuvor deshalb nicht nur protegiert, sondern sogar adoptiert, zum Reichsvikar ernannt und ihm die Nachfolge auf dem Kaiserthron in Aussicht gestellt hatte – man sieht in diesem kleinen Feuerwerk aus Maximilians Wundertruhe immerhin ein politisches Konzept –, dieser Ludwig also fand fünf Jahre nach seiner Hochzeit, 1526, gerade erst zwanzig Jahre alt, bei einer Türkenschlacht den Tod im Sumpf. Königsschicksal, Schicksal der Ritter auf den Thronen. Nur war hier mehr verspielt als ein Ritterleben und mehr zurückgelassen als eine junge Witwe. Eben diese Maria, die Schwester Ferdinands und Karls, folgte vier Jahre später in Burgund ihrer Tante Margarete als Statthalterin. Die beiden Königskronen von Böhmen und Ungarn aber fielen nach Verträgen wie nach Ständewahlen an Ferdinand.

Manchmal sagt man, erst dieser neue und durchaus unerwartete Erbfall habe die Habsburger endgültig über alle anderen Herrscherhäuser Europas erhoben. Aber man kann da auch Einwände haben: Ein unbestreitbarer Gewinn war wohl nur der böhmische Erbfall. Er brachte Land und Leute, etwa doppelt soviel wie in den österreichischen Erblanden, und dazu das böhmische Silber aus Joachimsthal, wo der »Thaler« gerade geboren worden war. Ungarn dagegen, das ursprünglich vom Ostalpenrand bis in den Karpatenbogen reichte, kostete wegen der Türkenkriege bald mehr, als es nützen konnte. Zwar verließen die Türken nach ihrem Sieg von 1526 das Land zunächst wieder, auch der Kosten wegen, aber ein Thronstreit brach aus, mit Doppelwahl und Doppelkrönung, mit Eingriffen der türkischen Diplomatie und vier Feldzügen des »prächtigen« Sultans Suleyman. Schließlich blieb nur Kroatien mit dem westlichen und nördlichen Ungarn, der heutigen Slowakei, in habsburgischer Hand. Die Türken setzten in Buda 1541 einen Pascha ein und hielten ein Fürstentum Siebenbürgen in Abhängigkeit. So kam, zur ideellen Verpflichtung der Türkenabwehr aus christlicher Solidarität, auf die Habsburger die konkrete Bedrohung ihres neuen Landes hinzu. Erst zweihundert Jahre später, dann ohne Spanien, erwuchs daraus die große Gegenoffensive, die der Dynastie eine europäische Berufung eintrug.

Den Türkenkrieg in Ungarn überließ Karl vornehmlich seinem Bruder und den schwerfälligen Reichsinstitutionen. Seine Türkenkriege führte er eher als spanischer König im Mittelmeer. Immerhin: die Rangerhöhung des Jüngeren, der mit seinen beiden neuen Kronen aufstieg über die Würde eines Erzherzogs und Kaiserbruders zu eigenständiger Position, auch im Reich, wo er als der böhmische König nun der erste unter den weltlichen Kurfürsten wurde, stärkte nicht nur die Dynastie im ganzen, sondern sie vertiefte auch das allmählich deutlichere bipolare Verhältnis zwischen dem Kaiser und seinem ab 1531 mit der römisch-deutschen Königskrone designierten Nachfolger.

Im realen Spiel der Machtpolitik schien Frankreich eingekeilt zwischen den beiden habsburgischen Brüdern. An allen seinen Landgrenzen standen sie. Dazu die niederländische Flotte im Norden, die spanische im Mittelmeer. Mußte die französische Politik da nicht verzagen? Mitnichten. Zunächst, weil sich die Rechnung mit festem Herzen auch umkehren ließ: Frankreich mit seinen damals etwa 400 000 Quadratkilometern, ein zwar unterschiedlich, aber doch besonders entwickelter Großraum zwischen den Meeren, galt zu Maximilians Zeiten als die erste Macht in Europa. Es war von der neuen habsburgischen Koalition nicht nur umgeben, es trennte sie auch. Und das nicht nur im Sinne der Nachrichtenverbindung. Immerhin: Die respektable Korrespondenzleistung, mit der Karl seinen Bruder, seine Tante, seine Frau, seine Schwester jederzeit auf dem neuesten politischen Stand hielt, mit Kanzler, Vizekanzler und Räten, von Spanien nach den Niederlanden, von Italien nach Wien, ist nicht nur erstmalig, sondern einmalig in der europäischen Geschichte. Die kürzeste Verbindung lief durch Frankreich. Aber die sicherste Verbindung, wie die Dinge nun einmal lagen, blieb doch der Seeweg, um Frankreich herum.

Frankreich war aber nicht nur ein Verkehrshindernis für die Habsburger. Auch der hohe Organisationsgrad der französischen Königsherrschaft vermochte Karls Herrschaftspläne zu behindern. Und so traten zu den fünf türkischen Feldzügen im Südosten, die in erster Linie defensiv geführt wurden, ebenso viele Waffengänge mit Frankreich, auf die Karl sein Geld und seine Energie und das Reich einen guten Teil seiner Möglichkeiten richten mußte. Im Westen, nicht in Ungarn, in Böhmen oder in Österreich entschied sich das Geschick von Karls Politik. Der Erwerb des Westens, Burgunds, nicht die Kronen von Böhmen und Ungarn hatten die Habsburger zum Kampf um die Vormacht in Europa bestimmt.

Zwei Exerzierfelder blieben den Franzosen zur Offensive: Italien und die Niederlande. Und zwei recht unterschiedliche Bundesgenossen: der Papst und Suleyman. Andere, etwa Heinrich VIII., dessen England mit besonderen Wirtschaftsinteressen an die Niederlande gebunden war, oder Johann Zapolya, der ungarische Magnat und Thronrivale Ferdinands, kamen zeitweise ins diplomatische Spiel, dazu die Venezianer, die Sforza-Herzöge von Mailand und nicht zuletzt auch die deutschen Protestanten, sobald sie nur einmal organisiert waren.

Der Kampf um Italien

Am 28. Mai 1521, noch während des Reichstages in Worms, starb Wilhelm de Croy, Herr auf Chièvres, Ritter des Goldenen Vlieses, Karls Hofkämmerer und Erzieher. Er war ein alter Mann, wie auch die beiden anderen, die Karls Jugend begleitet hatten: Adrian von Utrecht, in dieser Zeit sein Statthalter in Spanien, und Mercurino Gattinara, für das nächste Jahrzehnt sein wichtigster politischer Ratgeber. Den Jüngeren, die folgten, Nikolaus Perrenot de Granvelle und Francisco de los Cobos, räumte Karl geringere Vertrauensstellungen ein, ebenso auch den beiden spanischen Beichtvätern, die auf Garcia Loaysa folgten, den er als Kardinal nach Rom gebracht hatte. Unter allen war kein Deutscher.

Die deutschen Affären waren in den wenigen Monaten seiner Anwesenheit im Land bei weitem nicht erledigt; kaum, daß er sie auf den Weg gebracht hatte. Nun sollten sie andere traktieren. Karl zog rheinabwärts, über die Niederlande nach England, wohnte in Windsor, wurde von Thomas Morus begrüßt und verbrachte einige Tage in einer beinahe »familiären« Umgebung – wenn die »Familie der Könige« nicht eine diplomatische Fiktion gewesen wäre. Er begegnete seiner Tante, der englischen Königin, aber die Ehe war längst zerrüttet; er begegnete seinem künftigen Schwiegervater, nach einem Verlobungsvertrag, aber er war gar nicht geneigt, die sechsjährige Mary auch zu heiraten. Im Juli segelte Karl in zehn Tagen nach Kastilien und hinterließ einen unzuverlässigen Bundesgenossen.

Zuletzt wandte er sich mit ganzer Aufmerksamkeit seinen spanischen Königreichen zu. Er zog durch das Land, um nach dem

Rechten zu sehen, und lernte dessen Vielfalt kennen: die Einsamkeit der Meseta, die üppige Flußkultur, die an Oasen erinnert, die reichen und schönen Städte, Valadolid, Saragossa, Toledo, die kastilische Hauptstadt, und das einstweilen noch unwichtige Madrid, das sein Sohn zur Zentrale des neuen Reiches machen sollte. Ein französisches Heer stößt nach Navarra vor, dem kleinen Paßstaat in den Pyrenäen, wo Franz I. Erbansprüche geltend machen kann; Karl zieht nach Pamplona in die Nähe des Kriegsschauplatzes und beobachtet einen langwierigen Abwehrerfolg. Einer seiner Offiziere übrigens, der hier verwundet wurde, wird durch diesen Krieg zum Eingriff in die Weltgeschichte angeregt: Ignatius von Loyola.

Karl besuchte seine Mutter in Tordesillas und bewog sie dazu, den Sarkophag mit den sterblichen Resten seines Vaters endlich herauszugeben, damit er unter Königen begraben werde. Und er entzog ihr, ein Jahr danach, ihre jüngste Tochter, die sechzehnjährige Katharina, und schickte sie als Braut nach Portugal. Wie um der Mutter diesen härtesten Verlust zu erleichtern, hielt er sich deshalb einen Monat im Schloß der Kranken auf.

Franz I. hatte zunächst einen Kleinkrieg gegen Karls Übermacht geführt, und zwar an der nördlichen Grenze, in Flandern und Luxemburg, verdeckt und mit Hilfe anderer Mächte. Dann machte er mit Gewalt Erbansprüche auf Navarra geltend, wurde nach Monaten aber abgewehrt. Karls Bündnis mit England sah einen gemeinsamen Krieg gegen Frankreich in zwei oder drei Jahren vor. Währenddem war sein Statthalter in Spanien, Adrian von Utrecht, unerwartet, wenn auch nicht ohne Karls Hilfe, zum Papst gewählt worden. Ein reformstrenger Mann, der sich dem Versuch politischer Einflußnahme durch den Kaiser gleich entzog. Aber er saß kaum mehr als ein Jahr auf dem päpstlichen Stuhl. Sein Nachfolger, Clemens VII., wieder ein Medici-Papst, war stärker ins politische Interessenfeld des Kaisers verstrickt. In Oberitalien schürzte sich der Knoten zur machtpolitischen

Rivalität. Den Kampf um Italien hatte schon 1494 Karl VIII. mit einem Zug in das Königreich von Neapel begonnen. Er konnte es nicht halten. Die Verbindung der Habsburger mit Spanien und mit der spanischen Herrschaft über Neapel, Sizilien und Sardinien, also über das westliche Mittelmeer, machte nun aber auch die Auseinandersetzung um »Reichsitalien«, das ist Oberitalien zwischen Tirol und dem Kirchenstaat, interessanter als je zuvor. Daß die Herrschaft in Ober- und in Unteritalien jetzt in einer Hand lag, war wie der Schlüssel zur Vorherrschaft über Europa. Das glaubten sowohl der König von Frankreich als auch Mercurino Gattinara, der kaiserliche Großkanzler. Leo X., der erste Medici-Papst, war in dieser Frontstellung auf der kaiserlichen Seite. Adrian, sein Nachfolger, konnte von Karl nur zu einer Defensivallianz bewogen werden. Als nach ihm im September 1523 Clemens VII. zum päpstlichen Thron kam, waren die Auseinandersetzungen zwischen Kaiserlichen und Franzosen schon in vollem Gang. Nach einem vergeblichen Zug gegen Marseille waren Karls Truppen arg in Bedrängnis. Sie verschanzten sich um Pavia. Von den Franzosen belagert, errangen sie am 24. Februar 1525 vor der Stadt einen grandiosen Sieg ihres Entsatzheeres. Binnen einer Stunde – wie denn die berühmtesten Schlachten der Zeit recht kurzfristig entschieden wurden – waren nicht nur die französischen Truppen geschlagen, sondern auch der König selbst in die Gefangenschaft von Karls Feldherrn Lannoy geraten. Der Sieg war vollkommen; ein kaiserlicher Sieg, und noch dazu gerade am 25. Geburtstag des Kaisers.

Karl erfuhr davon vierzehn Tage später, am 10. März. Diesmal war ein Kurier mit französischem Geleit unbehelligt auf dem Landweg gereist. Sein Feldherr erinnerte an ein Ondit bei Hofe, Gott sende jedem Menschen einmal im Leben einen guten Herbst. Und damit forderte er den Kaiser zur Ernte auf, in einer geistreichen Metapher, die das Ernten mit dem Schnitter Tod verband.

Armer Lannoy, der vom Kaiser für seine Arbeit im Felde kaum belohnt wurde. Zum Glück erlebte er nicht mehr, daß Karl noch zweimal ähnlich über seine Feinde triumphierte und jedesmal die rechte Ernte nicht in seine Scheuer brachte. Vielleicht genügte es Karl, daß er sich bestätigt sah in der Auserwählung seines Kaisertums. Das jedenfalls legt dieser erste totale Triumph nahe: Karl wehrte den Gratulationen bei Hofe, er zog sich zum Gebet zurück und schloß noch eine Wallfahrt zu Unserer Lieben Frau von Guadalupe an, einem der großen Wallfahrtsorte Spaniens. Das tat er später nicht mehr nach so großen Siegen.

Allerdings hatte der Sieg von Pavia Karl offenbar auch in einer sehr nachdenklichen Verfassung angetroffen, in einer inneren Krise, die er, bei aller Disziplin, auch diesmal wieder mit eigener Hand zu Papier brachte. Es gibt Randbemerkungen Gattinaras. Sie betreffen die politischen Pläne des Kaisers. Zwischen Karls Niederschrift und Gattinaras Kommentar entwickelt sich dabei eine Art Dialog, was darauf hindeutet, daß der Kaiser seine Gedanken bis dahin für sich behalten hatte.

Karl dachte darüber nach, wie gut sich die französischen Truppen in Mailand festgesetzt hatten, wie schwach sein Bündnis mit England wirkte, wie sehr ihn die Geldnot drückte und vor allem, wie wenig er bisher selbst in seiner Politik hervorgetreten war. Das bekümmerte ihn am meisten. Karl, 25 Jahre, geborener Erbprinz von Burgund, trug die spanische und die römische Königskrone und hatte eine päpstliche Zusage für die Kaiserkrönung in Händen. Sein Name war verbunden mit den höchsten politischen Würden. Das galt ihm nichts? »Und indem ich sehe und fühle, daß die Zeit vergeht und daß wir bald vergehen mit ihr, und da ich nicht so vergehen möchte, ohne eine rühmliche Erinnerung an mich zurückzulassen, und da das, was heute verloren wird, morgen nicht zurückzugewinnen ist, und da ich bisher nichts geleistet habe, das zur Ehre meiner Person gereicht, ... aus all diesen Ursachen und vielen anderen würde ich keinen

Grund sehen, der mich hinderte, etwas Großes zu tun; und ich sehe keinen dafür, daß ich das länger hinausschieben könnte, und daß es mir nicht gelingen sollte, mir zu helfen mit Gottes Gnaden mich mächtiger zu machen und in Frieden und Ruhe das zu besitzen, was ihm gefallen hat, mir zu schenken – alles das in Betracht gezogen und erwogen, kann ich mir kein Mittel denken, durch das ich so allgemein meine Angelegenheit bessern könnte, wie durch einen Zug nach Italien.«

Nach Italien freilich wollten die Spanier ihren jungen König gar nicht gern ziehen lassen, war er doch bei ihnen gerade erst heimisch geworden. Doch Gattinara drängte, seine Randbemerkungen beweisen es. Ein solcher Schritt mußte aber vor Räten und Volk gerechtfertigt werden. Nach Italien zieht es Karl nicht so sehr aus politischen Erwägungen. Spanien ist befriedet. In Spanien warten allenfalls Verwaltungsaufgaben, die ihm nicht so wichtig scheinen. In Italien dagegen wartet der Kriegsruhm. Nicht König, nicht Kaiser, berühmt will er werden! Ein Ritter auf dem Thron!

Die Reflexionen, die Karl irgendwann in den letzten Wochen des Jahres 1524 oder bald danach zu Papier brachte, ohne Datum, mit Entwurfscharakter, sind beinahe langatmig zu nennen. Sie beginnen mit Friedenswünschen und enden auch damit, weil sie einen neuen Krieg zu rechtfertigen suchen. Auf einen »guten Krieg« drängten, so meinte Karl, alle Umstände, neben den politischen auch seine persönlichen, die ihm bisher noch nichts von dem eingebracht hatten, was ihm allein des Nachruhms wert erschien: die kriegerische Leistung. Der Unterschied zwischen Stellung und Leistung wurde immer wieder auch in der unabhängigen Kritik des Ritterbundes vom Goldenen Vlies hervorgehoben, bei allem Respekt, den die ständische Hierarchie zu guter Letzt dem Herrscher gegenüber wahrte. So viel wirkte aber auch die Selbstkritik bei Karl, daß ihm nicht seine Herkunft und seine Kronen, sondern seine eigenen Taten als das Wichtige im Leben erschienen. Daß er seine Auszeichnung nicht auf politischem Felde suchte, nicht als Diplomat und nicht als Administrator, sondern in einem »guten Krieg«, das offenbart das Dilemma ritterlicher Prinzenerziehung; aus unbedachter Ruhmsucht überspringt er die Grenzen der gewohnten Zurückhaltung. Aber nach der Siegesmeldung hatte er nicht triumphiert, sondern zum Beten aufgefordert. Daß Frieden mehr gelte als Krieg, daß besonders ein christlicher Fürst den Frieden zu suchen habe, ging längst um in den politischen Gesprächen der Zeit. Der einzige Kaiser, der bislang mit eigener Feder politische Reflexionen festgehalten hatte, Karl IV., war zweihundert Jahre zuvor noch weit deutlicher geworden, als er den christlichen Herrschern empfahl, den Krieg zu scheuen wie der Arzt das Messer.

Zu Anfang des 16. Jahrhunderts war unter den Humanisten von Italien bis Polen eine lebhafte Diskussion im Gang über den Wert des Friedens und, modern ausgesprochen, über Möglichkeiten der Konfliktregelung innerhalb einer Gesellschaft. Erasmus von Rotterdam hatte dem sechzehnjährigen Karl am Beginn seiner politischen Verantwortlichkeit in diesem Sinn Erziehungsregeln für einen christlichen Fürsten gewidmet und ein Jahr später eine »Friedensklage« publiziert. Thomas Morus entwarf eine besondere, wenn auch nicht pazifistische, Friedenspolitik in seiner klassischen Erzählung von der Insel Utopia. In Wirklichkeit bewirkte diese vielzitierte Friedensdiskussion der Literaten freilich nur wenig in jenen Zirkeln, deren Erziehung und Umwelt geprägt war von Ritteridealen, oder gar bei einem präsumptiven Herkules auf dem Thron: Plus ultra – immer höher hinaus! Das war ein machtpolitischer Anspruch und keine ohnmächtige Humanistendevise. Vielleicht, weil das gedankliche Niveau der Ritterepik um vieles bescheidener war als das des Humanismus, vielleicht auch, weil der ritterliche Tugendkatalog sich mit geringerer Mühe politisieren ließ: in den Augen der Mächtigen galt Alexander doch noch immer mehr als Platon.

Zu einem Italienzug, wohin ihn sein Tatendurst lockte, sollte die Mitgift einer neuen Braut verhelfen. Eigentlich hatte Karl noch 1522 in England die Verlobung mit Mary bekräftigt, seiner sechsjährigen Cousine. Mary war eine Tochter aus der ersten, damals noch bestehenden Ehe Heinrichs VIII. mit Karls Tante Katharina. Dreißig Jahre später heiratete sie dann Karls stets gehorsamer Sohn. Das ist weit vorausgegriffen und soll nur zeigen, wie konstant sich die aufs erste verwirrenden monarchischen Heiratspläne behaupteten, obwohl auf diesem Feld die meisten fürstlichen Versprechungen gebrochen wurden. Auch Karl wollte jetzt nicht auf eine minderjährige Braut warten, sondern warb um Isabella von Portugal. Ihre Mitgift sollte den Italienzug finanzieren.

Noch ehe die Hochzeit ausgehandelt war und die Braut eintraf, erfuhr Karl am 10. März im Kreis seiner Räte von dem großen Sieg von Pavia, der, wie gesagt, gerade an seinem 25. Geburtstag erfochten worden war. Für einen historischen Augenblick lag ihm Europa zu Füßen. Lannoy hatte deshalb eben auch die rasche Ernte empfohlen. Aber Karls Reaktion war merkwürdig zurückhaltend. Er verbot jeden lauten Jubel, denn es sei Christenblut vergossen worden. Nach Lannoys ausführlichem Bericht belohnte er seine Generale eher kärglich, am schlechtesten die beiden Troupiers, die wohl die Schlacht entschieden hatten, Pescara und Frundsberg. Francesco Pescara, ein Marchese spanischer Herkunft, war bei den verschiedenen Aktionen jenes Tages innerhalb von neuneinhalb Stunden dreimal verwundet worden und starb noch im Dezember. Jörg von Frundsberg, wohl einer der ersten deutschen »Kriegsunternehmer« im Stil der Zeit, war zwei Jahre später in den unseligen Sacco di Roma verwickelt. Er hatte Geld und Leben für den Kaiser eingesetzt und versucht, seine Landsknechte als einen »neuen Orden« bei Kriegsmoral zu halten, aber auch er fand keinen kaiserlichen Dank.

Italien fiel nicht, wie Gattinara spekuliert hatte, dem Kaiser wie von selbst zu, sondern das seit langem der kaiserlichen Hand entwachsene Mächtekonglomerat organisierte sich nach seinen eigenen Gesetzen, nach dem verlorenen Gleichgewicht, dem System des »pace d'Italia«, und neigte zum geschlagenen Frankreich. Die Hand dazu bot die Mutter des gefangenen französischen Königs. Sie zog Venedig an sich, dazu Mailand, Florenz und den bisher kaisertreuen Papst. Die feindliche Fronde war zusammengerückt, noch ehe Karl seinen Sieg genützt hatte.

Kam das alles, weil Karl nicht selbst in Italien gesiegt hatte, weil er nicht selbst noch rechtzeitig nach jenem Ruhm hatte greifen können, nach dem er so offensichtlich lechzte? Hatte er deshalb auch den Geschmack an einem raschen Italienfeldzug verloren, der nach dem Sieg über die Franzosen erst recht politisch klug, ja notwendig gewesen wäre im Interesse eines Gewaltfriedens, den Karl soeben noch zur Rechtfertigung eines »guten Krieges« in seiner Denkschrift beschworen hatte? War der junge Regent noch so unfertig in seinem Verantwortungsgefühl, daß ihn die politischen Konsequenzen eines von anderen errungenen militärischen Erfolges nicht mehr reizten? Karl ließ seine Räte über sein Zaudern rätseln – und seine Biographen auch.

Den gefangenen französischen König behandelte er monatelang mit ausgesuchter Nichtachtung, zuerst in Italien, später in Spanien. Er stellte Forderungen, die der französischen Integrität zu nahe traten: das burgundische Erbe des Urgroßvaters, Karls des Kühnen, der doch ein französischer Prinz gewesen war und eben jenes Erbe auch als ein Stück Frankreich übernommen hatte. Berechtigter wäre schon die Rückgabe des alten Reichsgebietes zwischen der Rhône und den Westalpen gewesen, des sogenannten Königreichs Arelat, von Karl IV. 1378 an den Dauphin als Reichsvikariat übertragen und seitdem vom Reich getrennt. Gattinaras Denkschriften erinnerten daran.

Der König von Frankreich lehnte alles ab, und als er schließlich zustimmte, waren seine Schwüre falsch. Eigentlich war er durch Karls Maßlosigkeit in diesen Betrug getrieben worden. Nach Karls Koordinaten freilich mußte ein Ritterwort immer gelten. Am Ende blieb nach dem am 14. Januar 1526 in Madrid beschworenen Frieden nur das Eheversprechen in Kraft, das der verwitwete Franz für Karls verwitwete Schwester Eleonore gegeben hatte. Zwei unmündige Söhne mußte der gefangene König dem Sieger als Geiseln stellen, und dazu viel Lösegeld. So urtümlich gestaltete sich noch immer die politische Praxis. Kaum war er auf französischem Boden, schmiedete Franz bereits Pläne für einen neuen Krieg und vertraute auf das gute Glück seiner Dynastie.

Das Glück aber warf zunächst dem Hause Habsburg eine neue Erwerbung zu: die Kronen von Böhmen und Ungarn, nach dem Fall von Mohács. Ein maßvoller, aber fester Frieden in Madrid hätte gemeinsam mit dem, was der Zufall nun im östlichen Mitteleuropa den Habsburgern eintrug, Karls Spekulation von einer Universalmonarchie weit mehr geholfen als seine uneinsichtigen Forderungen an den König von Frankreich. Auch stand ihm, was sich jetzt erst in seiner ganzen Tragweite erkennen läßt, seine Unbeweglichkeit gegenüber den Türken an der südöstlichen Grenze des Reiches im Wege.

Allenfalls mag ihn für die nächste Zeit die Heirat mit der schönen Isabella, ebenfalls einer Cousine, entschuldigen. Nach langer Vorgeschichte ging es nun eilends. Am 10. März 1526 begegnet Karl seiner Braut in Sevilla. Noch am selben Tag werden die beiden getraut, und was als dynastische Spekulation begann, im spanischen Interesse ebenso wie im portugiesischen, noch dazu in der Hoffnung Karls auf eine reiche Mitgift aus dem damals schon weltumspannenden, namentlich den Gewürzhandel beherrschenden Portugal, das wird zum Ursprung einer glücklichen Ehe. Die schöne dreiundzwanzigjährige Prinzessin aus Portugal, die schönste Frau der Welt überhaupt, wie ein Höfling versicherte, wird eine tapfere Gefährtin auf dem Thron; tapfer auch im Kindbett, dessen Gefahren sie schließlich bei der siebenten Geburt zum Opfer fällt.

Einstweilen aber durchlebt das Paar glückliche Monate: in Sevilla, Cordoba, Granada. Mit seiner jungen Frau lernt Karl die südliche Schönheit seines spanischen Königreichs kennen. Aber es ist auch da ein Glück in Grenzen vor der unerbittlichen Regentenpflicht. Zwei Kinder bringt Isabella in drei Jahren zur Welt, dabei pünktlich zu Anfang den Thronfolger, mit dem Burgundernamen Philipp. Aber nach drei Ehejahren ist Karl für die Zukunft nur mehr Gast in seinem eigenen Hause. Isabella wird zur verständnisvollen, sicher leidenden, sicher sehnsüchtigen Statthalterin. Karl, der Einsame, Schweigsame, Vorsichtige, wird viel später einmal seinem Sohn Philipp als eine wichtige Maxime für eine gute Regentenehe anvertrauen, sich nie zu lange bei seiner Frau aufzuhalten, immer wieder sich unter Vorwänden zu entfernen, um nicht seine männliche Kraft und schließlich sein Leben in Gefahr zu bringen. Ob er diese heimliche Angst auch gegenüber der schönen Isabella aus Portugal hegte? Ob er sogar vor jener Frau, der er die nächsten zwölf Jahre am meisten vertraute, noch Distanz zu wahren suchte?

Sturm auf Rom

Karls Sieg über Frankreich ohne durchgreifende Neuordnung in Italien fügte schließlich zur italienischen Verschwörung seiner Feinde einen neuen, unvorhergesehenen Gegner: England. Dieser Frontwechsel seines Onkels und möglichen Schwiegervaters war wohl weniger eine Folge des aufgekündigten Verlöbnisses mit Maria, sondern eher ein Versuch des englischen Lordkanzlers, des Kardinals Wolsey, seine eigenen Ambitionen an der Kurie mit königlichen Interessen zu verbinden. Heinrich wünschte eine päpstliche Lösung seiner Ehe mit der alternden Katharina, er wollte einen männlichen Nachkommen zur Sicherung seiner Dynastie und vor allem die legale Verbindung mit Anna Boleyn. Also trat er der »heiligen Liga« bei, dem französisch-päpstlichen Bund, dem auch Venedig und geringere oberitalienische Potentaten angehörten. In dem kleinen, aber damals schon Branntweinkennern namhaften Städtchen Cognac wurde Ende April oder Anfang Mai der Vertrag unterzeichnet.

Die Entscheidung war aber in der Lombardei zu suchen. Dorthin hatte ein französischer Vorstoß unterdessen ein neues kaiserliches Heer aus Süddeutschland gezogen, schlecht besoldet, nach Gewaltmärschen meuternd. Es war kein anderer als Jörg von Frundsberg, aller frommen Landsknechte lieber Vater, gegen den sich da am 16. März 1527 die Spieße kehrten. Den massigen Mann rührte darob der Schlag. Nun wälzte sich der führerlose Haufen, siebentausend beutegierige Knechte, unaufhaltsam gegen Rom. Vergeblich bot der Papst 150000 Dukaten, das Unheil abzuwenden. Sieben Wochen später standen die Truppen vor der Ewigen Stadt, und gleich im ersten Ansturm am 6. Mai überstiegen sie die Mauern. Weil dabei auch noch der Connetable de Bourbon, ein französischer Prinz in Karls Diensten, erschossen wurde, wüteten die deutschen, italienischen und spanischen Söldner monatelang, ehe sie, durch Seuchen dezimiert, wieder in militärische Disziplin gezwungen wurden. Frundsbergs Truppe löste sich auf. Der Papst wurde zum kaiserlichen Gefangenen, wie weiland der König von Frankreich. Gallier, Vandalen, Normannen und nun das kaiserliche Heer: das italienische »Alt!« aus der deutschen Landsknechtssprache ist noch die geringste Erinnerung an den grausamen Sacco di Roma, die letzte Katastrophe der Ewigen Stadt bis heute.

Man kann darüber spekulieren, ob der wilde Sturm von Frundsbergs Knechten, verstärkt durch die Truppen des Connetable, unter strategischen Gesichtspunkten ein zielsicherer Schlag gegen jene »heilige Liga« gewesen ist, die sich der päpstlichen Autorität ohne die gehörige militärische Potenz bediente. Solcherart bekam die Kurie unmittelbar zu spüren, daß sie ihr religiöses Ansehen auf unzulässige Weise in Affären mengte, die man seit längerem als »weltlich« von kirchlichen Geschäften abzutrennen verstand. Es ging nicht um die Theorie von der absoluten Überlegenheit der Macht vor Treu und Glauben, wie sie der scharfsichtige ehemalige Florentiner Staatssekretär Niccolò Machiavelli damals entwickelte; es ging um die Praxis. »Geistlich« und »weltlich«, die beiden Gegenpole der mittelalterlichen Gesellschaftsphilosophie, ursprünglich in eins gespannt, seit dem sogenannten Investiturstreit des späten 11. Jahrhunderts in ihrer Ambivalenz allmählich auseinandergetreten, hatten sich inzwischen als unvereinbar erwiesen; besonders seit die Päpste ohne kaiserlichen Schutz Geldpolitik und Machtpolitik betrieben, um jene Position zu behaupten, die ihnen einst das Kaisertum garantiert hatte.

Gefährlicher, verhängnisvoller Irrweg, aus dem die christliche Botschaft die Mächtigen zwar nicht herausgeführt, aber von dem sie sie doch einigermaßen abgebracht hatte: der Zweck heilige die Mittel. Nun lehrte Machiavelli, was längst gängig war: der Zweck rechtfertige sie sogar. Machiavelli, der übrigens wenige Wochen nach dem Sturm auf Rom die Augen für immer schloß, wollte nur in ein System bringen, was er sein Leben lang zu sehen bekam, nicht ganz ohne utopischen Optimismus. Seine Werke wurden erst nach seinem Tod gedruckt und forderten danach manchen »Antimachiavellisten« heraus. Kaum ein Theoretiker stimmte dem Florentiner Kanzler zu, aber mancher Praktiker scheint bei ihm in die Schule gegangen. Die Päpste jedenfalls hatten seit langem zum heiligen Zweck sehr weltliche Mittel ins Spiel gebracht und waren, übrigens zum besonderen Ärger Machiavellis, eine italienische Mittelmacht geworden. Während Luther über die große babylonische Hure in Rom seinen Zorn ausgoß, hatten die Päpste die furchtbare Quittung des Sacco di Roma hinzunehmen. Noch immer galt die Ewige Stadt als das Haupt der Welt. Nun war der Papst also in kaiserlicher Gefangenschaft, und die war schlimmer als im Mittelalter das kaiserliche Protektorat.

Aber damit war der Krieg nicht zu Ende: Eine französische Reprise galt Neapel zur See und Mailand auf dem Landweg. Die Lage Neapels glaubte man bald aussichtslos für die spanischen Verteidiger: Blockiert durch die Genueser Flotte, auch auf dem Land vom Nachschub abgeschnitten, bei verlustreichen und erfolglosen Ausfällen, schien die Einnahme durch die Franzosen bevorzustehen. Da fühlte sich der genuesische Admiral Andrea Doria von den französischen Bundesgenossen eher benachteiligt als unterstützt und zog seine Schiffe von Neapel ab, mehr noch: er wechselte ins kaiserliche Lager. Die Bedrohung im Süden brach zusammen.

Im Norden, um Mailand, versuchte 1528 ein neuer deutscher Heerführer dem Kaiser beizustehen. Aber auch er scheiterte an der leeren Kriegskasse, noch ehe der Feind in Sicht war. Selbst

Frundsbergs Knechte, wieder gesammelt, wollten nicht ohne Sturmsold stürmen, und so zog der todkranke Obrist resigniert allein nach Hause. Es waren am Ende die Spanier, die auch diesen Sieg erfochten und den französischen Befehlshaber, den Grafen St. Pol, dabei gefangennahmen. Man hätte meinen können, das Banner des Kaisers sei im Felde unwiderstehlich.

Schließlich machten zwei couragierte Frauen dem ganzen Krieg ein Ende. Die Mutter des französischen Königs, Luise von Savoyen, handelte mit der Tante des Kaisers, Margarete, der niederländischen Statthalterin, in Cambrai den Frieden aus. Franz sollte auf Italien verzichten und Karl auf den französischen Teil von Burgund. Die Grafschaften Flandern und Artois, bislang nach Lehensrecht vom König von Frankreich abhängig, sollten aus französischer Lehenshoheit entlassen werden. Zudem sollte der König von Frankreich seine beiden Söhne aus spanischer Geiselhaft zurückerhalten. Aber er mußte dafür viel Lösegeld zahlen und auch noch Schulden Karls in England übernehmen. Im ganzen war der Friedensschluß wahrlich vorteilhaft für den Kaiser, überdies sorgte er für klare Grenzen. Allerdings trug er Karls ritterlichem Kampf um das burgundische Ahnenerbe nicht Rechnung, und aus demselben Grund war er auch kaiserlichen Plänen nicht förderlich. Dieser »Damenfrieden« war eher von praktischer Vernunft getragen. Deshalb wurde er auch von den regierenden Herren bald wieder gebrochen.

Der Krieg in Italien war beigelegt, als Karl am 6. August in Monaco landete, drei Tage nach dem »Damenfrieden« von Cambrai. Die Flotte segelte ostwärts weiter entlang der Riviera, und am 12. August verließ Karl in dem neugewonnenen Genua sein Schiff. Auf dem Landweg zog der kaiserliche Troß nun durch die Lombardei, bis man am 6. Dezember mit dem Papst in Bologna zusammentraf. Schon Ende Juli hatten Karls Beauftragte mit Clemens Frieden geschlossen. Da begegneten einander also die beiden Häupter der Christenheit, das weltliche und das geistliche, und wohnten vier Monate in vertrautem Umgang Wand an Wand. Man hätte wähnen können, die alten Zeiten seien zurückgekehrt, und manche Beobachter brachten das auch in diesem Sinn zu Papier, in Wort und Bild. Aber es war noch nicht lange her, seit der Papst einer europäischen Koalition gegen den Kaiser vorgestanden hatte, und eben dieser Kaiser war nicht von Deutschland nach dem Süden gezogen, sondern von Spanien übers Meer. Die Zeiten hatten sich geändert. Die Sorgen auch: nicht nur wegen der deutschen Protestanten, sondern auch im Hinblick auf die Türken.

Nach ihrem Sieg von Mohács waren die Scharen Suleymans des Prächtigen zwar wieder zurückgezogen, aber jetzt gerade bedrohte ein neuer Vorstoß die Ostgrenze Österreichs, brachte Wien in Gefahr und verunsicherte die Steiermark. Suleyman war Karls Zeitgenosse. Von 1520 bis 1566 lenkte er die osmanische Politik, und das war großenteils Expansionspolitik, in einfachen, aber schier unaufhaltsamen Schritten. Allenfalls das Schaukelspiel zwischen Ost und West, zwischen den orientalischen und den europäischen Offensiven der Osmanen, bot Ansätze zur diplomatischen Gegenwehr. Unmittelbar vor Suleymans Herrschaftsantritt waren Syrien und Ägypten der osmanischen Machtsphäre einverleibt worden. 1521 fiel Belgrad im Norden, und keine zwei Jahre später endete der lange Kampf der Türken gegen die Ritter des Johanniterordens mit ihrem Sieg über Rhodos. Dann entfaltete sich die Ungarnoffensive von eben der siegreichen Schlacht bei Mohács bis zur Errichtung eines Satellitenfürstentums in Siebenbürgen und der Eroberung der Residenzstadt Buda 1541.

Ferdinands erste Gesandtschaft nach Konstantinopel im Mai 1528 mußte erfahren, daß die Hohe Pforte seine Thronfolge in Ungarn nicht anerkannte. Eine zweite 1530 hinterließ zwar einen aufschlußreichen Reisebericht über das Europäern im allgemeinen verschlossene türkisch besetzte Südosteuropa, erreichte aber in Istanbul nichts. Fortan suchte Ferdinand immer wieder mit Geldangeboten und Geschenken ein Übereinkommen mit dem Sultan und blieb so zumindest im diplomatischen Spiel. 1547 kam es dann schließlich zu einem fünfjährigen Waffenstillstand gegen eine Jahrespension von 30000 Gulden. Seitdem gab es einen ständigen Vertreter Ferdinands bei der neuen Großmacht. Aber auch dann noch drängte die Türkengefahr. Das türkische Menetekel blieb ein ständiger Faktor der Angst in Mitteleuropa.

Der Besuch, nein eher die Rückkehr des Kaisers nach neunjähriger Abwesenheit weckte in Deutschland besondere Hoffnungen, vor allem was den Streit um den rechten Glauben betraf. Andere Erwartungen richteten sich auf die Reichsreform. Beides glaubte Karl bei seinem letzten Abschied von Deutschland auf bündige Weise geregelt. Er hatte in Worms 1521 Luther und damit auch seinen Anhang in Acht und Bann getan, und er hatte das Reichsregiment, eigentlich eine ständische Konkurrenz, für die Zeit seiner Abwesenheit zum kaiserlichen Instrument gemacht und dem Vorsitz seines Bruders Ferdinand unterstellt.

Der künftige Kaiser, römische und spanische König hatte sich nach Taten gesehnt. Nun ließ er auf sich warten: von seiner Landung in Savona im August 1529 bis zu seinem Einzug in Augsburg am 16. Juni des nächsten Jahres. Allerdings sollte inzwischen Italien geordnet werden, nachdem Frankreich besiegt war und auf seine italienischen Ansprüche verzichtet hatte. Das war eine entscheidende Zeit für die Politik des Großkanzlers Gattinara, in dessen politischem Weltbild Italien noch die Mitte einnahm. Aber niemand kann beweisen, daß dieser mittelalterliche Horizont auch Karls Weltbild umschrieb. Jedenfalls war seine italienische Zeit in besonderem Maß von italienischer Territorialpolitik bestimmt. Allerdings auch von Karls Eigenheit zu zaudern und zu zögern. So heißt es über seinen herbstlichen Aufenthalt in Piacenza: »Die Frage, warum Karl sieben Wochen in dieser Stadt verweilte, ist nicht schlüssig zu beantworten.«

Immerhin bekam Italien nach Karls Erfolg über die Franzosen ein neues Gesicht. Vierzig Prozent des Landes waren nun unmittelbar in habsburgischer Herrschaft. Herzog Francesco Sforza von Mailand schloß Frieden mit dem Kaiser und akzeptierte die spanischen Besatzungen, die Venezianer hielten sich fortan strikt neutral, und in Verhandlungen mit dem Medici-Papst versprach Karl, in Florenz die Herrschaft dieser bedeutendsten Bürgerfamilie mit Gewalt wiederherzustellen. Dem künftigen Herzog Alessandro sagte er die Hand seiner unehelichen Tochter Margareta zu.

Die Medici waren nicht die einzige Kaufmannsfamilie, die Karl zu Fürsten machte. Immerhin stellten sie danach zwei Königinnen von Frankreich. Diesen Rang erreichten die deutschen Fugger nicht, die Karl ebenfalls ihren Aufstieg in die Aristokratie verdankten. Auch ist ihr Andenken in Süddeutschland nicht gleichermaßen mit europäischem Mäzenatentum verbunden; es gab nun einmal keinen Michelangelo in Augsburg. Immerhin fiel ein Abglanz der Renaissance auch auf diese Reichsstadt.

Aber noch ist Karl nicht auf dem Weg dorthin, noch muß er erst gekrönt werden: am 22. Februar 1530 mit der eisernen Krone der Lombarden und zwei Tage danach, an seinem dreißigsten Geburtstag, mit der Kaiserkrone. Beides ist ein Stück Mittelalter, auch das Zeremoniell, nach dem der Neugekrönte dem Papst Brust und Füße küßt. Ein mittelalterlicher Krönungstermin hätte sich allerdings am heiligen Kalender orientiert und nicht am kaiserlichen Geburtstag. Auch war Karls Politik nicht gerade »mittelalterlich«. Ein Herzogtum Florenz paßt ebensowenig in die mittelalterliche Landschaft wie ein Herzogtum Mailand, das mit dem Kaiser selbständig Krieg und Frieden machte. Habsburgische Hausmachtpolitik hatte auch in Italien die Kaiserhoheit ersetzt. Als sich Karl zum Alpenübergang anschickte, war Gattinaras Traum vom italienisch fundierten Kaisertum, von der Erneuerung der römischen Weltherrschaft, der renovatio des römischen Imperiums, trotz der langen spanischen Wartezeit nicht erfüllt. Auf dem Wege nach Bologna noch zum Kardinal erhoben, starb er in Innsbruck am 4. Mai 1530.

Der Protest von Speyer

Die kaiserliche Einladung zum Reichstag nach Augsburg war Gattinaras Werk. Sie fiel bemerkenswert versöhnlich aus, trotz der faktischen Nichtachtung des Wormser Edikts in Deutschland und trotz der Tatsache, daß es seit einem Jahr nun wirklich »Protestanten« gab, nämlich Fürsten und Städte, die das Recht der Minderheit gegen die Beschlüsse des Reichstags stellten. Das war eigentlich ein Verfassungsbruch. Minderheiten und Mehrheiten hatte es bisher im Reichstag nicht gegeben.

Man erzählt oft, wie es in Karls Abwesenheit auf den beiden Reichstagen von Speyer 1526 und 1529 dazu gekommen war. Der sogenannte deutsche Bauernkrieg, die Erhebung des »gemeinen Mannes« auf dem Land und mitunter auch in den Städten zugunsten alter Rechte, wirtschaftlicher Freiheiten und gegen den wachsenden Steuerdruck von weltlichen wie geistlichen Fürsten, die sich im April und Mai 1525 bis zu revolutionären Forderungen nach einem Umbau der deutschen Staatlichkeit verdichtete, ohne doch eine wirkliche »Revolution« hervorzubringen, hatte altgläubige und lutherisch geneigte Fürsten zusammenstehen lassen. Von der brutalen und blutigen Niederwerfung der oft wehrlosen und außer in Tirol, also im unmittelbaren habsburgischen Gebiet, auch militärisch völlig erfolglosen Bauernhaufen hatte Karl noch weniger Kenntnis genommen als von den hartnäckigeren Kämpfen der comuneros in seinem spanischen Königreich. Obwohl sich die Aufständischen in ihren spät genug entworfenen Programmen auch auf eine unmittelbare Stärkung der Kaisermacht gegenüber den Fürsten beriefen, wären ihre Forderungen ohnehin indiskutabel gewesen für Karls politische

Vorstellungen. Religionsfragen wurden unter dem Eindruck dieser Entwicklung in Deutschland verschoben, und erst ein Reichstag in Speyer ließ sie im Sommer 1526 erneut aufbrechen.

Hier hatten dann die lutherischen Fürsten nach einer revolutionären Legitimation gegriffen. Ihre Propaganda drückte sich aus in der lateinischen Devise »Gottes Wort in Ewigkeit«, das die Begleiter des Kurfürsten Johann von Sachsen und des Landgrafen Philipp von Hessen auf dem Ärmel trugen. Gottes Wort gegen die Kirchenlehre, das war ein Rückgriff auf Luthers revolutionäre Theologie. Verbum Dei manet in aeternum! Daß man die Devise lateinisch formulierte und nicht deutsch, so daß die meisten, die sie am Ärmel trugen, sie gar nicht lesen konnten, beließ den Streit immerhin noch im Mysterium der alten Kirchensprache. Die Laien sprachen dann allerdings deutsch im Reichstagsabschied. Sie forderten alle gemeinsam eine deutsche Messe, die Übersetzung der Bibel und sogar Laienkelch und Priesterehe, und wollten unterscheiden zwischen dem verbindlichen Wort Gottes und den unverbindlichen menschlichen Zusätzen. Aber weil der Kaiser alle Neuerungen nicht dem Urteil des Reichstags, sondern einem künftigen Konzil vorbehielt, fand man 1526 zu dem Kompromiß, in dieser Frage sollten die Stände »mit ihren Untertanen also leben, regieren und sich halten, wie ein jeder solches gegen Gott und kaiserliche Majestät hoffe und vertraue zu verantworten«.

Der Sprengstoff in dieser Formel, im Rückblick wohl deutlicher als zu seiner Zeit, war der Bezug auf die persönliche Verantwortung. Damit brach man Gehorsamspflichten, solche der Laien gegenüber der Kirche, auch solche der Reichsstände gegenüber dem Kaiser. Den kirchlichen Gehorsam hatte zuerst Luther selbst in der bekannten Reihe seiner öffentlichen Auftritte von 1517 an in Frage gestellt. Luther war Mönch und Professor der Theologie. Nun gingen aber auch die weltlichen Obrigkeiten dazu über, ihrem eigenen Gewissen zu vertrauen, und beriefen sich auf eine Verantwortung in Glaubensdingen, die tatsächlich der persönlichen Bindung und Verantwortung jedes Christen vor seinem Gewissen seit eh und je zukam, aber noch niemals politisch umgesetzt worden war, außer bei den sogenannten Sektierern und Häretikern. Und außer – das allerdings muß man stets vor Augen haben – bei den böhmischen Hussiten, die sich 1419 der Herrschaft in ihrem Land bemächtigt hatten, 1432 zu Verhandlungspartnern des Baseler Konzils geworden waren und gewisse Sonderrechte nach einem, wenn auch päpstlich niemals sanktionierten Kompromiß seit 1436 in ihrem Land behaupteten.

Der sogenannte zweite Speyerer Reichstag von 1529 sah die Fürsten weniger einig und kompromißbereit. Luthers Lehre hatte sich inzwischen verfestigt und war namentlich im Kurfürstentum Sachsen und in Hessen Bestandteil fürstlicher Ordnung unter fürstlicher Kirchenhoheit. Die erste protestantische Universität war 1527 in Marburg gegründet worden, ohne das bis dahin übliche kaiserliche Privileg. Die meisten Reichsstädte in Süddeutschland standen zur neuen Lehre. Überdies hatte sich eine »Reformation von unten« vornehmlich, aber nicht ausschließlich, von Zürich aus unter Handwerkern und Bauern verbreitet. Sie hatte die Erwachsenentaufe als das entscheidende Sakrament zu persönlicher Wandlung und Selbstheiligung zum Bekenntnis erhoben, zugleich mit engster Gemeindebildung. Diese »Taufgesinnung« war nicht neu, schon die Waldenser hatten sie im Mittelalter praktiziert, und die Böhmische Brüdergemeinde, der pazifistische Zweig des Hussitentums, übte sie in unmittelbarer Nachbarschaft. Aber die »Wiedertäufer« verunsicherten als Volksbewegung alle Obrigkeiten, erinnerten an die Erhebung der Bauern, verbanden ihre Vorstellungen gelegentlich auch mit radikalen utopischen Neuerungen, mit der Ablehnung aller Autorität und schwammen in einem breiteren Strom politischer Opposition, die mitunter sogar die Türken als Befreier erwartete oder ein neues Zeitalter des Heiligen Geistes zur revolutionären Devise erhob. Die Täufer also wurden auf diesem zweiten Reichstag von Speyer von allen Obrigkeiten einhellig verurteilt und nach der grausamen Strafjustiz als Feinde des Reiches und der Religion von der alten Kirche wie von den Anhängern Luthers oder Zwinglis verfolgt. Uneinig war man dagegen über den Umgang mit dem Luthertum. Hatte man bei den Täufern Gehorsam gegen die Obrigkeit exerziert, so wollten dieselben Obrigkeiten doch nicht dem Kaiser gehorsam sein.

Die Proposition dieses zweiten Speyerer Reichstags, sozusagen die Beschlußvorlage, stammte nicht vom Kaiser, sondern von Ferdinand, der sie gleichwohl für kaiserlich ausgab. Der Reichstagsabschied von 1526 wurde darin aufgehoben. Gegen die Einsprüche der evangelischen Minderheit setzten sich die Katholiken mit dem Reichstagsabschied vom 22. April 1529 durch, so daß den Überstimmten kein anderer Weg mehr möglich schien als ein feierlicher, notariell beglaubigter Protest an den Kaiser und an ein künftiges Konzil. Fünf Fürsten unterzeichneten, dazu die Vertreter von 14 süd- und südwestdeutschen Reichsstädten. Zwei Argumente führten diese neuen »Protestanten« ins Feld: zum einen, daß der Beschluß des ersten Reichstags von Speyer über die Verantwortung in Religionsdingen bis zu einem künftigen Konzil gemeinsam gefaßt worden sei und also auch nur gemeinsam wieder aufgehoben werden könne. Das schien einleuchtend, aber so etwas wie eine Geschäftsordnung des Reichstags gab es nicht. Zum anderen aber, so argumentierten die Protestierer, und das war wohl entscheidend für ihre Selbstrechtfertigung und galt mit der Überzeugungskraft des neuen religiösen Denkens, dürften sie nicht überstimmt werden, weil »in Sachen Gottes Ehre und der Seelen Seligkeit Belangen ein jeglicher für sich selbst vor Gott stehen und Recht geben muß«.

Ein »jeglicher« ist nicht jedermann. Gemeint ist ein jeglicher, der im Reichstag Sitz und Stimme hat. Das war also kein Bekenntnis zur persönlichen Gewissensfreiheit. Es war die Religionsfreiheit der Reichsstände, die hier, mit der Legitimation ihrer ständischen Entscheidungen, der kirchlichen Autorität und dem kaiserlichen Schutz und Schirm für die Christenheit entgegentraten. Deswegen mußten diese Protestanten fortan auch auf ihren eigenen Schutz bedacht sein, denn die Mißachtung des Mehrheitsbeschlusses bedrohte sie mit der Reichsacht. Und deshalb bestand auch fortan die alte Einheit des Reiches als eines heiligen Nachbarschaftsverbandes nicht mehr. Es blieb nurmehr eine Verbindung aus Treu und Glauben im politischen Kalkül, ein pragmatischer Zusammenhalt unter kaiserlicher Führung, der sich gleichwohl noch dreihundert Jahre – gerade auch in seiner späteren Kompromißfähigkeit über die Glaubensdifferenzen – erstaunlich bewährte. Aber das Reich war nicht mehr die Stütze der Christenheit, sondern geradewegs das Exerzierfeld christlicher Meinungsverschiedenheiten, und Karl, der Kaiser, mußte nun sehen, wie er damit noch fertig wurde.

Augsburg 1530: die vertane Chance

Der solcherart umstrittene Reichstagsabschied von 1529, von Ferdinand entworfen, war in seinem Tenor streng gegen alle Neuerungen; die kaiserliche Einladung zum Reichstag von Augsburg vom Januar 1530, aus der Feder Gattinaras, wirkte milde und wollte »die Zwietrachten hinlegen, vergangene Irrsal unserem Seligmacher ergeben und eines jeglichen Opinion in Liebe und Gütigkeit hören, verstehen und erwägen, und also alle in einer Gemeinschaft, Kirche und Einigkeit leben«. Der Kaiser wollte die Hand dazu bieten, »alle Meinungen zu einer einigen christlichen Wahrheit zu vergleichen und alles, so zu beiden Teilen nicht recht ausgelegt oder behandelt ist, abzutun«.

Vergleicht man die einzelnen Positionen im Konfessionsstreit, dann ist eine versöhnliche Geste des Kaisers unverkennbar. In Worms war 1521 ein Edikt erlassen worden. Das hatten die betroffenen Reichsstände nicht befolgt. Dann fanden sie sich 1526 in Speyer zusammen und schlossen mit den altkirchlichen Reichsständen, aber ohne Kaiser, einen Kompromiß, die Dinge beim gegenwärtigen Stand zu belassen, bis zu einem künftigen Konzil. Danach, 1529 wieder in Speyer, beriefen sie sich auf ihr Gewissen gegen Mehrheitsbeschlüsse und brachen damit zumindest die herkömmliche Verfahrensweise des Reichstags. Nun kam ihnen der Kaiser bemerkenswert entgegen, und er verließ dabei, was bisher für Recht und Herkommen galt. Denn hatten in Speyer 1526 noch beide Seiten ihren Streit auf einem künftigen Konzil schlichten wollen, so ist nun die Rede von einer kaiserlichen Schlichtungsfunktion, und das heißt: hier wollte der Kaiser, wenn auch gekrönt und Schutzherr der Christenheit, so doch ein

Laie, in Glaubensdingen zumindest mitsprechen, wenn nicht entscheiden.

Es ist klar, daß diese Position sehr rasch den Widerstand der Kurie herausfordern mußte, vorgetragen bei jeder Gelegenheit durch eine Mehrzahl kirchentreuer deutscher Theologen, allen voran der kluge und geschäftige Ingolstädter Dr. Johannes Eck, und diplomatisch auf zähem Wege weitergeführt durch den päpstlichen Legaten Campeggio.

Es gibt Anhaltspunkte aus Karls Umgebung, die auf Kompromißbereitschaft schließen lassen. So etwa eine Äußerung gegenüber seiner Schwester Maria, die ihn von Innsbruck nach Augsburg begleitete. Da will Johannes Agricola, ein den Lutheranern zugeneigter Humanist, gehört haben: Der Kaiser wende sich gegen eine Verteufelung der Lehre Luthers und wolle es mit einem Vergleich versuchen. Nicht mit einem Kompromiß, sondern mit einem theologischen Vergleich, wobei er sich auf das apostolische Glaubensbekenntnis beziehe, und er zeige sich dabei optimistisch, daß nur »äußerliche Dinge« die streitenden Parteien trennten. Zumindest war danach die Sache Luthers neuerlich im Gespräch in Karls persönlicher Umgebung, und nicht zufällig wird dabei der Name jener Schwester Maria genannt, der man eine Neigung zur neuen Lehre nachsagte. Wieder ist der Kaiser im Irrtum über die Schwere der theologischen Auseinandersetzung, und wieder erinnert die Konstellation bemerkenswert an die Auseinandersetzung um die hussitische Reformbewegung hundert Jahre zuvor.

Auch da spielten Konzilsentscheidungen eine Rolle; auch da wurden gelegentlich Laien zur Entscheidung im Theologenstreit angerufen, und auch da muß man dieses Ansinnen bereits für einen Bruch der Kirchenordnung halten. Freilich hatte sich der Kaiser seinerzeit aus dem Theologenstreit herausgehalten. Daß Karl sich nun anschickte einzugreifen, weil ein päpstliches Konzil nicht zustande kam, das ist seine eigene verhängnisvolle Abweichung von dem immer wieder beschworenen alten Kirchenglauben. Dabei war der Hussitenvergleich in seiner Umgebung durchaus gegenwärtig. Sein ehemaliger Beichtvater Loaysa schrieb aus Rom: »Ich wage es, Euer Majestät zu bitten, Euch wohl oder übel mit diesen Ketzern abzufinden und sie Eurem Bruder in der Art untertan sein zu lassen, wie die Böhmen, die doch zu keinem anderen Schlag gehören.« Allerdings ging es dabei nicht nur um die Erinnerung an das 15. Jahrhundert, sondern um die gegenwärtigen, seit 1526 von Ferdinand regierten böhmischen Länder. Mit königlicher Duldung wurden hier die Basler Kompaktaten praktiziert. Die hussitischen Priester, »Utraquisten« in der Sprache der Zeit, reichten in ihren Pfarrgemeinden den Laienkelch, sie lasen die Messe in der Volkssprache, und ihre Kirche war ohne Besitz und ohne Klöster. Das alles, obgleich die Päpste den Beschluß des Konzils von Basel niemals ratifiziert hatten. Was der kluge Spanier riet, war nicht ein Wort für Wort von Laien ausgehandelter Kompromiß, sondern dieselbe Praxis des Miteinanders, wie sie Ferdinand in Böhmen vorfand und weiterführen mußte.

Man muß bei dieser Empfehlung zur Toleranz am Kaiserhof vor Augen haben, daß sich Luther selbst in seinen Marburger Religionsgesprächen wenige Monate zuvor vom radikaleren Zwingli mit Nachdruck abgewandt hatte. Der jüngere und wendigere Melanchthon, Schüler und engster Mitarbeiter Luthers, und Johannes Bugenhagen, Wittenberger Stadtpfarrer und Professor, Altersgenosse, Freund, ja sogar Beichtvater Luthers, machten sich nun daran, die neue Lehre in 28 Artikeln zusammenzufassen. Obwohl Luther nach einem oft zitierten Wort meinte, er »könne so leise nicht treten«, folgte er. Bis nach Coburg nämlich zog er dem Augsburger Reichstag entgegen, an den südwestlichen Rand des kurfürstlichen Machtbereichs, der ihn schützte, mit deutlicher Hinneigung zu den Augsburger Verhandlungen, die im Hinblick auf das Wormser Edikt durch seine

Anwesenheit nicht belastet werden sollten. Daß er nachher recht gehabt haben wollte, als alle Nachgiebigkeit sich als verfehlt erwies, steht auf einem anderen Blatt, denn die Hoffnungen, mit denen Melanchthon und Bugenhagen nach Augsburg reisten und er nach Coburg, waren groß.

Andererseits war die Kompromißbereitschaft von seiten der Lutheraner nicht gleichzusetzen mit einer Kapitulation. Melanchthon bezeichnete die 28 Artikel zwar als katholisch. Aber die Vertreter des künftigen »Augsburger Bekenntnisses« demonstrierten damit nur ihre Katholizität sozusagen in ökumenischer Absicht. Im dogmatischen Sinn war Melanchthons Aussage sicher falsch. Allerdings war in diesem Augenblick nicht der Nachweis tatsächlicher dogmatischer Unterschiede, sondern die Absichtserklärung der Speyerer »Protestanten« wichtig. Denn nicht die theologischen Autoren, sondern der Kurfürst von Sachsen und vier andere Fürsten und die Städte Nürnberg und Reutlingen legten am 25. Juni 1530 dem Kaiser ihr Glaubensbekenntnis vor.

Acht Tage danach antwortete ihnen der Kaiser mit einer »Confutatio«, die von seinen Theologen ausgearbeitet war. Diese »Widerlegung« des »Augsburger Bekenntnisses« binnen weniger Tage war eine bedeutsame redaktionelle Leistung, denn der erste Entwurf aus der Hand des eifrigen und gründlichen Johannes Eck umfaßte 351 Blatt. Der Kaiser selber wollte Mäßigung und Kürze. Zwar widerfuhr dem kaiserlichen Sekretär beim Abschreiben das Unheil, Tilgungen mit Hervorhebungen zu verwechseln. Aber als Melanchthon mit dem päpstlichen Legaten Campeggio die Diskussion zuletzt auf vier Artikel konzentrierte, die den Hussitenartikeln bemerkenswert ähnelten – auf die Forderung nach dem Laienkelch, der Priesterehe, der Messe in der Volkssprache und auf die Enteignung des Kirchenbesitzes –, war der »Augsburger Mikrokosmos« der ganzen zeitgenössischen Reformdiskussion auf ein Minimum eingeengt.

Confessio hin – Confutatio her: letztlich wurde der Streit unter Verfahrenszwang entschieden, nicht unter Gesichtspunkten intellektueller Redlichkeit. Die »Confutatio« wurde verlesen, aber den Protestanten nicht ausgehändigt. Sie sollten akzeptieren, nicht diskutieren. Das führte zum Bruch. Fortan ist Deutschland in Konfessionen getrennt, und bis zum heutigen Tage werden lutherische Pfarrer auf die Confessio Augustana in ihrem Wortlaut von 1530 vereidigt. Das Angebot der protestantischen Laien hatte der versöhnlichen kaiserlichen Einladung zum Reichstag entsprochen. Die kaiserliche »Widerlegung«, zum Reichstagsbeschluß erhoben, zwang die Protestanten jedoch zu einer politischen Reaktion: Am letzten Tag des Jahres 1530 gründeten sie in der kleinen Reichsstadt Schmalkalden einen Verteidigungsbund für ihren Glauben. Die 28 Artikel der Augsburger Konfession galten dabei als Bundesurkunde. Das erinnert an die vier Prager Artikel, auf die sich gut hundert Jahre zuvor in Böhmen der hussitische Verteidigungsbund gegründet hatte. Fortan war der Schmalkaldische Bund der Widersacher des Kaisers in Deutschland, alle Kompromißpolitik war gescheitert, und die Konsequenzen daraus wurden lediglich durch politische Umstände bestimmt. Der theologische Rahmen des Gesprächs war ausgeschöpft.

»Wir haben einen frommen Kaiser«, ließ sich Luther im Sommer 1532 vernehmen, aber er fügte hinzu: »Er hat einen Keil im Herzen, es hab' ihn ihm dreingesteckt, wer da will. Er ist fromm und still. Ich halt, er rede in einem Jahr so viel als ich an einem Tag.« An diesem Urteil hielt Luther, der von Karl Gebannte, sein Leben lang fest: Karl, der stille Mann mit einem gespaltenen Herzen. Halbherzig jedenfalls war, was Karl in Augsburg verfügte und beschloß. Er hatte diesen Reichstag als Schiedsrichter in Religionsfragen beginnen wollen. Nach seiner Einladung sollten ihm die Streitfragen dargelegt werden, um zu prüfen, um zu entscheiden. So war die Augsburger Konfession auch von den

Lutheranern verstanden worden. Über die katholische Gegen-
schrift aber, die da mit so großem Aufwand und Umfang den pro-
testierenden Ständen entgegengesetzt worden war, wurde nicht
diskutiert und nicht entschieden. Mehr noch: Sie trug die kaiserliche Unterschrift. Damit war Karl nicht mehr Schiedsrichter,
sondern Partei.

In jenem Sommer 1530 in Augsburg fielen noch andere Entscheidungen. Nach dem Tod Gattinaras, dessen ausgleichende
Hand manche Beobachter bei der kaiserlichen Religionspolitik
nun vermißten, sollte es keinen Großkanzler mehr geben. Die
Geschäfte in der östlichen Machtsphäre Karls führte fortan ein
Landsmann des Verstorbenen, der Burgunder Nikolaus Perrenot
von Granvelle, dessen Stadtpalais in Besançon noch etwas ahnen
läßt von der reichsstädtischen Herrlichkeit eines Parvenüs. Die
spanischen Affären waren Francesco de los Cobos anvertraut,
auch er ein Emporkömmling, ein Fachmann, kein Aristokrat, wie
das Karl eigentlich entsprach. Für die inneren Probleme von
Karls Riesenreich brachten diese Neuerungen nur Personalver-
änderungen. Eine Reichsreform, wie sie seit seinem Großvater
Maximilian im Gange war und wie sie Karl selbst zehn Jahre
lang betrieben hatte, in kleinen, kaum erkennbaren Schritten, in
zähem Hin und Her zwischen einem ständischen und einem kaiserlichen Akzent, war nach dem Augsburger Reichstag ohne gemeinsamen Reichsabschied nicht mehr zu erhoffen.

»Die Verkündung des Widerstandsrechtes im Namen des
Glaubens war zwar noch nicht die Revolution, weil weder dem
Kaiser seine obrigkeitliche Funktion bestritten wurde, noch die
Grundlagen der religiösen Gebundenheit der obrigkeitlichen Gewalt in Frage gestellt waren...« Aber: »Schließlich stand ja auch
bereits die Glaubwürdigkeit der obersten Reichsgewalt und ihrer
religiösen Position zur Debatte, als der Kaiser genötigt worden
war, um der Türkenhilfe willen sein Edikt und alle Strafandro-
hungen wieder zu suspendieren.«

Mit dieser Inkonsequenz mußte die kaiserliche Herrschaft nun also auskommen. Wenn niemand die gedankliche Brüchigkeit des konfessionell gespaltenen Kaisertums aufriß, wenn Luther den Kaiser noch einen frommen Mann sein ließ, dann waren wohl noch andere Kräfte wirksam, das Reich beisammenzuhalten. Und weil es inmitten Europas noch andere Zwänge gab als die religiöse Sprengkraft im Innern, konnte dieses Reich immerhin noch fast dreihundert Jahre existieren.

Zu diesen Zwängen zählten nun eben die Türken, seit 1529 in neuem Anmarsch. Karls Heer stieß zwar nach einem türkischen Rückzug ins Leere, und sein triumphaler Einzug in Wien 1532 war unverdient. Aber auf einem Reichstag in Regensburg waren zuvor 1531 angesichts der gemeinsamen Türkengefahr die Beschlüsse von Augsburg suspendiert und die Religionsfürsorge der protestantischen wie der katholischen Obrigkeiten hintangestellt worden. Dies zeigte, daß das Reich noch immer Vorrang hatte. Nur war es jetzt eine sehr schwierige, eine durchaus politische Angelegenheit geworden, ohne den kaiserlichen Mittelpunkt, ohne die Selbstverständlichkeit des gemeinsamen Glaubens dieses Reich noch zu regieren und uneingeschränkten Gehorsam zu fordern. Bis hin zum Streit, ob den Landesfürsten »mehr« oder ob dem Kaiser die »größere Autorität und Reputation« zukomme als »den Lutherischen«. Hätten die Türken nicht immer wieder an die christliche Gemeinsamkeit dieses Reiches erinnert, weil sie Entsetzen verbreiteten, es wäre ihm vielleicht nicht genug von seiner alten Bindekraft geblieben.

Familiäre Dispositionen

Im November 1530 hatte Karl noch ein zweiter Verlust unter seinen Mitarbeitern getroffen, und man muß annehmen, daß er schwerer wog als der Tod des Großkanzlers. Unter allen seinen Ratgebern stand Karl seine Tante Margarete am nächsten, eine Schwester seines Vaters, die Ersatzmutter des Frühwaisen. Sie war zweimal verwitwet nach kurzen Ehen und seitdem durch fünfundzwanzig Jahre mit dem Schicksal der Niederlande verbunden. Als Statthalterin kontrollierte sie die Beziehungen dieser reichsten und wichtigsten Habsburgerherrschaft zu England und zu Frankreich. Im August des Vorjahres hatte sie noch den »Damenfrieden« zu Cambrai zuwege gebracht, einen Frieden aus pragmatischer Politik. Ihr letzter Brief macht das Verhältnis zu Karl noch einmal deutlich:»Monseigneur, die Stunde ist gekommen, da ich nicht mehr mit eigener Hand schreiben kann... Mein einziger Schmerz ist, daß ich Euch vor meinem Tode nicht noch einmal sehen und sprechen kann, denn dies ist mein letzter Brief. Ich lasse Euch als meinem einzigen Erben Eure Länder, die ich während Eurer Abwesenheit nicht nur wohlgehütet, sondern sehr vergrößert habe, wofür ich Gottes Lohn, Eure Zufriedenheit und den Dank Eurer Untertanen erwarte. Indem ich Euch vor allem den Frieden, besonders mit den Königen von Frankreich und England empfehle und Euch um Fürsorge für meine Diener bitte, sage ich Euch das letzte Lebewohl.«

Ihre Nachfolgerin in der niederländischen Statthalterschaft wurde Karls Schwester Maria, die seit vier Jahren verwitwete Königin von Ungarn. Man wußte von ihren protestantischen Sympathien. In diesem Sinn soll ihr Karl noch im Sommer 1530 das Geschäft der Versöhnung mit den Protestanten als einen einfachen Handel dargestellt haben, wenn nur die zwölf Glaubensartikel unverletzt blieben. Nun, nach dem Scheitern in Augsburg, war die Sache ernster. »Seid gewiß, wenn ich Bedenken wegen der Religion hätte, würde ich Euch weder diese Vertrauensstellung anbieten noch auch Euch die brüderliche Liebe entgegenbringen können, die ich für Euch hege«, schreibt Karl bei ihrer Ernennung. »Aber ich habe einige Zweifel wegen Eurer Umgebung, die Ihr ändern müßt, denn was man in Deutschland wohl oder übel hinnehmen muß, kann man in den Niederlanden auf keinen Fall dulden.«

Mit diesem Brief ist's freilich nicht getan. Karl schreibt ihn aus Köln, wo ihn die deutsche Königswahl festhält. Es geht um seinen Bruder. Im Sinn seiner Vereinbarungen betreibt er da als gekrönter Kaiser die Wahl Ferdinands zum römischen König. Das war nicht so einfach, wie man noch vor Jahresfrist hätte denken können. Denn nachdem der Kaiser in seinem Schiedsrichteramt zwischen Altkirchlichen und Protestanten gescheitert war, so daß kein gemeinsamer Reichsabschied mehr zustande kam und eine Bedenkzeit für die Dissidenten am 15. April des nächsten Jahres ablaufen sollte, gab es auch Widersacher bei der Bestellung seines Bruders zu seinem Nachfolger. Der Kaiser neigte währenddem wieder zu einer milderen Linie und zum Konzil. Loaysa, an der konzilsscheuen Kurie, riet zur Toleranz. Die Protestanten hingegen demonstrierten Festigkeit.

Die Wahl Ferdinands war gegen das alte Herkommen. Denn immer wieder, unter den Staufern, auch unter Karl IV., waren Söhne und nicht etwa Brüder von gekrönten Kaisern zu römischen Königen und damit zu Nachfolgern designiert worden, ein alter Weg in der Nachfolgefrage, der sich aus römischen Traditionen herleiten ließ. Natürlich mußte auch ein solcher Kandidat das kurfürstliche Wahlverfahren durchlaufen, aber im Flankenschutz der kaiserlichen Politik. Das allein war Wahlhilfe für ihn genug. Die finanzielle trat hinzu, sie soll für Ferdinand 350 000 Gulden betragen haben, nicht halb so viel wie für den kaiserlichen Bruder seinerzeit. Doch war es überhaupt bedenklich für die Opposition gegen Habsburg, nun beide Brüder unter den Kronen zu wissen und damit die habsburgische Dynastie durch eine Doppelung zu festigen. Der sächsische Kurfürst opponierte. Er hatte den Augsburger Reichstag vorzeitig verlassen und sandte nun seinen Sohn nach Köln zur Königswahl, um da zu protestieren. Unterstrichen wurde dieser Protest durch die bayerischen Wittelsbacher, die wohl am ehesten begriffen, daß sich ihre habsburgischen Nachbarn auf diese Weise endgültig und gegen den Sinn der Wahlordnung der Reichskrone bemächtigten. Die eine wie die andere Opposition wurde wieder beschwichtigt. Die bayerische Gegenstellung wirkte fort, behinderte die künftige habsburgische Konfessionspolitik und führte zweihundert Jahre später sogar noch einmal einen bayerischen Wittelsbacher kurzzeitig auf den Kaiserthron.

Aber weder Wahl und Krönung Ferdinands noch der Religionsstreit mit dem verfehlten Reichsabschied vom 19. November und der folgenden fünfmonatigen Frist für die Dissidenten, zunächst auch nicht einmal der Defensivbund von Schmalkalden bestimmten den Gang der Dinge. Die Türkengefahr drängte die innere Zwietracht im Reich zurück. Die Paukenschläge von Augsburg und Köln fanden erst Jahre später ihren Widerhall.

Schutzherr der Christenheit

Der Kaiser zog von Köln zunächst einmal in die Niederlande. Dort galt es, die neue Statthalterin einzuführen. Die Türkengefahr im Südosten verlor er jedoch auch im äußersten Nordwesten seines Reiches nicht aus den Augen.

Die Türken: Die Erinnerung an Ursprung und Ausdehnung der dramatischen und für uns Mitteleuropäer bedrohlichen zweiten islamischen Expansion zwischen dem 14. und dem 17. Jahrhundert steht heute manchmal allein unter religiösen Gesichtspunkten. Das verschiebt jedoch völlig die Proportionen. Ganz unten wünschten sich die Täufer, die von allen christlichen Parteien gleichermaßen verfolgten Anhänger eines radikalen Bibelchristentums, die überwiegend aus städtischen und ländlichen Mittelschichten stammten, die Türken als apokalyptische Sendboten herbei. Auch fehlte es im Chor der reformatorisch erregten Öffentlichkeit nicht an Stimmen, die von der konfessionellen Toleranz unter dem Sultan sprachen und seine Herrschaft dem christlichen Konfessionsstreit und -druck vorzogen. Oben aber, auf diplomatischem Parkett, allein die französische Politik wegen ihrer Türkenallianzen zu verketzern, wäre verfehlt. Nicht nur die Seemacht Venedig, erklärlicherweise, sondern selbst der Papst trat schon früh in diplomatischen Kontakt mit der Hohen Pforte.

Überhaupt muß man im Hinblick auf die türkische Großmacht die Landkarte großräumig betrachten. Im diplomatischen Spiel mit einem übergreifenden Bündnis wollte auch der Kaiser mitmischen. Denn die Türken ihrerseits hatten Nachbarn im Südosten und standen insofern unter einem Zweifrontendruck. Da war vornehmlich das persische Großreich, dessen Sultan sich schon 1490 mit dem Kaiser in Verbindung setzen wollte, um über den gemeinsamen Feind zu beraten. Übersetzungsschwierigkeiten hatten damals die Botschaft mehr als fünf Jahre verzögert. Aber jetzt erlaubte die türkische Expansion keine Verschleppung. So hatte Karl auch 1530 den Augsburger Reichstag mit einer weitergespannten Schau eröffnet, in der »Weltpolitik und Türkenhilfe den Löwenanteil und die ersten Plätze« beanspruchten. Während die französische Front beruhigt schien, gärten die türkischen Aktivitäten.

Karl fühlte sich durch die türkische Bedrohung nicht nur als Habsburger, sondern ebenso als Kaiser, als Schutzherr der Christenheit herausgefordert, was man oft betont. Weniger deutlich steht vor Augen, daß Karl dabei eine andere Politik betrieb als sein Bruder Ferdinand. Dem war, als Landesherrn von Österreich und als König von Böhmen und Ungarn, das Hemd näher als der Rock. Deshalb suchte er nicht nur militärische Hilfe gegen die Türken – weil diese ausgeblieben war, hatte sein ungarischer Vorgänger und Schwager König Ludwig Krone und Leben verloren –, sondern er suchte auch um Verhandlungen nach. 1528 ging seine erste Gesandtschaft nach Konstantinopel. Ferdinand bot Geld und wollte die Anerkennung als König von Ungarn. Die türkische Seite verschmähte das Geld und setzte in Ungarn einen König von eigenen Gnaden ein, Johann Zapolya. Auch die zweite Gesandtschaft 1530 erreichte nichts Besseres. Erst eine militärische Demonstration brachte Erleichterung, und ein Krieg in Persien lenkte die türkischen Heere ab.

Ein Zusammenhang zwischen dem Verhandlungsangebot an die Ketzer in Augsburg und der Türkenhilfe ist nicht schwer zu erkennen. Auch Margarete hatte von Brüssel aus dazu geraten, weil beides wichtiger sei als Italienpolitik, aber zuvor müsse eine hilfreiche Übereinkunft »sur le fait des heresies« gefunden werden, denn sonst wären die Ketzer wohl nicht mit vollem Herzen bei der Sache.

Inzwischen waren die in diesem Brief aus Brüssel weit unversöhnlicher als in Karls Augsburger Reichstagsadresse apostrophierten »Ketzer« ohne Ergebnis vom Kaiser geschieden und hatten ihren eigenen Schutz- und Trutzbund in Schmalkalden errichtet. Im gleichen Jahr war andererseits »des Kaisers und des Reiches Bund in Schwaben«, der ein halbes Jahrhundert Stabilität in Süddeutschland verbürgt und noch die aufständischen Bauern wacker und erbarmungslos zusammengeschlagen hatte, an konfessionellen Gegensätzen zerbrochen. Der Kaiser geschwächt, die Rebellen gestärkt: ließ sich da noch viel Türkenhilfe aus dem Reich erwarten?

Im Herbst 1529 hatten die Türken Wien schon einmal wochenlang belagert. Nun rüsteten sie zu einem neuen Zug. Da waren die Protestanten denn doch stärker engagiert, als der Kaiser befürchtet hatte. Vielleicht hat Luther sogar in diesen Wochen seine Metapher von der Kirche als Gottesburg, das Lied von Gott als einer festen Burg, im Sinne der Türkenabwehr gedichtet und nicht gegen die alte Kirche. Wichtiger aber war vorderhand das große Reichsaufgebot. Es zog im Sommer 1532 donauabwärts, doch die erwartete Konfrontation blieb aus. Die Türkenabwehr an Ort und Stelle war widerstandsfähig genug, vor dem kleinen ungarischen Güns ebenso wie an der steyerischen Grenze, und zudem operierte Andrea Doria erfolgreich vor der griechischen Küste. Also kehrten die türkischen Truppen um, bevor es zu einer Entscheidung kam, und Karl konnte am 23. September in Wien als Sieger begrüßt werden. Jedoch: »Überall ein Hinhalten, ein Zurückstauen, keine Entscheidungen«.

Dies freilich ist ein Urteil vornehmlich aus deutscher Perspektive. Für Karl, der nach dem Triumphzug in Wien sich über Italien endlich wieder nach Spanien einschiffte, galt das nicht. Allerdings ging er, was die Türkenpolitik betraf, fortan andere Wege als sein Bruder. Dieser schloß im Juli 1533 zum ersten Mal einen förmlichen Frieden, in den Karl nicht einbezogen wurde.

Aber eben da errang Karl, von den pragmatischen Türken richtig als spanischer und vornehmlich für den Mittelmeerraum zuständiger Herrscher eingeschätzt, seinen ersten großen und persönlichen militärischen Erfolg. Muley Hasan von Tunis, unabhängig, mit den Spaniern befreundet, war 1534 von einem griechischen Apostaten im türkischen Dienst aus Tunis vertrieben worden. Das war der Anlaß für eine Übersee-Expedition Karls von Barcelona aus, die natürlich im Interesse der spanischen Mittelmeerpolitik lag und nicht in der des Reiches. Karl gelang die Vernichtung der feindlichen Flotte, die Landung vor Tunis und die Eroberung der Stadt unter persönlichem Einsatz sowie die Befreiung von angeblich 20000 christlichen Sklaven. Jener griechische Apostat Chaireddin mit dem Beinamen Barbarossa floh nach Algier, das ebenfalls zu belagern Karl durch seine militärischen Ratgeber abgehalten wurde. Rückkehr und Einzug in Neapel, danach in Rom als Triumphator. Diesmal hatte er den Triumph verdient. Die türkische Seemacht war deutlich angeschlagen. Tunis ließ sich nach der Wiedereinsetzung Muley Hasans unter spanischem Protektorat bis 1574 behaupten, die Küsten des westlichen Mittelmeers waren vorerst beruhigt, aber die Türkenfrage war damit nicht abgetan. Karl plante im nächsten Jahr die Invasion von Algier und dann eine große Seeoperation gegen Konstantinopel. Neue französische Aktivitäten traten jedoch dazwischen: der dritte Waffengang zwischen Franz und Karl. Damals forderte Karl seinen französischen Rivalen Franz zum ersten Mal zum Duell – eine in älteren Zeiten übliche Form der Kriegserklärung.

Es war kein großer Krieg, dieser dritte französische in Karls Regierungszeit, aber er hatte bemerkenswerte ideelle Tiefe: Obwohl selbst nicht nur in feindlichen Aktionen, sondern auch in Verhandlungen verwickelt mit den Ungläubigen in Konstantinopel, konnte Karl doch der französischen Politik eine besonders enge Bindung an die Pforte vorhalten, die dem Interesse der

Christenheit zuwiderlaufe, ganz abgesehen von der christlichen Verpflichtung zum Kampf gegen die Ungläubigen, die auch der allerchristlichste König und Ritter des Goldenen Vlieses in seiner Politik hätte beachten müssen. Francesco Sforza war zum Jahresende 1535 gestorben, ohne Erben, und das weckte von neuem französische Ansprüche. Im »Damenfrieden« hatte Franz zwar verzichtet. Aber nun ergab sich eine Heiratschance für einen seiner Söhne. Eine Einigung kam nicht zustande.

Krieg konnte Karl nicht ohne weiteres vom Zaun brechen. Zum einen, weil er dann als der Friedensstörer in einer inzwischen doch schon deutlich ausgeformten und auch gegenüber der Zumutung einer Universalmonarchie sensiblen europäischen Öffentlichkeit gegolten hätte; zum anderen spielte auch seine leere Kriegskasse eine Rolle. Zwar wuchsen die Einkünfte aus dem »neuen Indien«, aus Amerika also, wie man bald sagte, aber es war Pfandgeld, das ihn da über die spanische »Silberflotte« allmählich erreichte, und die spanische Verwaltung war unfähig, es in Wirtschaftskraft umzumünzen. Es ließ sich allenfalls für sofortige Hilfszahlungen versetzen. In jedem Fall kam der Geldfluß nur langsam in Gang.

In allen Ländern Europas gingen die Könige mit dem ihnen anvertrauten Geld sehr sorglos um. So war auch Frankreich von stetem Geldmangel geplagt. Sein Gesandter in Konstantinopel bat damals – vergebens – um eine kräftige Finanzspritze, was einiges über die finanzielle Situation sagt. Überall war der staatliche Umgang mit Kredit und Geld unstet für unser Dafürhalten, auf konkrete und aktuelle Bedürfnisse gerichtet, von grobschlächtiger Budgetierung. Kriegszüge erwiesen sich unter diesen Umständen mitunter als ein Anreiz, das Finanzwesen erst einmal zu organisieren, das von ständiger Kreditaufnahme lebte und in allen Ländern an überhöhten Zinszahlungen litt.

Karl war wieder in Spanien. Aus der Ferne ertrug er offenbar einen erheblichen Fehlschlag der habsburgischen Hausmachtpolitik leichter: den Verlust Württembergs. Dieses Herzogtum war 1520 von Karl mit 220000 Dukaten erkauft worden, als Herzog Ulrich der Reichsacht verfallen war. Es war Ferdinand übergeben worden, und die österreichischen Amtleute verwalteten es auch in Übereinkunft mit den Ständen redlich, abgesehen davon, daß sie guten Glaubens die Protestanten verfolgten. Doch damit weckten sie protestantische Solidarität. Frankreich leistete Beistand um den Preis der Grafschaft Mömpelgard und kam damit ein Stückchen nach Osten voran, zur Rheingrenze. Und schließlich holte Philipp von Hessen mit leichter Hand das Herzogtum für Ulrich zurück. Da war kein schwäbischer Bund mehr, den kaiserlichen Machtanspruch zu wahren. Noch ehe Karl mit den Protestanten kämpfte, war er auf die erste protestantische Fronde gestoßen und hatte verloren. Sein Geld kam zu spät. Der Machtverlust wirkte in Deutschland lange nach. Mit Württemberg hätten die Habsburger tatsächlich die jahrhundertelang ersehnte Landbrücke zwischen Österreich und dem Oberrhein geschlossen und jedermann die Alpenpässe verwehren können. Noch heute weiß man nicht recht, mit welcher Resignation Karl und Ferdinand den Verlust ertrugen. Die deutsche Geschichte wäre mit einem habsburgischen Württemberg jedenfalls anders verlaufen.

Im September 1534 war Papst Clemens VII. gestorben, derselbe, der den Sacco di Roma hatte erdulden müssen und trotz aller Verträge und Kontakte mit Karl zu Frankreich stand. Er vermittelte die Ehe seiner dreizehnjährigen Nichte Katharina mit Prinz Heinrich von Frankreich, und so kam die Florentiner Kaufmannsfamilie auf den Königsthron. Paul III., der neue Papst seit dem Herbst 1534, schien aufgeschlossen für die Konzilsforderung wie für politische Neutralität. Die Familienpolitik der beiden letzten Medicipäpste lag ihm fern; er war ein Farnese. Vor allem aber war er an der großen Unternehmung Karls in Tunis interessiert. Als sich Karl zu Ostern 1536 in Rom aufhielt, schien die Gelegenheit günstig, den Papst politisch auf die kaiserliche Seite zu ziehen.

Den Anlaß gab eben jener dritte Krieg mit Franz I. Trotz einiger Verhandlungen, hinhaltenden, wie gesagt, waren französische Truppen in Piemont eingerückt und hatten Turin besetzt. Acht Tage danach, am Ostermontag, dem 17. April, trat der schweigsame Karl deshalb mit einer einstündigen Rede vor Papst und Kardinäle. Er sprach spanisch; man sagt, die Sprache seines Feindes habe er bei dieser Gelegenheit nicht wählen wollen.

Karl hatte bis dahin etwa vierzig Prozent der Landfläche Italiens in seiner Hand. Was übrigblieb, gehörte dem Papst, den Venezianern und Kleinfürsten. Franz hatte ja doch 1529 auf seine Ansprüche verzichtet. Der Frieden war mit der offiziellen Inthronisierung von Karls Schwester Eleonore als Königin von Frankreich bekräftigt worden. Aber brüchig wirkte er von Anfang an. Die Eheklausel mit Eleonore, der verwitweten Königin von Portugal, war schon Bestandteil des unseligen Friedens von Madrid gewesen, desselben, der zwei französische Prinzen nach Spanien in Geiselhaft zwang. Eine dynastische Freundschaft ließ sich solcherart wohl nicht aufbauen. Überdies hätte sie Frankreich keine sonderlichen Vorteile eingebracht. Andererseits pflegte Frankreich mit ziemlicher Offenheit seine Verbindungen zu den Türken wie zu den deutschen Protestanten, und beides schien Karl ein Verrat in Glaubensdingen, nicht mehr nur politische Pragmatik. Nicht zuletzt aber betrieb der vorgebliche Freund, Schwager und christliche König überhaupt eigenständige Politik, ohne sich um den Schutzvogt der Christenheit zu kümmern. Es stand nämlich ein vitales französisches Interesse gegen das Ordnungsbild niemals genau definierter kaiserlicher Schutzherrschaft über die Christenheit.

In Rom sprach Karl nicht von kaiserlicher Vormacht. Vor Papst und Kardinälen fand er im Gegenteil eine entschlossene

Wendung gegen den Begriff von kaiserlicher Universalmonarchie, die freilich beweist, daß man in seiner Umgebung davon raunte: »Einige sagten, daß ich ein Universalmonarch zu sein versuche, Monarco del mundo, und meine Gedanken und meine Werke zeigen, daß ich das Gegenteil bin...« Was ist eigentlich das Gegenteil von einem Weltmonarchen? Daß Karl leugnet, muß nicht als Bekenntnis gelten, nicht einmal als wohlverstandene Selbstverteidigung; es entspricht der wohlbedachten Absicht dieser Rede vor Papst und Kardinälen. Mit dem Bekenntnis zur Weltmonarchie, christlich wie auch immer, hätte er in Rom wohl kaum reüssiert.

Der Kaiser fuhr fort in dieser Rede, die wiederum aus seiner Feder stammte und deren Selbständigkeit seine Räte erregte: Er danke Papst und Kardinälen für ihre Konzilsbereitschaft, eine Intention, die der Kurie bekanntlich nicht leichtfiel und die Pauls Vorgänger aus verschiedenen, auch aus persönlichen Befürchtungen wacker abzuwehren gewußt hatten. Der Kaiser wollte das Thema mit diesem Dank offenbar im Gespräch halten.

Das zweite feste, von ihm immer wieder angesprochene Paradigma seiner Politik war der Türkenkreuzzug. Karl akzentuierte, wie gesagt, die Expedition zur See, anders als sein in Mitteleuropa wirkender Bruder. Also erinnerte er in Rom an seine Algier-Pläne. Gerade sie sah er durch den französischen Einfall in Piemont durchkreuzt. Noch kein Jahr war seit Karls Sieg über Tunis vergangen. Der Ruhm des Türkensieges umgab ihn noch. Ganz gewiß verfehlte der Hinweis auf die nächste Expedition nicht seine Wirkung im Kreis der Kardinäle. Mit dieser Erinnerung sollte aber noch etwas anderes aufgedeckt werden: nicht nur die Verbindungen Frankreichs zu den Türken, über die der Kaiser natürlich viel mehr wußte, als er zu sagen für gut befand, sondern auch die Tatsache, daß der König von Frankreich ihm als dem Kaiser zuwiderhandelte und damit sozusagen die innerchristliche Disziplin außer acht ließ. Damit enthüllte Karl jedoch sein politisches Koordinatensystem, denn was anderes ist Universalmonarchie?

Der nächste Anklagepunkt macht den kaiserlichen Standpunkt noch deutlicher. Hier wird aufgezählt, daß seit den Tagen Maximilians, seit mehr als vierzig Jahren also, in Kriegen und Verträgen die französische Offensivlust ungebrochen blieb. Diesem stets erneuerten Bruch aller christlichen Friedfertigkeit stellt Karl sein eigenes Bekenntnis zur Brüderlichkeit gegenüber. Ohne den französischen König beschuldigen oder beleidigen zu wollen, bietet er ihm seine Freundschaft, ja mehr noch, vereintes Handeln an, um der Christenheit innere Ruhe zu verschaffen und den Ketzern entgegenzutreten. Wenn der König dazu nicht bereit sei, dann sei es noch immer das Beste, man vermeide das Blutvergießen der Völker und begegne einander im persönlichen Zweikampf – nach Bedingungen, wie er nicht hinzuzufügen versäumt, die der König von Frankreich bestimmen möge. Ein Angebot also in jeder Hinsicht nach dem ritterlichen Ehrenkodex.

Den Papst unterbrechend, der in diesem dramatischen Höhepunkt zugleich auch den Schluß der Ansprache vermutete, fügte der Kaiser hinzu, Seine Heiligkeit möge unter diesen Umständen Schiedsrichter sein zwischen ihm und dem König von Frankreich, nicht auf dem Duellplatz, sondern auf politischem Boden. Diesem Versuch, ihn zur Parteinahme zu zwingen, wich Paul III. geistesgegenwärtig aus. Entsprechend geschickt wußte er auch zu handeln und brachte, nach einigen Ermattungszügen auf beiden Seiten, am 18. Juni 1538 einen zehnjährigen Waffenstillstand zwischen Frankreich und Deutschland zuwege. Er hielt vier Jahre.

Ein »mittelalterlicher« Kaiser?

Peter Rassow, einer der um Karls Lebensgeschichte besonders verdienten Historiker, hat vor sechzig Jahren unter anderem aus dieser Rede den Schluß gezogen, man müsse Karls Kaisertum als »mittelalterlich« bezeichnen. Aber als so »mittelalterlich« erweist sich Karl auch bei dieser Gelegenheit eigentlich nicht. So kann man darüber streiten, ob es im Mittelalter einen Monarco del mundo überhaupt gab. Kaiser ist nicht gleich Kaiser.

Es ist wahr, zumindest einer unter den mittelalterlichen Kaisern spielte mit der Vorstellung, das »Staunen der Welt« zu sein. Friedrich II., der letzte Stauferkaiser, bemühte deshalb antike wie christliche Bilder, um sein Regiment unmittelbar in den göttlichen Heilsplan zu stellen. Aber dieses Kaiserprogramm, weit gespannt in seinen Ambitionen, ebenfalls auf Kreuzzüge und auf das damals noch christliche Konstantinopel gerichtet, ebenfalls den Norden und den Süden Italiens mit der mitteleuropäischen Reichsbildung vereinigend und wenn schon nicht zu dem damals noch nicht vereinigten Spanien, so doch zumindest zum Königreich Aragon dynastische Fäden spinnend, war selbstbewußt bis zu messianischen Vorstellungen.

Andere Kaiser begnügten sich mit einem Ehrenvorrang in der Christenheit. Frankreich vornehmlich, aber auch England und die spanischen Königreiche sympathisierten durchaus nicht mit einer politischen Hierarchie, in der ein König dem Kaiser nicht in die Quere kommen durfte. Eine »Weltmonarchie« ist also nicht dem Mittelalter, sondern besonderen Umständen zuzuordnen, und Karls Weltmonarchie war, nach der Landkarte, nach seinem Wahlspruch, nach Wappen und Symbolen, die besonders aussagekräftig waren in dieser so emblemfreudigen und -kundigen Zeit, aus seinem eigenen herrscherlichen Hochgefühl erwachsen. Herrschertitel und Hofallegorie kamen ihm dabei zu Hilfe. Aber der kaiserliche »Herkules« tritt nicht auf als Heilsbringer in einer »mittelalterlichen« Weltenallegorie.

Anders als in dem stolzen Münzspruch vom »Sonnenkaiser« war Karl in seiner Rede vor dem Papst um freundschaftliches Entgegenkommen zum französischen König bemüht. Er betonte seine besondere, eben die kaiserliche Verantwortung nur gegenüber den protestantischen Fürsten. Mit dem Lenker der französischen Politik stellt er sich dagegen auf gleiche Ebene, wenn er dem Rivalen ein Duell und dem Papst das Schiedsgericht offeriert. Im übrigen apostrophiert er nicht seine kaiserliche Machtvollkommenheit, sondern die christliche Öffentlichkeit. Das ist eine Station auf einem ganz anderen Weg, einem Weg, der zwar in den mittelalterlichen Jahrhunderten schon anhebt, dem aber Europa erst seit den neueren Jahrhunderten folgt.

Besonders nachdenken muß man bei dieser Gelegenheit darüber, daß Karl mit einer solchen Demonstration überhaupt Politik macht. Seine Geringschätzung der Medici-Päpste hatte er gelegentlich erkennen lassen. Seine Meinung über Paul III., der sein Amt im übrigen schon bald zur familiären Bereicherung nützte, war im zweiten Jahr des neuen Pontifikats vielleicht noch besser. Aber insgesamt kann ihm nicht entgangen sein, daß das Gremium der Purpurträger, vor dem er die christlichen Grundsätze seiner Politik explizierte, nicht ohne weiteres geneigt war, seiner Perspektive zuzustimmen. Gerade das kennzeichnet Karls Weltverhalten: Im Bewußtsein seiner ritterlich gefärbten Rechtschaffenheit reitet er wieder und wieder gegen Windmühlen an. Mittelalterlich muß man das nicht nennen. Die Satire in Spanien hatte dafür ein halbes Jahrhundert später eine andere Figur bereit.

Tod Isabellas
und Aufstand in Gent

Es gab einen Waffenstillstand in Nizza, den der Papst vermittelte, und so sah Karl seinen französischen Schwager nach sechzehn Jahren wieder. Die mehrtägige Begegnung in Aigues mortes war von überströmender Emphase auf beiden Seiten, wobei Karl aber doch eher der Nehmende war. So hatte seine Diplomatie, die jede Herabsetzung des Gegners vermied, vielleicht auch ihren Nutzen. Besonders mag ihn wohl die Begegnung mit seiner Schwester Eleonore berührt haben, seiner Lieblingsschwester, wie er gelegentlich konstatierte, die er gleichwohl in die Ehe mit dem wohl kaum geliebten französischen König gezwungen hatte.

Im Juli 1538 kehrte Karl nach Spanien zurück oder brach dorthin zu seinem fünften Besuch auf, wenn man seinem Lebensweg von Flandern her folgt. Er blieb da bis November und nahm keinen Anstand, nun auch seinerseits mit den Ungläubigen zu verhandeln. Chaireddin Barbarossa sollte als kaiserlicher Statthalter Nordafrika beherrschen. Ein solches Angebot stand durchaus nicht im Einklang mit der christlichen Solidarität. Chaireddin, im letzten Krieg die Geißel der italienischen Küstenregion, war wegen seiner Seekriegführung berüchtigt.

Eine Übereinkunft zwischen ihm und dem Kaiser kam jedoch nicht zustande. Im Gegenzug verfehlte auch eine Expedition Andrea Dorias ihr Ziel, die Herrschaft der türkischen Flotte schien ungebrochen; das bestärkte Karl darin, für einen Schlag gegen Algier zu rüsten. Da traf ihn selbst ein Schlag, der sein Leben verdüsterte. Am 1. Mai 1539 starb die Kaiserin im Kindbett. Karl schrieb an Ferdinand, »er habe bei diesem großen und höchsten Verlust keinen anderen Trost als ihr gutes katholisches Leben und ihren heiligmäßigen Tod. Er tue alles, sich in den Willen Gottes zu fügen...« Für einige Tage zog sich der Kaiser in ein nahes Kloster der Hieronymiten zurück. Bei diesem Orden wird er zwanzig Jahre später seinen eigenen Tod erwarten. Dies entspricht der Konstellation auf seinem Sterbebild, auf dem neben ihm, der sich lebenslang nur allein malen ließ, die Kaiserin im Totenhemd kniet.

Mitleidig hatte er einmal den Tod eines jungen Neffen kommentiert, mit jener Zuwendung, die er für diesen und jenen Menschen aufbrachte, der zufällig in seinen Gesichtskreis trat; dieser Tod habe ihn von einer fernen Vision auf das Nächstliegende zurückgelenkt. Da sollte man nicht meinen, Karl habe den Tod seiner Frau leicht verschmerzt. Standen ihm doch Frauen in seiner Familie überhaupt näher als alle anderen. Nach Margarete hatte er nun also Isabella verloren. So hielt er sich an Maria, die er mit den Niederlanden betraut hatte und die seine Hilfe jetzt dringend benötigte.

Aufstand in Gent! Die Rebellion war zum einen die unmittelbare Folge der wachsenden Steuerforderungen, besonders im letzten Krieg gegen Frankreich. Aber ein genereller wirtschaftlicher Abstieg der südlichen Niederlande spielte auch eine Rolle. Es war ein Aufstand von Mittelschichten gegen das Patriziat, nicht ohne Grausamkeiten. Karl brach in seine Geburtsstadt auf, um Gericht zu halten. Er verließ Spanien nicht, ohne Abschied von seiner Mutter im geheimnisumwitterten Tordesillas zu nehmen. Niemand weiß, ob und was die beiden miteinander sprachen, ob die kranke Mutter ihren Sohn überhaupt erkannte. Die Reise ging diesmal auf dem Landweg mitten durch Frankreich, das ihm die Freundschaft und die Ehrerbietung seines Königs bezeugte. Es wurde eine Prunkreise. Freilich nicht ohne Schmerzen für Karl, der stark unter Gicht litt, nicht reiten konnte und eine Sänfte benützen mußte.

Anfang 1540 erreichte er Gent und hielt Gericht. Acht Anführer mußten aufs Schafott, weniger, als während des Aufstands auf der Seite der Patrizier ums Leben gekommen waren, aber doch im kalten Ritual unerbittlicher Vergeltung. Mehr als hundert Aufrührer mußten im Hemd mit dem Galgenstrick Abbitte leisten. Gent verlor seine Privilegien, eine der gefeierten Städte Europas beendete das Mittelalter, denn an die Stelle der alten Stadtverfassung trat die karolinische »Koncecie«. Die ehrwürdige Abtei St. Bavo wurde zerstört und durch eine Festung ersetzt.

Das Exempel, das statuiert wurde, hat die Verehrung der Niederländer für ihren Fürsten, den Grafen von Flandern und Artois, den Herzog von Brabant und wie alle seine Herrschertitel hießen, anscheinend in keiner Weise beeinträchtigt. Karl suchte allgemein in der Städtepolitik, auch im Reich, das Patriziat gegen Neuerer zu unterstützen, und das waren nicht immer Unterschichten. Die Bestrafung der Genter fand weit mehr Beifall als Kritik. Die flämische Anhänglichkeit für Karl hat viele Zeugnisse hinterlassen, auch in der Form von Flugblättern und Buchillustrationen. Karls Popularität ist also keineswegs erst eine Erfindung aus dem Rückblick der spanischen Herrschaft.

Von der jährlichen Millionensumme wuchsen die niederländischen Steuern in den vierziger Jahren freilich auf das Fünffache und erhöhten sich später noch weiter durch Karls letzten französischen Krieg. Man versteht Antoine de Granvelle, den Kardinal und einen der vornehmsten Ratgeber in den fünfziger Jahren, der Fürsten allgemein die Sorglosigkeit attestierte, Kriege zu eröffnen, ohne die finanziellen Mittel zu kennen, wie man sie wieder beende. Aber alle Herrschaft beruhte auf dem Recht, von den Untertanen Hilfe zu fordern, zumal sie der steten fürstlichen Finanznot meist nur nach jährlicher Bewilligung durch die Stände »steuerten«, was für den Herrscher auch bedeutete, Rechenschaft abzulegen. Aufruhr und Rebellion dagegen konnten die hohen Pläne des Monarchen nicht nachhaltig stören, wenn er sie überhaupt zu Kenntnis nahm: Der deutsche Bauernkrieg von 1525, das Täuferreich von Münster zehn Jahre später hatten ihn, der zu dieser Zeit in Spanien saß, offenbar gar nicht beeindruckt.

Gescheiterte Heiratspläne

Karls hochfliegende Pläne hatten in den französischen Freund-
schaftsbeteuerungen neue Nahrung gefunden, und man kann
wohl annehmen, daß Franz I. dabei selbst zwischen verschiedenen politischen Optionen schwankte. Karl jedenfalls münzte das
französische Reiseerlebnis um in neue dynastische Spekulatio-
nen, die ohne weiteres die Superiorität seiner Ansprüche zum
Ausdruck brachten, und mindestens das stärkte in Frankreich
die Partei der nationalen Selbstverteidigung. »Einseitig und mit
dem Anspruch eines ganz großen Entgegenkommens bereitete
der Kaiser seinem Schwager die herbste Enttäuschung.« Er
wollte nämlich nun seine zwölfjährige Tochter Maria mit dem
Herzog von Orléans verheiraten und dem Paar die Niederlande
und Burgund übergeben, vergrößert um das Herzogtum Geldern
im Norden, auch um einiges im Süden. Aber das alles nur gegen
einen Verzicht Frankreichs auf Mailand, das es in Händen hielt,
und für Türkenhilfe in Ungarn: auch für die Rückgabe Savoyens
und den Übergang Navarras an Spanien durch die Heirat der
Erbprinzessin Jeanne d'Albret mit Philipp, seinem Erben.

Diese ganze Ehespekulation muß hier ausgebreitet werden,
weil sie das Was und Wie in Karls Gedankenwelt besser beleuchtet als manches umstrittene Wort. Die burgundische Heirat hätte
Frankreich zwar den Druck auf seine Nordgrenze genommen,
aber ohne Annektionsmöglichkeiten. Denn sollte der Bräutigam,
Franzens Zweitgeborener, den französischen Thron erben, was
nachher auch wirklich eintrat, hätte er auf Burgund verzichten
müssen. Ähnlich war auch eine Vereinigung der Niederlande mit
Frankreich über die Braut, Karls Tochter Maria, auszuschlie-

ßen. Die Verbindung sollte ohne Erbansprüche bleiben. Frankreich hatte sich dafür aus Italien zurückzuziehen. Das Verwandtschaftsgeflecht wäre, nach Karls Vorschlag, noch einmal zu festigen gewesen durch die französische Prinzessin Margarete. Sie hatte Franz im Überschwang der neuen Freundschaft dem jüngst verwitweten Kaiser selber angeboten. Karl brachte sie jetzt als Braut Maximilians, seines Neffen und künftigen Erben der deutschen Habsburgerherrschaft, ins Spiel, den er dabei auch schon als den kommenden römischen König apostrophierte. So war Mittel- und Westeuropa im dynastischen Verbund. Und wer Kaiser war, hätte künftig dann wohl auch ohne weiteres als Chef des Hauses gegolten.

Franz hielt dagegen: Er sehe keinen Anlaß, auf Mailand zu verzichten. Als Herzog der Niederlande und Burgunds müßte sein Sohn ohne Einschränkungen erbberechtigt sein. Und Savoyen wolle er behalten. Man befand sich ja erst noch im Waffenstillstand. Die Situationsanalyse ist weniger wichtig als der Vergleich der beiden Strategien: hier der dynastische Um- und Übergriff von Spanien bis nach Ungarn in Verwandtschaft und wechselweiser Hilfe, dort Frankreich im Staatsbewußtsein und in dem Bestreben, sich seiner Einkreisung zu erwehren. Da war kein Kompromiß möglich. Die faktische Politik tat das übrige: Der König von Frankreich fand einen Verbündeten in Geldern, im Rücken der Niederlande und gegen Ansprüche Karls. Deshalb verhalf er dem jungen Herzog von Jülich, Kleve, Mark, Berg und Ravensberg, der Geldern gegen den kaiserlichen Willen behauptete, auch noch zu jener Braut aus Navarra, der Erbprinzessin Jeanne d' Albret, um solcherart gegen Spanien einen Keil voranzutreiben. Den zu dieser Zeit immerhin namhaften Paßstaat hatte Karl über dieselbe Erbin, wie gesagt, an seinen Sohn Philipp binden wollen.

Wir sollten hier über den großen Perspektiven nicht das Schicksal dieser armen Erbprinzessin übergehen, so wie es die

Zeit schon tat. Jeanne d' Albret, eine unter vielen Zwangsver-
mählten, zwölfjährig, wehrte sich nämlich gegen den Mann, den
ihr Mutter, Gouvernante und der Onkel auf dem französischen
Thron aufzwingen wollten. Sie protestierte lauthals und im Sommer 1540 sogar öffentlich. Vergebens. Der Wille des Königs von
Frankreich zwang sie am Ende sogar handgreiflich ins Ehebett.
Erst der Kaiser erlöste sie zwei Jahre später nach seinem Sieg
über Geldern.

Zunächst mußte Karl jedoch Enttäuschungen hinnehmen.
Dazu muß man auch den gescheiterten großen Eheplan rechnen.
Hatte der Heiratsschacher doch, im Stil der Zeit, seinen selbstverständlichen Vorrangansprüchen gegolten und, im Hinblick
auf Frankreich, mit dem Angebot Burgunds und der Niederlande, des Ahnenerbes, an einen französischen Prinzen durchaus
auch Bereitschaft zum Verzicht signalisiert. Er hatte auch Karls
politische Akzente von neuem bestätigt: Was im Norden verlorenging, sollte im Süden, durch Navarra, Savoyen und Mailand,
wettgemacht werden. Insgeheim war nämlich ein halbes Jahr
nach dem Notenwechsel über die Eheprojekte Karls Sohn, der
spanische Erbprinz Philipp, mit Mailand belehnt worden.

Theologenstreit und Türkenzüge

Unter derselben Voraussetzung der selbstverständlichen Überlegenheit, in diesem Fall des Anspruchs auf den rechten Glauben, wandte sich Karl dann wieder dem leidigen deutschen Konfessionsstreit zu. Ein Jahrzehnt war vergangen seit seinem Ver-
mittlungsversuch in Augsburg. Nun sollte in Regensburg im
Frühjahr 1541 ein neues Religionsgespräch stattfinden, wieder
ohne Luther, des Wormser Edikts wegen, statt dessen mit Melanchthon und mit Butzer, mit Johannes Pflug und mit Johannes
Eck, mit dem sehr versöhnlich gestimmten Kardinal Contarini
als päpstlichem und mit Nikolaus Perrenot de Granvelle als kaiserlichem Berater. Die Stimmung war auf allen Seiten kompromißbereit, gekennzeichnet etwa durch den nach wiederholtem
Konfessionswechsel in beiden theologischen Perspektiven erfahrenen Georg Witzel oder den jüdischen Konvertiten und kaiserlichen Rat Gerhard Veltwyk.

Und dennoch wurde es wieder nichts. Die Theologengesprä-
che führten zu dramatischen Annäherungen und blieben auch
frei von altkirchlichen Invektiven, so daß sie nicht, wie in Augsburg 1530, die Sachdiskussion durch Verfahrensfragen spreng-
ten. Aber dem zähen Fluß der Annäherung widerstanden am
Ende doch ein paar erratische Blöcke aus der katholischen Defi-
nitionsarbeit der mittelalterlichen Jahrhunderte.

Der Kaiser verstand nicht, warum die Gelehrten hier und dort
nicht über ihre Grenzen hinauskonnten. Er hielt für Schulstreit,
was sich in Wahrheit zum Bekenntnis verfestigt hatte, auch bei
den Neuerern. »Er sei kein Theologe, aber er habe gehört, daß
man über das Wort Transsubstantiation streite, während die

Protestanten sogar geneigt seien, die Ohrenbeichte zuzulassen.« Er mißverstand ganz und gar: die Ohrenbeichte als Praxis, als sichtbare Handlung, galt ihm als ein viel verfänglicherer Unterschied zwischen Alten und Neuen und war doch eine viel unverfänglichere Unterscheidung, ein Stück religiöse Praxis, weit eher zu akzeptieren als das bedeutungsschwere katholische Verständnis von Transsubstantiation, eine theologische Errungenschaft der letzten dreihundert Jahre. Die Transsubstantiation war der architektonische Mittelpunkt des gesamten Kirchenbaus und ebenso der Kern des Selbstverständnisses der Kirche. Die Vorstellung von der objektiven, unumkehrbaren Verwandlung von Brot und Wein im Meßgeschehen bezeichnete nicht nur das zentrale Geheimnis des katholischen Glaubens; sie bezeichnete die Katholizität schlechthin, die Einheit im Glauben mit der Ostkirche, das Legitimitätsprinzip der vielgegliederten und disziplinierten klerikalen Korporation. Auf das alles hatte sich die Scholastik seit Generationen eingeschworen.

Selbst die elastische Variante Luthers, die nun schon ebenso zum Bekenntnis herangewachsen war, die Verwandlung nicht zu leugnen, sie aber nicht zu objektivieren, sondern der Tiefe der gläubigen Beteiligung des einzelnen zu empfehlen – eine wirkliche Reform in mancher Hinsicht, möglicherweise auch ein Rückgriff auf Überzeugungen unter Christen des ersten Jahrtausends –, war der gerade im Meinungsstreit sich verfestigenden vortridentinischen Katholizität unerträglich. Noch viel weiter davon entfernt war Luthers Auffassung vom allgemeinen Priestertum aller Gläubigen, von der Wahl- und Rücktrittsfähigkeit des geistlichen Amtswalters und nicht zuletzt von der fürstlichen Gewalt über die jungen Landeskirchen, wobei aus den »Notbischöfen« in Luthers Diktion und in der tatsächlichen Notlage der ersten, oft desorientierten Zeit inzwischen in der zweiten Fürstengeneration schon eine feste Kirchenherrschaft entstanden war.

Diese Herrschaft beruhte nicht nur auf der Tilgung der alten priesterlichen Amtsgewalt. Die »Notbischöfe«, inzwischen promoviert zu »Höchstbischöfen«, boten der neuen Geistlichkeit Schutz und Schirm. In ernsthafter Würdigung dieser politischen Realitäten muß man davon ausgehen, daß die definitorischen Konsequenzen des Transsubstantiationsbegriffs heute eher in den Hintergrund treten könnten als damals, wo die Papstkirche und die neuen Fürstenkirchen sehr bewußt ihre Herrschaftsansprüche daraus ableiteten.

Es wurde also nichts aus den Regensburger Religionsgesprächen. Die Einigung der Theologen blieb fragmentarisch, und die Reichsstände, die Laienversammlung des Reichstags also, lehnten das Einigungswerk einmütig ab, Katholiken wie Protestanten. Auch der Papst und Luther.

Erfolg hatte die kaiserliche Diplomatie in dieser Zeit eigentlich nur im Umgang mit dem Landgrafen Philipp. Er war, trotz ansehnlicher Kinderschar und also ohne dynastische Rechtfertigungen, mit einer Hofdame eine zweite Ehe eingegangen, eine heimliche, die natürlich nicht verborgen blieb. Luther und Melanchthon hatten, von ihm um Rat angegangen, dazu geraten, und man muß gar nicht erst fragen, wie sich dieser Ratschlag mit ihrer reformatorischen Sendung vertrug. Kaum wurde die Bigamie bekannt, suchten beide nach Ausflüchten; sie hätten dem über die Entwicklung der Dinge nunmehr ein wenig besorgten fürstlichen Hochzeiter niemals in diesem Sinne geraten.

Die Angst vor Karls peinlicher Halsgerichtsordnung ließ den Landgrafen die kaiserliche Gnade suchen. Karl seinerseits war schon länger darauf bedacht, den stärksten Stein aus der schmalkaldischen Festung zu brechen. Bemerkenswert bleibt, daß der Landgraf sich zwar zur Hilfe gegen Frankreich und gegen den Herzog von Geldern bereit fand, nicht aber seine Schmalkaldener Bundesgenossen preisgab; und der Kaiser wiederum wollte bis zum gegebenen Tag alle Handlungen Philipps gegen kaiserliches

Gesetz und Recht und des Reiches Ordnung verzeihen, »es wäre denn, daß von wegen der Religion wider alle Protestantes ein gemain Krieg bewegt« würde. Der Vorbehalt galt also auf beiden Seiten. Philipp gab seine protestantischen Genossen nicht auf, und Karl respektierte das. Die Bigamie, die Luther wortreich in Verlegenheit gebracht hatte, war für den Kaiser kein Vertragshindernis. Sie erschien leichter verzeihlich als der Protestantismus.

Der Vertrag mit Philipp blieb der einzige diplomatische Erfolg beim eiligen Aufbruch des Kaisers nach Süden. Deshalb hatten am 29. Juli 1541 die Vorgespräche zum Reichstagsabschied bei den Schmalkaldenern schon um vier Uhr früh begonnen, und als man um zwei Uhr nachmittags endlich allerseits konvenierte, war doch nichts erreicht. Nichts Neues jedenfalls. Der Weisheit letzter Schluß blieb der mißverständlich so genannte Regensburger Religionsfriede, die Vertagung der unversöhnlichen Standpunkte auf ein kommendes Konzil. Dazu hatte man sich schon neun Jahre zuvor, am 23. Juli 1532, verstanden, um gemeinsam die Türken abzuwehren. Die Situation wiederholte sich. Das Konzil ließ glücklicherweise auf sich warten, denn was die klugen deutschen Theologen von beiden Seiten nicht zusammenbrachten, das durfte billigerweise nicht der Generalversammlung aller Bischöfe aufgetragen werden. Aber eine solche Einsicht fand sich nicht, man beklagte nach wie vor die mangelnde Konzilsbereitschaft der Kurie, obwohl diese doch, als sie bald nachher endlich zustimmte, nichts anderes als die Spaltung besiegelte.

Nun galt es aber vorerst gegen die Türken zu ziehen. Diese bedrohten, nach dem Tode ihres ungarischen Satellitenkönigs Johann Zapolya, von neuem ganz Ungarn. Der Kaiser hatte in geheimen Deklarationen beiden Konfessionsparteien Zugeständnisse gemacht, um ihre Hilfe gegen die Türken zu gewinnen; dieses Vorgehen, ohne reichsrechtliche Billigung, ist ein deutliches Zeichen für seine politische Autorität. Aber die »eilige Hilfe« gegen die Türken, die der Reichstag dann aufbot, führte er nicht selbst gegen den Feind. Die Abwehr zu Lande, gegen die unmittelbare Bedrohung des Reiches, überließ er dem Bruder, dem römischen König. Allerdings bemerkte er in einem Bericht an die Schwester Maria, daß es eigentlich seine »Ehre« erfordert hätte, nach Ungarn zu ziehen. Und das nicht etwa, weil das Reich durch den türkischen Aufmarsch in besondere Gefahr gekommen sei, sondern weil der Sultan selbst zu Felde zog. So hätte er ihm auch selber begegnen müssen. Die Ehre allenfalls, aber nicht das Reich, hätte ihn also in Mitteleuropa binden können. Aufs neue zeigt sich, daß der Akzent seiner Aktivitäten im westlichen Europa lag, ganz anders als bei allen seinen Vorgängern seit mehr als siebenhundert Jahren. Und neuerlich wird deutlich, wie sich mit dieser politischen Pragmatik Karls ritterliche Maximen vermischten. Tatsächlich segelte er nach Algier.

Das herbstliche Unternehmen, vor dem Wetterkundige gewarnt hatten, wurde zur Katastrophe. Während der Landeoperation überfiel ein Orkan die kaiserliche Flotte. Viele Kapitäne ließen Kanonen und allen Ballast über Bord gehen, um ihre Schiffe zu retten. Andere kappten die Aufbauten, um die Ladung an Land zu bringen. Einhundertfünfzig Schiffe gingen unter. Die gelandeten Truppen, ohne Nachhut und vom Feind bedrängt, erreichten nach verlustreicher Einschiffung mit knapper Not Italien. Der Verlust wirkte lange nach. Die Hoffnung, man könne die türkische Seeherrschaft brechen, war vor Algier für mindestens dreißig Jahre zerstoben. Die unmittelbare Bedrohung des Reiches aber erreichte eine neue Qualität: Suleyman »der Prächtige« selbst hatte die Erbschaft Zapolyas an sich gezogen und erklärte Zentralungarn zur türkischen Provinz und den Königssitz Ofen zur Hauptstadt. Das war zur selben Zeit, als Karl seine Flotte sammelte. Hätte er alle Kraft auf die Türkenabwehr zu Lande gerichtet, dann wäre die Geschichte Mitteleuropas wohl anders verlaufen. So aber gehört Ungarn für die nächsten einhundertfünfzig Jahre den Türken.

Der Sieger über die türkische Seemacht mußte erst noch geboren werden. Er kam gut sechs Jahre später zur Welt, am 47. Geburtstag des Kaisers, und es war kein anderer als sein illegitimer Sohn Hans, den die Baderstochter Barbara Blomberg in Regensburg damals zur Welt brachte und der unter dem Namen Don Juan d'Austria als der Türkensieger von Lepanto in die Geschichte einging.

Noch einmal Spanien

Nach der Niederlage vor Algier segelte Karl über Mallorca nach Spanien – sein sechster Besuch. Philipp, zwölfjährig als Statthalter eingesetzt, zog ihm entgegen. Den Frühling verbrachte Karl in Valladolid; da überfiel ihn wieder sein altes Leiden, die Gicht, zum neunten Mal, wie er bemerkte, und zum ersten Mal in allen Gliedmaßen. Fortan sollten die Anfälle immer schwerer werden, und der leidende Zug, der über manchen Porträts des Kaisers liegt, mag damit zusammenhängen. Die Gicht zählt zu jenen Krankheiten, die den Menschen lähmend und schmerzhaft heimsuchen, danach aber wieder von ihm ablassen können, so daß sich der Patient beinahe gesund fühlt, belastet nur durch die Angst vor dem nächsten Anfall. So auch der Kaiser. Zum Jahresende jedenfalls nahm er in Valencia an einem Stierkampf teil, nicht von der Balustrade, sondern in der Arena, unter acht Kampfstieren, von denen er einen mit eigener Hand erlegte.

Ein solcher Auftritt, der ihm zweifellos mehr als Anhänglichkeit bei den Massen eintrug, zeugt nicht nur für eine ruhige Hand. Er spricht auch für die Fähigkeit des Abwartens auf den rechten Moment im Gewirr der Aktionen, eine Kunst, die seine Ritterfreunde vom Goldenen Vlies wiederholt als Trägheit tadelten; nicht immer in rechter Einsicht.

Im Herbst 1542 war Karl durch eine französische Kriegserklärung zum Handeln herausgefordert, die ihn Anfang August erreicht hatte. Sie bezog sich auf den Mord an zwei französischen Gesandten, die auf ihrem Weg nach Konstantinopel in Oberitalien von den Kaiserlichen überfallen worden waren. Mit seinem Bundesgenossen im Norden, dem Herzog von Geldern, hatte der

König von Frankreich die Niederlande in einen gefährlichen Zweifrontenkrieg gebracht. In seiner Korrespondenz mit der niederländischen Statthalterin verkennt Karl die Situation nicht. Aber er zeigt doch auch, wie sehr er sich an Spanien gebunden fühlt, durch seine Räte, durch das Geld seiner Untertanen, das er in ihrem Interesse nutzen möchte, endlich auch durch das Problem, wer ihn im Lande vertreten soll. Wieder fällt die Wahl auf Philipp, der 1543, sechzehnjährig, nach väterlichem Wunsch die gleichaltrige Maria von Portugal heiratet. Die Stände mußten ihm huldigen, Karl setzte einen Regentschaftsrat ein, auf den Verlaß zu sein schien, und einen Gouvernanten für den Prinzen. Die enge Bindung, die ihn selbst in diesem Alter mit Wilhelm de Croy vereinigt hatte, wiederholte er nicht. Freilich war Philipp auch kein Waise und nun schon bald Ehemann. Ihn traf lediglich das Schicksal der Dynastie, das jede Familie auseinanderriß, um Statthalterschaften, Königreiche und das Kaisertum zu versorgen.

Karl hatte also Abschied von seinem Sohn genommen. Und weil er als kranker Mann in einen Krieg zog, schien ihm seine Wiederkehr noch unsicherer als ehedem. Seine Vaterpflicht, aber auch sein Herrscheramt zwangen ihm die Feder in die Hand. Karl Brandi hat die Instruktionen vom 4. und 6. Mai 1443 als das erste der modernen politischen Testamente fürstlicher Väter bezeichnet. Aber wer kann schon, von jeder Seite betrachtet, etwas als einmalig oder neu in der Geschichte gelten lassen! Auch Kaiser Karl IV., in seiner pflichtbewußten Religiosität und seiner Neigung zur Schriftlichkeit dem fünften Karl in mancher Hinsicht ähnlich, hatte zweihundert Jahre zuvor ein ähnliches politisches Testament hinterlassen, adressiert an noch ungeborene Nachfolger.

Das politische Testament von 1543

Karl rechtfertigt zunächst seinen Aufbruch, indem er Schaden und Nutzen für jene Reiche (im Plural!) aufzählt, die Philipp nun versuchsweise regieren soll. Er ermuntert den Sohn, sein geringes Alter durch Mut und Tüchtigkeit wettzumachen, »um Ehre und Ruhm zu gewinnen, so daß ich dann Gott würde danken dürfen, daß er mir einen solchen Sohn gegeben hat«. Ein bemerkenswertes Ziel für beide, Vater und Sohn: in erster Linie nach Ruhm und Ehre zu suchen, nicht etwa nach dem Wohl der Untertanen. Dies stand bei Karl IV. an erster Stelle, und auch in den späteren »modernen« Fürstentestamenten begegnet es entweder als die Formel vom Gemeinen Nutzen oder als Staatsräson. Wenn Karl aufbricht, um Schaden abzuwenden, dann nicht, weil er dabei seine Untertanen als die womöglich Geschädigten im Auge hat, sondern das Erbe seines Sohnes. Diese personalisierte Herrschaftsvorstellung, sich und seinem Sohn gleichermaßen zugeschrieben, kennzeichnet Karls Kaisertum in seinen Plänen, in seinen Entschlüssen, offensichtlich auch in seinen Handlungen: Plus ultra!

»Den Kaiser römisch oder spanisch zu nennen oder ihn als kühlen Rechner hinzustellen, ist ganz unzulänglich«, schreibt Brandi 1938, »unlöslich hingen ihm sein weltliches und geistliches Amt mit verwandter Heiligkeit ineinander, die Verpflichtung gegenüber den Ahnen, das Hochgefühl des Souveräns und Lehnsherrn, universales Kaisertum und hergebrachte weltumfassende Orthodoxie...« Ein Urteil, das sich mehreren Herrschern zusprechen ließe, soweit man ihren Herrschaftseifer abschätzen kann. Aber es macht einen Unterschied, ob dieser Eifer aus Pflichtgefühl herrührt oder aus dem geradewegs zähen Streben nach Selbstbehauptung. Eine solche Zähigkeit wohnte offenbar in Karls krankem Körper. Deshalb galten seine Instruktionen für den Sohn auch nicht der Herrscherpflicht, sondern dem persönlichen rechten Verhalten, das mit der Formel Ruhm und Ehre auch Gerechtigkeit und Gottesfurcht einschloß. Alles war auf die Person bezogen. Dies vorausgeschickt, lesen sich die folgenden Ratschläge dann doch wie Hinweise auf den rechten Dienst an den Untertanen, etwa: »Mein Sohn, Ihr sollt ein Freund der Gerechtigkeit sein... Doch sollt Ihr der Gerechtigkeit nach dem Beispiel unseres Herrn beigesellen die Barmherzigkeit... Seid zugänglich und leutselig, höret guten Rat und hütet Euch, wie vor dem Feuer, vor den Schmeichlern.« Nicht Liebe und nicht Leidenschaft! Sich allen zuzuwenden, aber an niemanden sich zu binden, das entsprach Karls eigener Einsamkeit auf dem Thron.

Es folgen konkrete Hinweise auf die Ratskollegien, den Staatsrat, den Indienrat, auf Orden und Inquisition. »Und weil die Finanzsachen heute die wichtigsten und bedeutendsten Angelegenheiten des Staates sind, so werdet Ihr ihnen die größte Sorge zuwenden.« Alles in allem so ausgewogen wie unpersönlich, trägt das Dokument doch Karls Handschrift. Nicht einmal einen Hinweis auf den Ruhm des Landes, das Ansehen der Kastilier, die mit ihren Truppen bis dahin schon mehrfach Karls Schlachtfelder behauptet hatten, allenfalls eine Warnung vor den Leidenschaften der Aragonesen – »noch ungezügelter... als die der anderen«. Da fehlt jeder Patriotismus. Es geht nur um Karls und danach eben um Philipps Ruhm und Ehre, wofür der Vater gern Gott danken möchte.

Dagegen spielt die Familie in den menschlichen Beziehungen eine besondere Rolle. Karl empfiehlt seinem Sohn die kranke Königin in Tordesillas, er nennt sie »meine Herrin«, nicht etwa »meine Mutter«. Hernach erwähnt er seine Töchter, Philipps

Schwestern, ohne weitere Hinweise; er kenne Philipps Liebe zu ihnen. Dafür weiß der Kaiser nichts Besseres als Zurückgezogenheit, und die empfiehlt er Philipp auch für seine künftigen Besuche bei den Schwestern.

»Und nun, mein Sohn, noch einige Worte zur Haltung Eurer eigenen Person.« Er erinnert ihn an seine Minderjährigkeit. Philipp, der Sechzehnjährige, muß noch weiter »zur Schule« gehen, er muß noch viel lernen. Aber er möge diese Verpflichtung zum Lernen nicht als Verlängerung der Kindheit betrachten, schandbar natürlich in den Augen eines jungen Mannes; lernen sei vielmehr wichtig für das Wachstum »an Ehre und Ansehen«. Wieder wird die von außen rührende Bestätigung entscheidend, im Sinn der Ritterkultur, die das Persönlichkeitsbild nach äußeren Kriterien richtet, eben nach »Ehre und Ansehen«, nicht nach Herzensbildung und schon gar nicht nach gelehrten Einsichten.

Karl hatte sich selber zwar lebenslang nach neuen Erkenntnissen gesehnt, er hatte das umstürzende Werk des Kopernikus gelesen, er war ein Freund von Räderuhren bis in seine letzten Lebenstage, offensichtlich mit astronomischem Interesse. Er hatte 1534 den berühmten Dominikaner Francisco de Vittoria in Salamanca besucht, der an dieser Universität den fast vergessenen Thomas von Aquin wieder lebendig machte und aus dessen Moraltheologie das Völkerrecht der neueren Jahrhunderte entwickelte, lange vor Hugo Grotius und mit konkreten Konsequenzen für die spanische Kolonialpraxis. Man kann nicht sagen, er habe das Lernen geringgeschätzt. Aber seinem Sohn benennt er jetzt nur *ein* praktisches Ziel für den fürstlichen Lerneifer: Sprachen. »Wenn Ihr bedenkt, wie viele Länder Ihr zu regieren habt, in wie vielen Teilen und wie verschieden in der Sprache, und daß sie alle wünschen, Euch zu verstehen und von Euch verstanden zu werden, so werdet Ihr den Wert der Sprachen begreifen.« Philipp hat sich dann leider lebenslang auf das Spanische beschränkt.

Schließlich geht Karl auf die bevorstehende Ehe des Prinzen

ein. Anerkennend erinnert er sich, von ihm erfahren zu haben, daß er dabei zum ersten Mal einer Frau begegnen werde, und er bestärkt ihn, auch gegen tausend üble Einflüsterungen, sich ebenso nach der Heirat auf »keine Dummheiten« einzulassen, »denn es wäre sündhaft vor Gott und ärgerlich vor Eurer Frau und der Welt«. Söhne mögen ihm geschenkt werden, aber er möge sich jederzeit in acht nehmen und »nicht gleich ohne Maß hingeben«. Um seine Gesundheit nicht zu schädigen und dann aus Schwäche seine Nachkommenschaft nicht zu gefährden, um nicht gar das Leben aus diesem Grund zu verlieren, was man Karls Schwager nachsagte und was ihn selbst offenbar lebenslang beeindruckte, sollte sich auch der Kronprinz bald wieder von seinem Ehebett entfernen und danach immer nur für kurze Zeit zurückkehren.

Einen erfahrenen Ratgeber empfiehlt Karl seinem Sohn »als seine Uhr und seinen Wecker«. Ein Vergleich aus der neueren Uhrentechnik, Karls Vorliebe. Im übrigen aber verabschiedet er sich von ihm wie für immer. Die Reise war auch tatsächlich ernst genug.

Reformkräfte überall

Alles ließ sich zunächst gut an. Zu Schiff nach Savona. Ein unbefriedigendes Gespräch mit dem Papst, der nicht Partei gegen Frankreich ergreifen wollte, dann über Trient nach Augsburg und Ulm, Mitte August in Bonn. Von da ein Feldzug gegen den gefährlichen Alliierten des Königs von Frankreich, den Herzog von Kleve, der Geldern okkupiert und die Niederlande in Angst und Schrecken versetzt hatte. Jetzt aber kommt der Kaiser: Düren wird zusammengeschossen und kapituliert. Danach geht es auf Venlo. Dorthin eilt auch der junge Herzog aus Düsseldorf, sieht sich im Stich gelassen von seinen französischen Bundesgenossen und unterwirft sich fußfällig. Er muß auf Geldern verzichten und auf seine junge Frau, jene unglückliche Prinzessin von Navarra, die ihre Ehe ohnehin nur unter lautem Protest akzeptiert hatte. Damit war erst einmal die Lage der Niederlande stabilisiert. Karl zieht Geldern ein; damit erstreckt sich die niederländische Herrschaft im Norden bis an die Ems, in den Grenzen, die noch heute gelten.

Es galt ebenso die Südgrenze zu sichern. Auch dabei zeigte sich der Kaiser, immer wieder von Gichtanfällen geplagt, als überlegener Kriegsherr. Aber es fehlte an Geld. Ein Reichstag in Speyer vom Januar bis zum Juni 1544 sollte für Reichshilfe sorgen. Karl erhielt ein entsprechendes Votum, einhellig in diesem Fall, vielleicht auch leichter zu erreichen nach dem Exempel am Herzog von Kleve. Es geht gegen Frankreich wie gegen die Türken. Gegen eine Konzession allerdings, die seit Nürnberg 1532 zur Regel geworden war, fast so etwas wie Gewohnheitsrecht: Religionstoleranz bis zu einem künftigen Konzil.

Ein 1542 nach Trient einberufenes Konzil war an Desinteresse gescheitert. Nur zehn Bischöfe hatten sich aufgemacht. Währenddem gab es auch schon Lutheraner in Italien, und mit einem Mal erkannte die Kurie die Gefahr. Deshalb verdammte Paul III. die neuerliche Toleranzfrist von Speyer mit großer Heftigkeit. Und kein anderer als Luther verteidigte den Reichstagsbeschluß in jener Sprache, welche die Fürsten erreichte und auch den gemeinen Mann: »Wider das Papsttum zu Rom, vom Teufel gestiftet.« Neben ihm meldete sich noch ein zweiter Theologe zu Wort, mit dem Karl bisher noch nicht bekannt geworden war und der doch bereits auf Reichsboden wirkte. Der französische Jurist Jean Calvin hatte 1536 zunächst in der Reichsstadt Genf Fuß gefaßt, betreute dann seine aus Frankreich geflohenen Anhänger in der Reichsstadt Straßburg, nahm in Worms und in Regensburg an den Religionsgesprächen teil und wurde schließlich 1541 zurückberufen nach Genf, wo er seine strenge, alle Politik unmittelbar mit dem reformierten Glauben vereinigende neue Kirchenordnung organisierte. Mit Todesurteilen und Verbannungen verteidigte er seine Institutio Religionis Christianae ungleich härter als der Kaiser die alte Kirche. Nun trat er ungebeten neben ihn wie neben Luther.

Der Kaiser fand es unter seiner Würde, die Vorwürfe des päpstlichen Breves zu beantworten. »Es ist schon so; die innere Tragik der Reformationsgeschichte, von der katholischen Seite her betrachtet, liegt auch in diesen Jahren 1543 und 1544 in dem uns so unverständlichen Versagen des Papstes.« Dabei muß man vor Augen haben, daß sich nicht alle Köpfe in der polemisierten deutschen Öffentlichkeit nach den gleichen Richtungen drehten: nicht jeder dachte lutherisch oder päpstlich, abgesehen davon, daß sich die künftigen Konfessionen bis dahin noch nicht gefestigt hatten. Die kirchliche Erneuerung war auch ganz andere Wege gegangen als durch Luthers Protest, hatte für Spitäler und Schulen gesorgt und gelegentlich auch für Klostervisitationen.

In dem Maß, in dem solche irdischen »Heilanstalten« der Kirchenaufsicht entzogen und städtischen Gremien unterstellt wurden, wuchs das bürgerliche Selbstvertrauen. Was lag da näher, als daß man auch geistliche Verantwortung übernehmen wollte? Sie war in den süddeutschen Reichsstädten nach dem Züricher Beispiel Zwinglis weit verbreitet. Das zugehörige Glaubensbekenntnis, in Augsburg 1530 für Straßburg, Konstanz, Lindau und Memmingen vorgelegt, aber als Diskussionsthema vor dem Reichstag nicht zugelassen, die sogenannte Tetrapolitana, war inzwischen im stillen akzeptiert, und auch Calvins Thesen verbreiteten sich über die Grenzen der Reichsstadt Genf.

Das religiöse Leben ist natürlich nicht gleichzusetzen mit den Theorien und dem Streit der Theologen, auch nicht mit den Flugblättern, in denen Eck, Cochläus, Luther oder Butzer die Auseinandersetzung bestritten und dazu einprägsame Bilder sprechen ließen; mitunter orientierten sie sich dabei an jener drastischen Vorstellungswelt vom Teufel und vom Antichrist, von Unholden und Unheiligen, die eigentlich die alte Balance zwischen Himmel und Hölle zerbrachen. In den alten Kirchen hatte ein jeder Teufel auch einen Engel als Widerpart, und Michael besiegte alle. Jetzt war die überirdische Phantasie eher zur Hölle gelenkt als nach oben. Angst wurde in Bilder umgesetzt, die zuvor durch die Ikonographie der Hoffnung getröstet worden war. Ein wahrer Kampf um Bilder setzte ein: Die alten Bilder in den Kirchen wurden verstümmelt und gestürzt, und längst weiß man, damit sollte die alte Welt getroffen werden. Oft bleibt unbeachtet, daß daneben ein zweiter »Bildersturm« einsetzte, der ebenso die Vorstellungswelt betraf; auf Holzschnitten und Radierungen, die oft von begabter Hand stammten, etwa aus der Werkstatt der Cranachs, wurde der Teufel beschworen in vielerlei Gestalt. Gleichzeitig entleerte sich der Heiligenhimmel.

Überhaupt hatte das religiöse Leben in den zwanziger Jahren einen gewaltigen Aufschwung genommen, begleitet von Ritteraufstand, Bauernkrieg und Täuferverfolgung. Es hatte der Reformation einen »linken Flügel« wachsen lassen, der sich den alten kirchlichen Obrigkeiten ebenso entzog wie den neuen und in Mähren, in Polen, in Münster und in den Niederlanden Zuflucht suchte, als neue christliche Gemeinden, als: Täufer, Brüder, Sozinianer.

In Italien wußte sich dieses neue religiöse Bedürfnis noch am ehesten in den Formen der alten Kirche zu organisieren, abgesehen von heimlichen Sympathien für das Luthertum. Das mag bezeichnend sein für einen Zustand, den wir mit der Formel von noch intakten kirchlichen Strukturen zu erfassen suchen. In Italien entstand nämlich in einer Welle religiösen Aufbruchs nicht so sehr eine Vielzahl von diskursiven Zentren, sondern eine Reihe neuer religiöser Orden, wie sie die alte Kirche seit dem Rückzug der Päpste in das avignonesische Exil und das folgende große Kirchenschisma nicht mehr hervorgebracht hatte. 1524 wurde der Theatinerorden gegründet, der einen »völlig neuen Typ von Weltpriester« zu schaffen suchte. Zur selben Zeit formierte sich in Venedig ein religiöser Bund zur Pflege von Armen- und Waisenhäusern, aus dem 1531 die Somasker hervorgingen, während die Barnabiten in Mailand zur Volksseelsorge zusammenfanden. Von der Gründung des Ursulinenordens 1537 in Mailand datiert man den »Anfang der gesamten neuzeitlichen Mädchenerziehung«. Es wäre ein Irrtum, anzunehmen, in dem durch die Volksseelsorge so aktiv organisierten Oberitalien habe es an häretischen Vorstellungen gemangelt. Aber wir erkennen den kirchlichen Eifer in dieser Region, und er trägt andere Vorzeichen, als sie die »reformatorische Öffentlichkeit« nördlich der Alpen entwickelte.

Auch das glaubensstrenge Spanien, in dem in diesen Jahrzehnten rund 15000 Menschen durch die berüchtigte Inquisition ums Leben kamen – nie bei der ersten Anklage, sondern immer nur als rückfällige »Ketzer«, freilich im Netz eines weitgespannten Denunziationswesens –, auch dieses Spanien belebte den alten Glauben. Nicht nur aus Furcht vor Gott oder der Inquisition, sondern auch aus religiöser Hingabe. Der Lebensweg der Theresa von Avila, sowohl nach ihrer Biographie als auch nach der Legende, kann ebenso als ein guter Hinweis gelten wie die Gründung des Jesuitenordens durch den ehemaligen kaiserlichen Offizier Ignatius von Loyola. Er schuf damit die künftige päpstliche Elitetruppe, freilich erst nach langem innerkirchlichen Widerstreben. 1540 wurde sein Orden päpstlich anerkannt, aber erst in den fünfziger Jahren im Reformationsstreit wirksam. Karl hat ihn erst spät zur Kenntnis genommen.

Das religiöse Leben kennt nicht nur Polarisierungen. Da gibt es auch Gleichgültigkeit aus mangelnder Teilnahme und Gleichgültigkeit aus Überlegenheitsgefühl. Die erstere greift selten zur Feder; für die letztere zeugt Erasmus von Rotterdam, der nach einigem Streit über den freien Willen mit dem von ihm ursprünglich mit Sympathie bedachten Luther zuletzt doch empfahl, es mit ihm und seinen Anhängern so gehen zu lassen wie mit den Hussiten.

Erfolge in Frankreich...

Das war kein brauchbarer Rat für den Kaiser. Er mußte ein beruhigtes Deutschland, ein attachiertes Frankreich hinter sich haben, wenn er, ungeachtet seiner Vorstellungen von der Religionshoheit des Kaisers und von einer Universalmonarchie über ganz Europa, gegen die Türken ziehen wollte. Und das nicht unbedingt nur im Zeichen des Kreuzes, sondern im Interesse der christlichen Seefahrt und der österreichischen Grenzen. Nach der Unterwerfung des Herzogs von Kleve zog er also in Frankreich ein und gelangte, ohne daß Franz eine Entscheidungsschlacht wagte, bis an die Marne. Das war der vierte Krieg zwischen Karl und Franz, und beide waren alt geworden; Karl in der Sänfte, gichtgeplagt, Franz nicht mehr bereit, seine Hauptstadt zu verlassen. Von einem Duell war da keine Rede mehr! Es war der letzte Krieg zwischen den beiden. Es war zugleich das größte Aufgebot, mit dem Karl je ins Feld zog, rund 40000 Reiter, Fußknechte, Artilleristen und sogar Pioniere. Es war für Franz übrigens ein Zweifrontenkrieg, denn Karl hatte Heinrich VIII. zur Teilnahme bewogen, ohne daß es allerdings zu großen englischen Aktionen kam. Auch Karls Heer schlug keine rechte Schlacht. Es gab Gefechte und kurze Belagerungen, aber am Ende gedieh alles zum größten Sieg des Kaisers auf der europäischen Bühne, eindrucksvoller und folgenschwerer als die Erstürmung von Tunis ein Jahrzehnt zuvor. Nach längeren, wieder auf dynastische Verbindungen gerichteten Verhandlungen kam es in der dritten Septemberwoche 1544 zum Frieden von Crépy. Das Verhandlungsergebnis muß man als den größten Erfolg des Kaisers auf diplomatischem Feld bezeichnen.

»Auch wenn die Kohärenz der kaiserlichen Politik 1543–47 vielleicht durch Brandi überschätzt worden ist, kann man sich doch dem Eindruck nicht entziehen, daß Karl nunmehr nach den mangelhaften Erfolgen in Südeuropa und im Mittelmeer konsequent in Mitteleuropa Entscheidungen und Erfolge sucht.« Wie konsequent auch immer Karl einen Schritt nach dem anderen vorausgeplant haben mag, er gab in seiner Korrespondenz darüber nicht Rechenschaft, wiewohl von einem »großen Plan« die Rede war. Konsequent blieb er jedenfalls, das läßt sich absehen, in der Verfolgung seiner Ziele. 1544 hatte er dabei die größten Erfolge; im Frühjahr bei den Protestanten, im Herbst bei den Franzosen. Dabei wählte er unterschiedliche Wege. Bei den Protestanten erweckte er die Vorstellung einer gewissen Anerkennung, weil sich »zwei Religionen« vergleichen müßten, wenn nicht auf einem Konzil, so doch auf dem nächsten Reichstag; das war nicht mehr der Sankt-Nimmerleins-Tag, den man mit einem gewissen Recht der päpstlichen Konzilspolitik unterstellt hatte. Unterstützt von einer allgemeinen antifranzösischen Propaganda, wie sie die Zeit bereits kannte und die sein in diesen Jahren vornehmster Berater im Reich, Nikolaus Perrenot von Granvelle, im Sinn hatte, wurde auch die türkische Karte voll ausgereizt. Gerade damals war Frankreich im engsten Verbund mit den Türken, die Nizza erobert hatten und in Toulon Winterlager hielten – mit großem christlichen Sklavenmarkt. Die Angst machte die Runde.

Bei seinen Zusagen an die Protestanten hatte der Kaiser die Theologen zunächst aus dem Spiel gelassen. Gerade das, eine mögliche Entscheidung in Glaubensfragen durch einen Reichstag, forderte die schroffe päpstliche Stellungnahme heraus, mag aber umgekehrt auch die päpstliche Konzilsbereitschaft gestärkt haben. Karls Diplomatie drohte mit vollendeten Tatsachen und hatte Erfolg.

Ähnlich auch in Frankreich. Da stand sein Heer schon zwei

Tagesritte vor Paris. Was er hier vor aller Öffentlichkeit erreichte, entsprach den alten Forderungen, die ihm in Madrid 1526 und in Cambrai 1529 schon zweimal zugesagt worden waren, abgesehen von der Restitution Savoyens. Es gab darüber hinaus auch einen Geheimvertrag, über den schon die Zeitgenossen rätselten. Danach hätten sich die deutschen Protestanten, die Karls Frankreichfeldzug unterstützten, selbst die Schlinge um den Hals gelegt: Der König von Frankreich verpflichtete sich darin nämlich nicht nur zur Türkenhilfe, sondern auch zur bewaffneten Unterstützung in einem Krieg gegen die Protestanten. Mehr noch: Die Rede war von Karls »Hoheit und kaiserlicher Würde« in Glaubensdingen, die zu wahren der König von Frankreich jederzeit beistehen wolle. Das war, trotz der Allgemeingültigkeit gerade der religiösen Verpflichtung, doch eine Formulierung, die sich als eine Anerkennung kaiserlicher Superiorität auslegen ließ.

Freilich waren Karls Erfolge von 1544 nicht auf einem Weg errungen, der Dauer verhieß. Die protestantischen Reichsstände, die Mehrheit des Reiches, hatte er mit einer Versprechung an sich gezogen, die er in Wahrheit nicht halten konnte. Er, der römische Kaiser, der Herr über etwa die Hälfte der gut katholischen Bevölkerung auf der Apenninhalbinsel, der König des streng katholischen Spanien, konnte doch in seinen deutschen Landen nicht durch einen Reichstag, ein Nationalkonzil oder was auch immer Glaubenshaltungen gutheißen, die der Papst verdammte. Ebensowenig konnte er, mit französischer Hilfe oder ohne sie, den politisch aktiven deutschen Protestantismus unterdrücken und gleichzeitig mit einem solcherart zwangsvereinigten Reich gegen die Türken ziehen. Dies selbst dann nicht, wenn er der katholischen Fürsten auf seiner Seite sicher gewesen wäre, was zweifelhaft war bei der ständigen Obstruktion der bayerischen Herzöge. Diese hatten 1534 mit dem französischen König sogar einen Vertrag geschlossen, im Interesse ihres Widerstands gegen die habsburgische Nachbarschaft, und verhielten sich gerade noch wohlwollend neutral, als Karl gegen die Protestanten zum Schlag ausholte.

Karl hatte von einem künftigen Konzil nichts anderes zu erwarten als die deutliche Markierung der Grenzen zwischen den Konfessionen. So oder so, mit Diplomatie oder Gewalt, Rom hatte in den letzten fünfundzwanzig Jahren bestenfalls verständnisvolle Legaten nach Deutschland gesandt, wie Cajetan oder Contarini, reformwillige, aber keine kompromißbereiten. Nur für einen widerrufenden Luther hatten sich die päpstlichen Arme einst öffnen wollen. Nun, da dieser Luther zur Kirchenautorität für die Abweichler in Deutschland geworden war, rührte sich in Rom gewiß keine Hand für ihn.

Und Frankreich war durch das kaiserliche Heer in seinem Land zum Friedensschluß gezwungen worden. Die einzige Heiratsverbindung, die einen jahrzehntelangen Streit hätte bereinigen können, ein Eheplan um Mailand, in Crépy vom Kaiser offeriert, blieb durch den Tod des französischen Bräutigams im nächsten Jahr offen. Karl war nicht bereit, Ersatz zu akzeptieren. Da steckte schon der Keim zum nächsten Krieg. Der französische Kronprinz, einst Karls Geisel in Spanien, hatte ohnehin gegen den Friedensschluß förmlich protestiert.

...Erfolge in Deutschland

Für das nächste Konzil hatte der Kaiser drei Reichsstädte zur Auswahl vorgeschlagen: Metz, Cambrai oder Trient. Das will etwas bedeuten, denn das letzte, kurzatmige Konzil von 1512 bis 1517 hatte der Papst nach älterer Tradition in den Lateran nach Rom berufen. Ein Konzil auf Reichsboden dagegen lag in der Tradition der großen Reformkonzilien von Konstanz und Basel. Hier Kontinuität zu demonstrieren, hieß zugleich, die Erinnerung an die kaiserliche Schutzfunktion wahren.

Auf dem nächsten Reichstag in Worms 1545 ließ sich der Kaiser zunächst von Königin Maria vertreten, der niederländischen Statthalterin. Die Gicht plagte ihn allzusehr, und er mochte nicht, wie er sagte, auf einen Waffenstillstand mit der Krankheit hoffen. Aber Mitte Mai kam er doch.

Kurz danach traf als päpstlicher Legat der junge Kardinal Farnese in Worms ein, pikanterweise ein Enkel des Papstes. Er hatte – überraschend angesichts der sonst üblichen Zurückhaltung der römischen Kurie in solchen Dingen – 100000 Dukaten für einen Türkenkrieg mitgebracht und in Augsburg deponiert. Nun ergab sich aber, in Gesprächen mit dem Kaiser, deren genauer Verlauf ungeklärt ist, eine neue Stoßrichtung für einen künftigen Krieg. Noch ehe das Konzil eröffnet war, zu dem der Papst ein halbes Jahr zuvor neuerlich alle gutwilligen Christen geladen hatte, schienen der Bruch mit den Protestanten und die gewaltsame Lösung bereits vorweggenommen. Damit setzte sich jene politische Linie durch, welche die Kurie seit fünfundzwanzig Jahren in der Protestantenfrage favorisierte, die Gewalt. Rom war auch bereit, für sein Votum zu bezahlen. Der Kardinal brach heimlich von Worms auf, erreichte in elf Tagen Rom, und wieder nur neun Tage später hatte der Kaiser das großzügigste Angebot in Händen, das ihm je für einen Krieg unterbreitet wurde: noch einmal 100000 Dukaten, dazu 12000 Knechte, 500 Pferde für vier Monate und dazu noch einmal knapp eine Million, angewiesen aus dem Vermögen und den Einkünften der spanischen Kirche. Also konnte er nun seinen Krieg mit den Protestanten haben. Der Papst machte schon öffentlich dafür mobil.

Karls Statthalter im Reich, sein Bruder Ferdinand, und die Schwester Maria warnten vor einem Religionskrieg. Maria, die Niederländerin nach Herkunft und Sprache, der man einmal selbst lutherische Neigungen nachgesagt hatte, erinnerte an Kaiser Sigismund, der auch die Ketzerei in seinem Reich mit dem Schwert habe tilgen wollen und in jahrelangen Kriegen gegen die Hussiten gescheitert sei. Schon wieder die Hussiten!

Daß jetzt die Religionsverhandlungen in Worms und danach in Regensburg kein Ergebnis mehr brachten, wird niemanden wundern. Man muß annehmen, daß beide Seiten Zeit zu gewinnen suchten. Karl jedenfalls war zu einem Krieg nicht gerüstet. Aber hätte ihn sein christliches Gewissen nicht überhaupt zurückhalten müssen, solange nicht das seit November 1544 berufene und endlich nach Jahresfrist, am 13. Dezember 1545 in Trient eröffnete Konzil sein Urteil gesprochen hatte? Oder fürchtete er, daß keine Verständigung mehr möglich war auf dem Konzil, nachdem er bisher, wenn auch mit sehr oberflächlichen Vorstellungen, mehrfach einen Ausgleich verfehlt hatte?

Tatsächlich hatte Karl immer wieder davor gewarnt, Christenblut zu vergießen, eine Formel, die in seiner Korrespondenz oft begegnet und mit der er 1528 und noch einmal spektakulär 1536 vor dem Papst sein Zweikampfangebot an den König von Frankreich unterstrich. Und jetzt eine militärische Auseinandersetzung in Glaubensdingen in Deutschland! Mögen die Dinge auch im Augenblick durch die päpstliche Finanzhilfe und die geheime Hilfszusage des französischen Königs so gut gestanden haben wie noch nie, der Glaubenskrieg war 1545 eine ganz andere Aufgabe als noch zwanzig Jahre zuvor, als der Protestantismus noch nicht formiert war und sich noch nicht angeschickt hatte, die Sache Luthers in politischen Widerstand umzusetzen. Der größte Teil Deutschlands bekannte sich inzwischen zur Reformation. Wenn der Kaiser 1544 mit einem überraschend starken Heer von Metz gegen Frankreich hatte aufbrechen können, dann doch gerade aufgrund der Übereinkunft mit den protestantischen Fürsten. Und die Reform des Steuerwesens, die er 1542 mit einer neuen Ordnung des Gemeinen Pfennigs erzielt hatte, galt der Türkenabwehr, nicht etwa der Zwietracht in der Christenheit wie seinerzeit die Hussitensteuern Kaiser Sigismunds. Ein Glaubenskrieg war nicht nur unpopulär, er war unglaubhaft nach dem langen Zögern der Päpste in Sachen Konzil und nach den Übereinkünften des Kaisers selbst mit den Ketzern, 1531 in Nürnberg wegen der Türkenabwehr erstmals praktiziert. Also wollte Karl einen Glaubenskrieg vor aller Augen vermeiden.

Während des Winters in Brüssel ereilte ihn von neuem ein schwerer Gichtanfall, der elfte, wie er selber zählte. Er berief einen Reichstag nach Regensburg und lebte dort, vom April bis zum August 1546, wieder auf, wie sich aus Jagden und Festen schließen läßt, wohl auch aus seiner Begegnung mit Barbara Blomberg, die im nächsten Jahr, gerade an seinem 47. Geburtstag, den künftigen Don Juan d'Austria zur Welt brachte. Martin Luther war im Februar 1546 gestorben, Karl also befreit von seinem wortgewaltigsten Gegner. Zur selben Zeit stiegen die amerikanischen Einkünfte wieder nach einer Baisse in den letzten fünf Jahren. Auch wenn seine Konquistadoren das sagenhafte Eldorado nicht hatten finden können, so ermöglichten die Schätze aus der Neuen Welt doch fortan eine merkliche Selbständigkeit seiner Aktionen. Es kam nur darauf an, sie möglichst rasch über Kredite flüssig zu machen.

Der Reichstag war dagegen ein Mißerfolg. Die Führer der organisierten Protestanten, die Fürsten des Schmalkaldischen Bundes, ließen sich vertreten, und der Reichstagsabschied im August sah alle Einheit schon zerrissen. Inzwischen hatte der Kaiser mit Bayern einen Vertrag über wohlwollende Neutralität geschlossen – mehr war nicht zu erreichen bei der stärksten katholischen Bastion nach den Habsburgern – und Papst Paul III. einen Vertrag über Finanzhilfe unterzeichnen lassen. Ein Mißgeschick, aber wohl kein Versehen war es, daß er der Reichsstadt Ravensburg bei schwerer kaiserlicher Ungnade den Wechsel zum Protestantismus untersagte. Sein Gesandter Dr. Gerhard Veltwyk verhandelte zur gleichen Zeit über einen Waffenstillstand in Konstantinopel. Alles sah nach umsichtigen Kriegsvorbereitungen aus.

Aber nicht nach einem Religionskrieg sollte es aussehen, sondern nach einer Exekution gegen Ungehorsam. Der Tarnung diente auch eine Serie von Briefen in der dritten Juniwoche an die maßgeblichen politischen Kräfte in Süddeutschland. Herzog Ulrich von Württemberg wurde an sein Versprechen erinnert, sich in keinen Bund gegen den Kaiser einzulassen. Den bedeutendsten Reichsstädten Augsburg, Ulm, Straßburg, Nürnberg, sämtliche mit reformiertem Bekenntnis, schrieb der Kaiser fast gleichlautend, beschuldigte die Führer der Protestanten, den Krieg eröffnet zu haben, forderte Beistand, verhieß Gnade, sprach von vergeblichen Bemühungen um Vergleichung und Vereinigung »zu unser hailwertigen christenlichen religion« und gab sich in allem als der zu Unrecht Angegriffene. Er dachte auch an die nächsten, den deutschen Protestanten vielleicht hilfreichen Bundesgenossen, die Schweizer, und schrieb seinem Gesandten bei den Eidgenossen, er möge erklären, der Kaiser wolle Deutschland nicht unterdrücken, sondern Frieden, Recht, Gehorsam wiederherstellen. Er eröffne den Krieg nicht der Religion wegen, sondern zur Wahrung des Reichsfriedens, den der sächsische

Kurfürst und der hessische Landgraf verletzt hätten, als sie den Herzog von Braunschweig-Wolfenbüttel, freilich in Religionssachen, aus seinem Land vertrieben. Das lag zwar Jahre zurück, genügte aber, wenn auch durchsichtig, die Religionsfrage zu bemänteln.

Die Antwort kam gleichsam postwendend, bezeichnend für die Regsamkeit städtischer Korrespondenz und den guten Zustand der kaiserlichen Posten. Die Städte erklärten Gehorsam, beriefen sich aber standhaft auf ihre Glaubensfreiheit. Die fürstlichen Häupter der Schmalkaldener mobilisierten. Von Augsburg zog ein Aufgebot schwäbischer Reichsstädte ins südliche Allgäu, um die kaiserlichen Musterplätze zu sprengen. Der Krieg war schon im Gange.

Hatte ihn Karl in verschlagener Diplomatie provoziert? War er dem päpstlichen Drängen gefolgt, der allzu prompten Finanzierung aus Rom, hatte er sich durch die Tagesordnung des lange erwarteten Trienter Konzils vor vollendete Tatsachen stellen lassen? Dort war, nicht am Sonntag Laetare, wie vorgesehen, sondern am Sonntag Gaudete, acht Monate später, das concilium feierlich eröffnet worden. Laetare oder Gaudete – es wurde keine fröhliche Zusammenkunft: schlecht besucht, mit kaum mehr als dreißig stimmberechtigten Konzilsvätern, ohne Franzosen, dazu 42 Theologen, meist aus den Bettelorden, ohne Jesuiten; dazu ein ebenso eleganter wie arroganter kaiserlicher Vertreter Mendoza und geschickte päpstliche Konzilsbeauftragte. Von den drei großen Beratungspunkten, Glaubenslehre, Kirchenreform und Türkenabwehr, hatte man nicht etwa den letzten an die Spitze gestellt, was der Einheit förderlich gewesen wäre, sondern den sensiblen ersten Punkt. In Abwesenheit von Protestanten wurde von neuem die Frage nach dem kirchlichen Gehorsam gestellt und im Sinn von Lehrtradition, Konzilsautorität und Papstprimat votiert. Überhaupt machte niemand den Versuch, eine Kommission zu bilden, die neben dem Konzil Verhandlungen mit den

Abgewichenen führte, wie weiland in Basel mit den Hussiten; der Nuntius Morone erinnerte immerhin daran. Die Einheit der Kirche verfestigte sich im herkömmlichen Sinn, und das war gewiß nicht im Sinn des kaiserlichen Zögerns und Verhandelns. Auch fürchtete die Kurie noch immer das Nachleben des Konziliarismus von Konstanz und Basel, wo man den bis zum heutigen Tag nicht aufgehobenen Entschluß zu periodischen Konzilssitzungen gefaßt hatte. Die Päpste waren demnach eigentlich seit hundert Jahren in Verzug, von der komplizierten Frage nach einer Konzilssuperiorität abgesehen. Es war also nicht etwa nur die Angst vor einer Sittenreform und der Kritik am päpstlichen Nepotismus, welche die Tagesordnung bestimmte, zumal in einer Welt, die noch nicht mit der kritischen Moral des 19. Jahrhunderts die Kurie sah.

Ohne Zweifel hatte der Kaiser seit fünfundzwanzig Jahren mit einer gewaltsamen Beilegung der Religionsdifferenzen in Gedanken gespielt. Andernfalls wäre er ein schlechter Kaiser gewesen. Aber gerade daß er die Tradition verließ und verhandelte, ehe er mobilisierte, kennzeichnet seine »Modernität«. Daß er dabei schon 1521 das Neue vorwegnahm, indem er dem religiösen Pluralismus zur Entstehung verhalf, mag man im Rückblick klarer sehen. Seinem Charakter, seiner Persönlichkeitsstruktur, soweit sie sich aus Handlungen und Berichten rekonstruieren läßt, kommt es wohl am nächsten, wenn man von einem Spiel mit den Möglichkeiten spricht, die dem Spielenden zuletzt die Wirklichkeit aufzwingen. Karl hatte mit Umsicht vorgesorgt. Er hätte den Krieg am liebsten vermieden, nicht nur wegen des Risikos, das er im hauptsächlich protestantischen Deutschland mit Recht scheute, sondern auch aus der ungewissen Einsicht, daß seine kaiserliche Autorität zerbrach, sobald er sie mit der Waffe verteidigen mußte. Das Ehrwürdige am Kaisertum ertrug, nein es forderte sogar bewaffnete Wahrung der Reichsdisziplin gegen einzelne; aber keinen Krieg des Kaisers gegen das Reich.

Also steht eigentlich nicht zur Debatte, wie Karl diesen Krieg *begann,* den ersten Religionskrieg in Deutschland, sondern wie er ihn beendete. Die Umstände waren ihm davongelaufen; er hatte vorgesorgt, aber nicht entschieden. Nun war seine Fähigkeit gefordert, den schmalen Weg zwischen Gut und Böse zu finden, im Vertrauen auf jenes Minimum an menschlicher Übereinkunft, das über alle Parteiungen und Voreingenommenheiten hinweg politische Ethik überhaupt erst ermöglicht.

Mit welchen Gefühlen der Kaiser in den Krieg eintrat, enthüllt vielleicht ein geheimer Brief an die Schwester Maria in den Niederlanden. Er spricht vom Scheitern seiner Bemühungen unterwegs und in Regensburg, vom Entschluß der Abgewichenen, die Waffen zu erheben: »So sahen wir, mein Bruder und der Herzog von Bayern, daß es nur noch die Gewalt gibt, sie zu vernünftigen Bedingungen zu zwingen. Die Zeit ist günstig...« Die Zeit war bald nicht mehr günstig, trotz des stillschweigenden Rückhalts durch das Herzogtum Bayern, für dessen Festigung Karl eine Prinzessin hatte offerieren müssen. Die süddeutschen Protestanten zwangen ihn zu einem monatelangen sogenannten Donaufeldzug bei geringen Kräften. Aber sie versäumten ihre Chance. Es wurde ein Hin- und Herziehen mit Artillerieduellen, eine neuere Variante der Kriegführung, wenn man will, bei der Karls Unerschrockenheit die Moral seiner Truppen stärkte, denn die Kanonen der Zeit waren auf freiem Feld eher moralisch wirksam als physisch.

Wenn je, dann zeigte Karl, gichtgeplagt, in diesen Monaten seine Strategenkunst. Schließlich hatte er den ehrgeizigen Moritz von Sachsen aus der minderberechtigten albertinischen, in Dresden sitzenden Linie der Wettiner zum Angriff auf seinen Oheim Johann Friedrich bewegen können, indem er ihm die Kurwürde in Aussicht stellte. Den Bundesgenossen im Rücken des Gegners, konnte er mit Recht in der Nacht zum 9. November Viktoria schießen lassen. Als der Kurfürst sich daraufhin heimwärts nach

Sachsen hatte wenden müssen, der unwegsame Winter ausgestanden war und die böhmischem Protestanten, statt ihren deutschen Glaubensgenossen ohne Wenn und Aber zu helfen, in Leitmeritz mit ihrem Aufgebot verweilten, war zumindest im Sinne der Erwartungsstrategie die kaiserliche Überlegenheit offenkundig.

Karls Feldzug an die Elbe, im Frühjahr 1547, zeigte dann wieder jenes Schlachtenglück, das er mit seiner unerhörten Willenskraft in kurzem Zeitraum förmlich herbeizwang. Niemand weiß, wie die beiderseits der Elbe einherziehenden Truppen, die kaiserlichen und die kurfürstlichen, plötzlich aneinandergerieten. Da war eine Furt über den breiten Fluß, da war ein ungestümer Angriffswille, besonders unter den Spaniern, da war der Kaiser persönlich dabei, und binnen einer Stunde entschied sich am 24. April das Schicksal der Schmalkaldener, bei nur geringen kaiserlichen Verlusten. Und wieder geriet der feindliche Heerführer unmittelbar in die Hand des Kaisers. Ihn traf der ganze kalte Zorn der Majestät. Karl erwiderte seinen Gruß nicht und beschied ihm nach kurzem Wortwechsel: »Ich werde Euch halten nach Gelegenheit und Eurem Verdienst, geht hinweg.« Hatte nicht, mehr als zwanzig Jahre zuvor, schon der König von Frankreich die Verachtung des Siegers erfahren?

Ein maßloser Sieger

Nicht nur Karl stand nach dem Sieg von Mühlberg auf der Höhe seiner Macht, auch das Kaisertum. In Deutschland, in Europa, vor dem Papst. Nur war das nicht wirklich jene monarchia universalis, die Karls Hofpoeten dem Kaiser vorgaukelten. Der Wiener Humanist und Professor Lazius erstellte damals mit aller Gelehrsamkeit ein buntes Gemisch von alter Prophetie, um Karls Triumph zu feiern.

Aber der Gipfel war brüchig. Kleine wie große Gegenspieler setzten ihre »Freiheit« dagegen: die Libertät der deutschen Fürsten, die libertà der italienischen Potentaten und letztlich die Souveränität der Krone von Frankreich. Alle hatte Karl verletzt. In Deutschland traf es das fürstliche Standesempfinden, als er, ohne Rücksicht auf das in Generationen gewachsene Selbstbewußtsein und außerstande, den vertriebenen Herzog von Braunschweig, dessen Sache er zum Anlaß des Krieges gegen die Schmalkaldener genommen hatte, wieder in seine Rechte einzusetzen, den gefangenen sächsischen Kurfürsten mit der Todesstrafe bedrohte und den verhandelnden Landgrafen Philipp einfach gefangennahm. Vor allem spielten die Kurfürsten als Opposition eigentlich eine größere Rolle, als es der kaiserlichen Erwartung entsprach.

Geradeso hatte Karl in Frankreich auch den Frieden von Crépy überzogen. Der Herzog von Orléans starb noch vor der ausgehandelten Verbindung um das Herzogtum Mailand, Karl zeigte seine Erleichterung, die Braut heiratete ihren Vetter, und Karl betrachtete diese Ehe zwischen Maria und Maximilian, dem späteren Kaiser, mit Wohlwollen. Unmittelbare Folgen zog das nicht nach sich. Der französische König war drei Wochen vor der Schlacht von Mühlberg gestorben. Heinrich VIII. von England war ihm vorausgegangen. Die alte Generation trat ab. Übrig blieben die Rivalität zwischen Papst und Kaiser und das Tridentiner Konzil. Am 13. Dezember 1545, bei der feierlichen Eröffnung, fehlte der französische Episkopat ebenso wie die deutschen Protestanten. Als dann die Protestanten besiegt waren, hatte der Papst sechs Wochen zuvor das Konzil von Trient nach Bologna verlegt. Da wurde nun deutlich, wie die Wege zwischen Papst und Kaiser auseinandergingen: Karls Katholizismus, auf die Probe gestellt, hätte in Trient nicht bestanden. Aber die Papstkirche rettete ihren Bestand mit einem Einsatz von bisher unerhörter Entschlossenheit und theologischer Feinarbeit. Das eindringliche Gedankengebäude des Thomas von Aquin aus dem Hochmittelalter kam von neuem ans Licht, und manche sagen, jetzt erst erhellte es das katholische Denken. Dagegen hatte Karl sein Konzilsverständnis fünfundzwanzig Jahre zuvor mit kaiserlichen Direktiven in Verbindung gebracht, als er in Worms nächtens sein Glaubensbekenntnis formulierte, und es scheint, als hätte er es niemals revidiert, obwohl er gelegentlich in Salamanca Belehrung darüber gesucht hatte.

Natürlich fürchtete der Papst einen übermächtigen Kaiser. Deshalb hatte er auch im Herbst 1546, mit der vagen Entschuldigung der Witterungsunbilden für die italienischen Truppen, sein Kontingent und seinen Legaten aus Deutschland zurückgezogen; auch das römische Geld, obwohl das unter dem deutschen Klima gewiß nicht litt. Karl hatte im April 1547 über die Protestanten also alleine gesiegt; und das Konzil war ihm zu ihrer Widerlegung nichts nütze.

Ungeklärt ist bis heute, warum der Papst danach noch einen Schritt weiter vom gemeinsamen Wege abwich und das Konzil nach Bologna verlegen ließ, vom Reichsboden in den Kirchenstaat, nicht nur nach dem Raum, sondern auch nach dem Recht ein erhebliches Stück vom Reich entfernt. Der Kaiser protestierte nicht nur, er weigerte sich auch, mit dem päpstlichen Nuntius zu sprechen, um sich nicht zu unerwünschten Äußerungen hinreißen zu lassen. Der neue König von Frankreich, Heinrich II., allenfalls eine mögliche Stütze der päpstlichen Politik, zeigte sich desinteressiert. England war auf diesem Wege bestimmt nicht für die Kirche zurückzugewinnen. So blieb es bei der deutschen Frage, und die konnte man in Bologna nicht behandeln. Beim Kaiser festigte sich der Eindruck, daß seine Kirchenpolitik gerechtfertigt sei, nachdem ihn der Papst abermals im Stich gelassen hatte. War nicht beim Papst der Gedanke entscheidend, die Kirche neu zu formieren, ohne Kompromisse und deshalb auch ohne Protestanten und ohne Kaiser?

Ein ganzes Jahr hielt sich Karl damals in Augsburg auf, vom August 1547 an. Er schloß eine pragmatische Sanktion wegen der Erbfolge in den Niederlanden und ordnete sie als burgundischen Reichskreis der Verwaltung ein, während sie zugleich aus dem Lehensgefüge ausgegliedert wurden, eine moderne Lösung, unverständlich für mittelalterliches Recht. Er verstärkte die Position des Reichskammergerichtes und fand dafür Beifall bei den Reichsständen, die diese Instanz für unabhängiger hielten als das kaiserliche Hofgericht und damit, wohl unwillkürlich, Reichsdenken im Verständnis des allgemeinen Nutzens für die nächsten Jahrhunderte stärkten. Der Kaiser ging noch einen Schritt weiter auf diesem Weg und schlug einen Reichsbund zur Verfassungsreform vor. Dieser Plan scheiterte. Er war freilich auch nur eine Tarnung für kaiserliche Akzente. Karl hatte es zuvor mit einem Fürstenbund versucht. Auch das war gescheitert, weil das Reich zu dieser Zeit eben noch kein Fürstenstaat war, sondern ein Gemenge aus städtischen und fürstlichen Herrschaften, mit einem beachtlichen Anteil an reichsunmittelbarem Adel, der im Reichstag auf der Grafen- und der Prälatenbank allerdings weniger Einfluß hatte als auf der politischen Landkarte.

Scheiterte er in dieser Frage, um wieviel schlechter standen seine Aussichten bei der Lösung des Religionsproblems. Das Konzil, jahrelang von soviel Hoffnungen begleitet, war unterbrochen; die Protestanten hatte er zwar auf dem Schlachtfeld zur Kapitulation gezwungen, aber gerade die politische Kapitulation regte den geistigen Widerstand von neuem an. So war denn auch, was er schließlich in Augsburg erzwang, nicht eine Zwischenlösung, wie es hieß, sondern konfessionelle Diktatur.

Interim hat den Schelm hinter ihm! Man versteht das Wortspiel erst, wenn man weiß, daß es im Bayerischen kein eigenes Reflexivpronomen gibt. Das Interim, das also den Schelm hinter sich hatte, kam auf dem langen, auf dem »geharnischten« Reichstag in Augsburg 1547/48 zustande. Karl erschien den Zeitgenossen als der unumschränkte Sieger, wie hätte es auch anders sein können. Ein Spottgedicht, lateinisch und in deutschen Formen, lobt ironisch das große Bankett, das er hier gab, zu dem aus allen Landen beigesteuert werden mußte. Bemerkenswert, daß der Autor dabei die deutsche Situation vor einem europäischen Horizont entwickelt. Wie auch immer: Karl schien der große »Macher«: Carolus ipse potest summas machere summarum.

Summa summarum, nach der alten Formel der kaufmännischen Buchhaltung, unterm Strich war die kaiserliche Bilanz aber gar nicht so gesund. Eindeutig hatte seine niederländische Herrschaft gewonnen. Sie war räumlich arrondiert, in ihrer Zusammengehörigkeit durch Reichsbeschluß anerkannt, dem Reichskammergericht entzogen, also juristisch exemt, aber durch Schutz und Steuerleistung an das Reich gebunden. Dagegen war Karls Verfassungsreform so gut wie fehlgeschlagen. Und sein Interim, das dem protestantischen Eucharistie-Verständnis eine so ausgeprägte katholische Zeremonie zumutete wie das spätmittelalterliche Fronleichnamsfest, andererseits aber Priesterehe und Kelchkommunion konzedierte, die Macht- und Besitzfrage jedoch nicht berührte, nämlich die Enteignung, Verstädterung und Verstaatlichung des Kirchenbesitzes, war auch als Zwischenlösung nur eine halbe Sache; mancherorts durch die Obrigkeit streng gehandhabt, mit Ausweisung und harten Auflagen für die evangelischen Prädikanten, mancherorts geradewegs abgelehnt, wie durch den besiegten und gefangenen, jetzt seiner Kurwürde entkleideten Herzog Johann Friedrich von Sachsen. Das Interim war aber drückend genug; der Kaiser hatte einen »geharnischten Reichstag« gehalten und dabei Fürsten und Städte die Zeche zahlen lassen. Karl hatte die öffentliche Meinung sein Leben lang ignoriert. Gerade diese öffentliche Meinung, in Deutschland geweckt durch die reformatorische Diskussion seit dreißig Jahren, die ihn bei seinem Zug nach Frankreich noch getragen hatte, schlug jetzt um. Nach der politischen Wirklichkeit in Deutschland war diese öffentliche Meinung nichts anderes als der murmelnde Chor hinter dem tragischen Geschehen. Der verhieß nun Duldung und Zustimmung zum Sturz des Helden.

Die neue Fronde gegen den Kaiser brachte die deutschen Protestanten wieder in eine Aktionsgemeinschaft mit Frankreich; Fäden wurden bis nach Italien geknüpft, wo noch immer die guelfische Losung nach Unabhängigkeit schwelte, so kläglich sie auch im Sacco di Roma geendet hatte. Das Konzil, 1550 unter einem neuen Papst wieder aufgegriffen, verhieß keine politische Wirkung mehr. Die Gesandten protestantischer Reichsstände, die nun zur Stelle waren, wurden zu einem Religionsgespräch auf dieser höchsten Ebene der Christenheit nicht mehr herausgefordert und verliehen dem Konzil keine Resonanz in Deutschland. Der Sieger von Mühlberg, den Tizian wie den düsteren Genius des Krieges in einen roten Abend hatte reiten lassen, mit verhängtem Zügel, aber unaufhaltsam, hatte sich auf dem nächsten Bild, das gleichfalls in Augsburg entstand, im Purpursessel zur Ruhe gesetzt, leidend, abwesend, nachdenklich und nicht mehr unbezwinglich.

Vererben heißt die Zukunft bestimmen

Karl schrieb viel sein Leben lang, ein Freund der Akten und ein Freund der Post. Sein Versuch, durch Korrespondenz das Riesenreich zusammenzuhalten, ist nicht nur neu, sondern wohl einmalig in der europäischen Geschichte. Die Technik des zeitgenössischen Kommunikationswesens interessiert in unserem Zusammenhang weniger, aber für die Charakteristik Karls ist es nicht ohne Bedeutung, in welchem Ausmaß sein Versuch, über Weisungen das Riesenreich zu dirigieren, sich der schriftlichen Wege bediente. Weisungen nicht nur für die Gegenwart. Karl versuchte im Lauf seines Lebens immer wieder, schon als Zwanzigjähriger, durch testamentarische Verfügungen seine Nachfolger zu bestimmen, zu instruieren und zu binden. Erinnern wir uns allein an seine dreiundzwanzig Nachlaßverfügungen, einschließlich eines »großen politischen Testaments«. Mit solchen Verfügungen, großen und kleinen, mit politischen Testamenten und Abänderungen in einzelnen Kodizillen, wird Karl bis in seine letzten Tage beschäftigt sein. Das heißt nichts anderes, als daß er sich sein Leben hindurch in wechselnden Konstellationen immer wieder als Erblasser fühlte, der Kindern, Geschwisterkindern und ungeborenen Enkeln etwas zu vererben hatte und damit nicht nur ihren Lebensweg vorherzubestimmen suchte, sondern die politischen Strukturen der nächsten Generation.

Der Kaiser ist der mächtigste Erblasser in der Welt. Der Kaiser kann sagen, was aus Spanien wird, aus den Niederlanden, denen er sich so verbunden fühlte, aus Mailand, das so sehr umstritten war. Er kann einer Meinung sein mit dem österreichischen Bruder, namentlich wenn er in Deutschland in dessen besonderen Interessen wirkte wie beim Krieg gegen die Schmalkaldener. Er kann aber auch zu ihm in den härtesten Gegensatz geraten, gleich nachher, als in Augsburg die ganze Geschwisterrunde zusammenkommt, um eindringlich über die Thronfolge zu beraten, zu streiten wohl, wenn das einer so hochgeborenen Familie ansteht.

Erbverhältnisse, -verfügungen und -erwartungen sind mancher Betrachtung wert, weil sie sich eigenartig auf das Menschliche auswirken. Sie regeln Künftiges, wohin wir sonst wenig greifen können. Sie verschränken aber auch die Erwartungen mit dem Gegenwärtigen. Wer kann schon, wenn er nicht mehr am Leben ist, über das Vermögen und damit auch über die Lebensumstände und das Verhalten der Nachkommen bestimmen, und aufgrund welcher Autorität? Was also bedeutet es, wenn ein Fürst aus der Machtvollkommenheit des Erbrechts über das politische Schicksal der künftigen Generation verfügt?

Karl, der soviel schrieb, der die Welt zu ordnen suchte im Gang seiner Akten und der mit einem Federstrich seiner Sekretäre die Gewichte der Macht verschob, war sein Leben lang damit befaßt, in immer neuen Verfügungen, Heirats- und Erbdispositionen auch die künftige Ordnung festzulegen. Daß er auf diese Weise die Fülle der Gewalt zu bändigen suchte in das geschriebene, das leise, nur den Kurieren anvertraute Wort, ist nicht nur eine Konsequenz der politischen Geographie. Es spricht auch für sein Herrschaftsverständnis. Als es aber darum ging, zwischen dem vierten großen und dem fünften endgültigen Testament die wichtigste Frage für die künftige Ordnung Europas festzulegen, seine Nachfolge, griff er nicht allein zur Feder, sondern suchte die Zustimmung seiner Geschwister und zumindest die Information der künftigen Erben.

1548 hatte Karl den Erzherzog Maximilian, seinen Neffen und Schwiegersohn, zum Regenten in Spanien eingesetzt, mit ausführlicher schriftlicher Instruktion. Seinen gleichaltrigen Sohn hatte er in die Niederlande beordert. Er selber war von Augsburg nach Brüssel gezogen, wo er den Winter verbrachte, und als er im Frühjahr wieder rheinaufwärts zog, gichtkrank und deshalb wohl gern auf dem Wasserweg, begann er seine Memoiren zu diktieren. Tagelang kaum bewegungsfähig, suchte er um so mehr durch das Wort zu bewegen, durch Vereinbarungen, Ausgleich und Abschlüsse, und nun eben auch durch Rechenschaft. Daß ihn diese Frage bewegte, ist nicht gleichzusetzen mit Resignation und Rücktrittsabsichten. Offenbar war ihm dieses Problem, wie die fünf Testamente und ihre zahlreichen Korrekturen erkennen lassen, dreißig Jahre lang ständig präsent. Das hat verschiedene Gründe. Sein rastloser Ordnungswille spielt da eine Rolle, der ihn im Gefühl seiner Universalmonarchie stets begleitete, denn tatsächlich war Weltherrschaft, wenn ein solcher Begriff überhaupt gelten sollte, zuallererst ein Ordnungsproblem. In dieser Hinsicht verband sich offenbar die Eigenart seines Denkens auf besondere Weise mit den kaiserlichen Aufgaben, der Monarch mit der Monarchie. Aber auch sein dynastisches Kalkül mußte die Aufgabe gerade so und nicht anders lösen.

Schon die Doppelregierung, die er mit seinem Bruder führte, bedeutete alles andere als Herkömmliches. Über diese Konstellation liest man leicht hinweg. Aber es steckt ein besonderes Stück dynastischer Solidarität darin. Daß ein römischer Kaiser zu Lebzeiten einem römischen König zur Krönung verhalf, war nicht ungewöhnlich in der Rangstruktur des heiligen Imperiums. Der Stauferkaiser Barbarossa ließ seinen Sohn im 12. Jahrhundert zum König erheben. Ein Jahrhundert danach gab es bei Enkel und Urenkel dieselbe Konstellation. Und wieder hundert Jahre später wurde zu Lebzeiten Karls IV. der älteste Sohn Wenzel zum römisch-deutschen König gekrönt. Das war Herkommen und altes Recht. Es hing mit der Nachfolgeordnung zusammen, mit karolingischer und letztlich auch römischer Tradition. Daß aber ein Bruderpaar sich der beiden Throne bemächtigte, des fiktiven kaiserlichen in Rom und des ehrwürdigen Steinsitzes in Aachen; daß es nicht im Hinblick auf die Generationenfolge, sondern in brüderlicher Gleichzeitigkeit einen römischen Kaiser und einen römischen König gab, das war einmalig in der Reichsgeschichte. Es war auch sehr teuer. Aber es war jedenfalls der vorher und nachher nie wieder erreichte Erfolg aus dynastischer Solidarität.

Die Biographen Karls haben das bisher allesamt zu wenig hervorgehoben, und eine Biographie Ferdinands fehlte lange Zeit. Der eigenartige Zusammenklang des Bruderpaares blieb nicht immer ohne Schwankungen. Auf ihrem Höhepunkt war die »Waffenbrüderschaft« wohl im Schmalkaldischen Krieg. Den Winter 1550/51 mit Ferdinand in Augsburg verhandelnd, erdachte sich Karl eine besondere Verschränkung: Ferdinand sollte ihm nachfolgen in der Kaiserwürde, diesem aber wieder sein, Karls, Sohn, Philipp also, und danach erst Ferdinands Erstgeborener Maximilian.

Erbstreit 1550/51

Hatte Ferdinand, der leichtlebigere, bescheidenere, auch zufrie-
denere jüngere Bruder, sich bislang stets dem Willen des Älteren
gefügt, so war er diesmal, vielleicht aus Vaterstolz, mit der Zu-
rücksetzung nicht einverstanden. Es gab dafür freilich auch äußere Gründe. Ähnlich wie sich Ferdinand, ursprünglich Spanier,
bald in Deutschland eingelebt hatte, war auch sein Sohn Maximilian, obwohl zur Zeit spanischer Statthalter Karls, vom deutschen Adel weit besser angenommen worden als der verschlossene, jagd- und turnierscheue, nicht trinkfeste und zudem noch
sprachunkundige Philipp. Beide Väter hatten ihre Söhne nach
Augsburg zu Hilfe geholt; der Diskussionsgang, der sich über
Wochen hinzog, drohte den schwer gichtkranken Kaiser zu ener-
vieren. Hilferufend wandte er sich an die Schwester Maria in den
Niederlanden.

Es ist ein langer Brief, der am 16. Dezember 1550 von Augsburg in Brüssel eintrifft. Nicht nur raten möge ihm die Schwester,
die lebenslang auf seiner Seite stand, sondern zu Hilfe kommen,
hierher nach Augsburg, »pour establir et conserver la grandeur
de notre maison«.

Und das ist der nächste Grund in Karls ausgeklügeltem Spiel:
Natürlich wäre das Haus Habsburg auch dann mächtig genug,
wenn ein Zweig der Familie das Heilige Römische Reich fest-
hielte und der andere das Königreich Spanien. Aber seine Lebensweisheit hatte ihn gelehrt, das Auseinanderdriften dynastischer Strukturen zu verhindern. Waren denn nicht seine eigenen
burgundischen Ahnen aus dem Hause Valois und er selbst nun
erbitterte, gar »natürliche« Feinde der französischen Könige?

Also suchte er zu verschränken und zu verknüpfen, was schon nach den Normen des kirchlichen Eherechts der besonderen Dispens bedurfte: Seine Tochter heiratete Ferdinands Sohn; und sein Enkel aus Philipps Ehe sollte ebenfalls wieder seine Cousine zur Frau bekommen. Es war ihm sehr ernst damit, wie mit manchen anderen Projekten auch, die er über Jahre hinweg immer wieder aufgriff. Mit eigenhändiger Nachschrift fügte er dem langen Brief an Maria an, er hätte lieber alles selbst geschrieben, aber die Gicht habe ihm dazu die Fähigkeit geraubt. Doch noch kann er schreiben! Und es ist bezeichnend für seinen Umgang mit dem geschriebenen Wort als Äußerung seines kaiserlichen Willens, daß er dem Papier mehr vertraute als dem flüchtigen, dem vielleicht manchmal schon mühsam gesprochenen Wort. Da wollte er selbst, mit eigner Hand, mit dem persönlichen Nachdruck seiner Schriftzüge, der Schwester mitteilen, was ihn bedrückte. Gegen den widerspenstigen Bruder wollte er sich, so schreibt er, an Gott halten, »et a moy force et pacience«. Und das ist schon ein letzter, verzweifelter Versuch sich zu beherrschen, weil ihm sein Wille nicht wurde.

Die Formulierung macht deutlich, wie sehr der Willensstarke geschlagen ist durch seine Gicht. Nicht, weil er kaum mehr die Feder führen kann; sondern weil er sich jetzt Gott ergibt und seiner eigenen Geduld und seiner Stärke. Noch lange nicht aber der Resignation.

Schon fast vor Jahresfrist hatte Maria den österreichischen Bruder dafür gewinnen wollen, Philipp zum römischen König krönen zu lassen, wenn er selbst einmal auf dem Kaiserthron säße. Nun, nach dem Hilferuf, läßt sie satteln und reitet, weit schneller als ihre Kuriere, in zwölf Tagen von Brüssel nach Augsburg, nur von zwei Damen begleitet und einem Bischof als männlichen Schutz. So war dann schließlich die ganze Familie in Augsburg versammelt, die Brüder Karl und Ferdinand mit ihren beiden Söhnen und Maria, die Frau in der Runde, als Vermittlerin. Karl hatte seine Argumente in einer Denkschrift in Rede und Gegenrede sehr eingängig machen lassen, aber besser wurden sie dadurch nicht. Der springende Punkt in der Nachfolge für die nächste Generation, die Popularität Maximilians in Deutschland und die Fremdheit Philipps, war keineswegs übergangen, aber forciert zur Bedeutungslosigkeit herabgedrückt worden, indem Karl den leutseligen, gewandten und so gesellschaftsfähigen Ferdinand der zwanziger Jahre mit seinem eigenen steifen, unsicheren und bigotten Sohn gleichsetzte, nur weil beide, spanisch erzogen, zunächst als Fremde in Deutschland wirkten. Aber nicht nur waren die beiden verschieden, sondern die dreißig Jahre seither hatten auch eine neue Fürstengeneration heranwachsen lassen, die Glaubensdinge pragmatischer handhabe und sich um so mehr von der unverrückbaren spanischen Katholizität entfernt hatte.

Am 9. März 1551 wurde der Familienpakt geschlossen. Karls Wille, damit die Habsburger unauflösbar zu verschränken bis hin zu einem Eheprojekt zwischen Philipp und einer Tochter Ferdinands, die Jahre später tatsächlich noch die vierte Gemahlin seines Sohnes wurde, belastete die Familieneinheit jedoch aufs äußerste. Die beiden Cousins und Thronrivalen, Philipp und Maximilian, durften fortan als manifeste Feinde gelten. Aber auch ihre Väter, Karl und Ferdinand, haben sich nach dem Streit um das Erbe in Augsburg nicht mehr recht verstanden. In der nächsten politischen Zerreißprobe für die Kaisermacht gingen schließlich auch ihre Wege auseinander.

Die Memoiren des Feldherrn

Um diese Zeit tritt dem siegreichen Feldherrn Karl der Schriftsteller Karl zur Seite. Schon seinen Sekretär erinnerte dies an Caesar. So wie der große Römer 1500 Jahre zuvor seine »Kommentare über den gallischen Krieg« verfaßte, so diktierte Karl seinem Wilhelm van Male, während die kaiserliche Barke rheinaufwärts glitt, gerudert oder getreidelt, auf einem Reiseweg, der offenbar mehr Muße bot als zu Pferd oder im Wagen, vom 14. bis zum 18. Juni 1550, fünf Tage lang, seine Memoiren in die Feder oder, wie sie am Anfang hießen, »seine Reisen und Expeditionen«. Die Kommentare zum Schmalkaldischen Krieg, die am Ende daraus wurden, 120 Druckseiten von 200, wollte der Sekretär mit der Erlaubnis, sie ins Lateinische zu übersetzen, nach den Vorbildern von Livius, Tacitus, Sueton und vor allem natürlich nach Caesar stilisieren. Wären sie nur in seinen Händen geblieben! Nach Karls Tod aber scheint ihm das Manuskript, das man seinerzeit nach der Rheinfahrt noch in Augsburg fortgesetzt hatte, vom kaiserlichen Hofmeister entrissen worden zu sein. Der Sekretär klagt darüber, und heute ist es verschollen.

Sechzig Jahre nach dem Tod des Kaisers muß ein Unbekannter das Original in Händen gehabt haben, denn er übersetzte es ins Portugiesische. Diese Abschrift hat sich erhalten, und es ist müßig, darüber zu rätseln, was mit dem Original geschah. Freilich ist der Vorfall bezeichnend für Karls Umgang mit seinen Schriften, so daß man annehmen könnte, der Kaiser wollte seine Memoiren nach seinem Tod entweder in sicherer Hand oder vernichtet wissen; vielleicht hat er sie auch 1552, in unsicheren Zeiten, an seinen Sohn Philipp gesandt. Auf jeden Fall war Karl sein

Leben lang eben doch mit der Feder vertraut. Er hat die wichtigsten seiner Reden offenbar selbst konzipiert, er hat die schier unglaubliche Zahl von 23 Testamenten und Ergänzungen dazu schreiben lassen, um seine flüchtigen Dispositionen immer wieder festzuhalten, und er hat sie danach auch immer wieder versteckt. So mag, auf welchem Wege immer, auch diesem Manuskript ein ähnliches Schicksal widerfahren sein.

Aber die portugiesische Übersetzung hat uns den Text erhalten. Schon Ranke behauptete seine Authentizität, und noch Brandi hat sie vor 60 Jahren untersucht. Brandi, der Altmeister der deutschen Karlsbiographen, betrachtete sie »als Quelle ersten Ranges«. Merkwürdig ist nur, daß er ihr in seiner großen Biographie nicht mehr Beachtung gönnte. Freilich hielt er es dabei wie die Historiker vor und nach ihm auch: Karls gewichtigstes autobiographisches Zeugnis, um die Mitte des letzten Jahrhunderts in seiner portugiesischen Fassung entdeckt, 1862 in moderner französischer Übersetzung ediert, leidet nämlich an der Unzuverlässigkeit aller Memoiren. Man muß gar nicht lange lesen, um Widersprüche mit anderen und offenbar zuverlässigeren Berichten zu finden. Was der Kaiser da im Frühsommer 1550 diktierte, ist wohl eine »Quelle ersten Ranges« vor allem für ihn selbst. Nicht für sein ganzes Leben und nur in mancher Beziehung für Eigenheiten, an denen er lebenslang festhielt. Was Karl fühlte und dachte, nachdem er seine Hegemonialkämpfe mit Frankreich in vier Kriegen beendet, die unbotmäßigen Protestanten besiegt und obendrein mit Konstantinopel einen Waffenstillstand geschlossen hatte; nachdem er ein Konzil bewerkstelligt hatte und die Glaubensdinge endlich auf dem nach seinen Vorstellungen richtigen Weg glauben durfte; wie er sich sah, als er sich und Europa als Herr der Welt erschien: das ist festgehalten auf jenen zweihundert Seiten. Man könnte das Manuskript in dieser Hinsicht Tizians »gemaltem Reiterstandbild« nach der Schlacht von Mühlberg vergleichen.

Wir begegnen in dem Text einigen wohlbekannten Eigenheiten Karls und finden andere besonders bekräftigt. Dem Kaiser war das Diktat offenbar wirklich »mit Unbefangenheit unter seinen Händen entstanden«. Er beginnt die Erzählung mit der Erinnerung an seinen Vater, an seine ersten Regierungsjahre und geht auf dem Weg über die einzelnen Herrschaftstitel rasch voran, ehe ihn die dreißiger Jahre zum erstenmal zu einer weiten Schilderung ausholen lassen: sein Zug nach Tunis. Damit ist der Akzent der kaiserlichen Erinnerungen gesetzt. Nicht unwichtig erscheint es, einige Nebenumstände vorzuführen.

Das ganze Schriftwerk bildet den Rahmen für die Bewegungen der kaiserlichen Majestät in Zeit und Raum. Das ist wohl treffender als Memoiren oder Kommentare. Karl zählt seine Fahrten auf, seit er die burgundische Heimat verließ, aber er zählt nicht nur nach seinen Reisen und nach den einzelnen Ländern, wie oft er nach Spanien, wie oft er nach Burgund, wie oft er nach Deutschland fuhr, er zählt noch gründlicher. Er weiß auch, wie oft er durch Luxemburg zog und nach Aachen, wie oft er den Rhein hinauffuhr, wie eben jetzt. »Eine merkwürdige Freude an statistischen Aufzählungen sowohl seiner Krankheiten, Reisen und Seefahrten...«, so Brandi. Aber eigentlich doch mehr: Karl zählt, als ob sich sein Leben nur wiederhole und nicht entfalte. Er zählt seine Gichtanfälle, und er zählt die Fehler seiner Feinde im Schmalkaldischen Krieg. Einmal, zweimal, dreimal... gibt sich das Leben in Wirklichkeit nicht jedesmal anders? Steckt hinter dieser »merkwürdigen Freude« nicht eine nicht minder merkwürdige Fähigkeit zur Beharrung, zur starren Weltsicht, zur Gleichgewichtung von Anfang und Ende, nur unterbrochen durch so und so viele Bewegungen im anscheinend gleichen Raum?

Die Aufzählung wird auch da fortgesetzt, wo sie in Zahlen nicht faßbar ist. Die Regelmäßigkeit zählt. Dem Papst werden dreimal die Füße geküßt, der Mutter noch öfter die Hände. Karl zieht umher in seinen Reichen, pour rétablir l' ordre, immer wieder. Die Protestanten sind obstinat und insolent, gelegentlich zweimal im selben Satz.

Weil er nun seine Aufmerksamkeit so einschränkt, nur Raum und Zeit als Kategorien wertet, sich in Regelmäßigkeit übt und kein Auge hat für den breiten Prozeß des Lebens, deswegen sieht er auch nur einen begrenzten Personenkreis neben sich, niemand anderen nämlich als die Mitglieder seiner Dynastie. Weder der Tod seines Kammerherrn und Erziehers Wilhelm de Croy noch gar der Tod Gattinaras, der im ersten Regierungsjahrzehnt sein Großkanzler war, noch die Lebensumstände anderer seiner Räte oder auch nur ihre Bestallung werden vermerkt. Nikolaus Perrenot de Granvelle, der damals schon zwanzig Jahre Karls Geschäfte außerhalb Spaniens führte, wird gelegentlich einmal als Gesandter erwähnt. Kein Wort von Francisco de los Cobos, dem Sekretär für Spanien. In diese Perspektive geriet beinahe auch seine Frau, die Spanien niemals verlassen hatte und deswegen auch niemals zur Kaiserin gekrönt worden war. Als Karl von ihrer beider Hochzeit spricht, nennt er nicht einmal ihren Namen. Die Mächtigen der Welt aber, mit denen er zu tun hat, weiß er sehr abgestuft zu behandeln: Er, der Kaiser, und sein Bruder, römischer König von 1531 an, figurieren im Text als Majestäten. Der Papst ist der Papst, aber immerhin wird ihm beim ersten Treffen in Parenthese der Titel »Seine Heiligkeit« beigemessen. Im übrigen handelt und kämpft Karl mit »dem König von Frankreich«, »dem König von England«, mit und ohne Namen, und regelmäßig mit »dem Türken«.

Karl disponiert über die ganze Welt. Er ist es, der der Welt die Ordnung zu bringen bestrebt ist. Seine Maßnahmen sind nach raison getroffen und werden gelegentlich in einzelnen Punkten begründet. Das alles gilt freilich nur für militärische Dispositionen und für die Politik, die diese vorbereitet oder verhindert, kurz: für das große Schachspiel. Für Verwaltung, die mit einem neuartigen Behördenaufbau in Spanien zu seiner Zeit bemerkenswert wurde, oder für den mühsamen Weg der deutschen Reichsreform, in der er durchaus Positionen bezog und verteidigte, hat Karl in diesem Rückblick kein Auge. Der Herr der Welt übt Macht, Macht zum Nutzen der Welt, der Christenheit, letztlich auch zur Vereinigung Deutschlands. Alles was daneben noch zählt, ist allenfalls der Orden vom Goldenen Vlies, dessen Generalkapitel zu Utrecht 1541 dem Kaiser wichtig war.

Der Feldzug von Tunis wird geschildert, einschließlich der Bewegungen der Truppenteile. Danach könnte man annehmen, Karl habe wohl doch nicht nur über ein ausgezeichnetes Gedächtnis verfügt, sondern auch über Notizen. Es folgt eine Darstellung des verunglückten Zuges nach Algier. Hier legt Karl besonders Wert auf die Gründe, die ihn zu diesem Zug zu später Jahreszeit bewogen, gegen den Rat Wetterkundiger, und vor allem zu einer Zeit, als man die Türken in Ungarn fürchten mußte. Er rechtfertigte sich ausführlich, und seine Rechtfertigungen sind von den Biographen längst aufgenommen worden. Aber meist fehlt da der entscheidende Grund. Der liegt nicht im Rationalen, nicht in einer jener raisons, motifs oder razaos in der portugiesischen Version, womit er seine Schlüsse bezeichnet. Seine entscheidende Überlegung lautete, das Wetter liege in Gottes Hand, le temps est dans la main de Dieu. Gottes Wille war dann auch die Niederlage.

Frankreichs Politik gilt jederzeit als unzuverlässig, trotz gegebener Versprechen. Dabei spielt der Bruch des Friedens von Madrid 1526 eine geringere Rolle als die Entstehung des vierten Krieges mit Franz I. und seine Offensive gegen Frankreich bis zum Frieden von Crépy 1544. Der Krieg führte bekanntlich zu keiner Entscheidungsschlacht, sondern ließ den Gegner nach einigen geschickten Zügen der kaiserlichen Heere kapitulieren. Karl tut seine strategischen Erläuterungen dazu in einer Weise kund, daß er auch ohne große Schlacht als Sieger erscheint.

Den größten Raum nehmen solche Erläuterungen bei der Darstellung des Schmalkaldischen Krieges ein, etwa den halben Umfang des ganzen Memoirenwerkes. Hier reichen Karls Erinnerungen oder auch seine Notizen bis zu detaillierten Erwägungen über das Gelände und die Vorteile der beiden Parteien; er weiß seinen Feinden insgesamt sechs Fehler nachzuweisen. Auch dieser Teil der Darstellung wurde bisher lediglich benutzt von Historikern, die den Quellenwert und die Rekonstruktion der Fakten vor Augen hatten. Aber wir suchen den Autor. Der stellt den Feldzug wiederum als seine ganz persönliche Leistung dar, nicht unzutreffend, aber vor allem als eine Leistung seines strategischen Denkens. Den ganzen Raum scheint er im sogenannten Donaufeldzug vom Herbst 1546 vor Augen zu haben, er weiß die Reichsstädte zu nennen, die auf der feindlichen Seite standen, und solche, die sich kaisertreu hielten. Er weiß zu sagen, mit welchen Schwierigkeiten die einzelnen Truppenkontingente zu kämpfen hatten, und kann anschaulich darstellen, wie er zuletzt im taktischen Spiel mit dem Feind sich mit seinem Hilfskontingent aus den Niederlanden vereinigte. Er breitet eine Entscheidungsfindung im Kreis seiner Truppenführer aus, in offener Diskussion des Generalstabs sozusagen, und er folgt gelegentlich auch einmal »einem besseren Rat von einem aus unserem Haus«.

»War es falsch, den Fluß zu überschreiten und die Schlacht daranzugeben?« Bis zu solcher Lebhaftigkeit kann sich der unnahbare, wortkarge, am festen Gefüge der Welt Orientierte steigern. Am Ende aber erscheint der Sieg von Mühlberg doch nicht nur als das Ergebnis seiner raison, sondern unmittelbar aus Gottes Hilfe. Nebel verhüllt dem Feind die Aussicht und läßt dennoch Karls Truppen in guter Ordnung weiterrücken. Die Furt durch die Elbe, von der immer wieder in den Berichten von jener Schlacht die Rede ist, hat er selbst ausgemacht, ein Bauernbursche wußte sie zu zeigen, der auf einer Eselin ritt. Überdies hatte er im Laufe der Zeit beim Feind schon längst »eine gewisse

Angst« erspürt, »und er sah an ihren Bewegungen, daß sie erstaunt und überrascht waren«.

An dieser Stelle läßt sich der Streit um Karls Herrschaftsbegriff einmal eindeutig entscheiden: Zeigte er sich zehn Jahre zuvor, im April 1536 vor den Kardinälen in Rom, nicht durchaus als Hegemon, sondern eher als ein guter Nachbar unter den christlichen Königen, so ist er jetzt ganz Herr der Welt. Jetzt schreibt er von zahlreichen Gesandtschaften aus verschiedenen Ländern, die ihm zu seinen Siegen gratulieren, wenn auch widerwillig, und nun ist er auch bereit, als Ordnungsgebieter die ganze Welt zu befrieden.

Was Karls Kommentare zum Schmalkaldischen Krieg etwa von Caesars Kommentaren zum Gallischen Krieg unterscheidet, ist die Selbstherrlichkeit. Karl hat keine Fehler gemacht, er ist allenfalls getäuscht worden. Aber die Ordnung, die er errichtet, ist keine Neuschöpfung. Es sieht aus, als habe er sie nur weitergegeben aus Gottes Vorsehung. Damit hat er, für kurze Zeit, wie sich zeigte, offensichtlich seinen eigenen Majestätsanspruch erfüllt.

Die letzte Zerreißprobe

Die neue Zerreißprobe sah Frankreich mit einigen deutschen
Protestanten und mit den Türken in einem politischen Verbünd-
nis wie noch nie. Geradeso stellte auch die habsburgische Propaganda die Lage dar. Man sieht manchmal in dem neuen sächsischen Kurfürsten Moritz den Urheber der politischen Wende.
Schließlich hatte der, obwohl selber Protestant, erheblich zum
Sieg Karls über die Schmalkaldener beigetragen und im kaiserlichen Auftrag die Reichsacht über Magdeburg vollzogen. Die
Reichsstadt war damals zum Hort des Widerstands gegen das
Augsburger Interim geworden, »unseres Herrgotts Kanzlei«, deren Einfluß auf die öffentliche Meinung schwer zu überschätzen
ist.

Aber der Exekutor war nun eben selber ein Protestant. So war
die Konfessionsfront nicht klar gezogen, und das Reichsbewußt-
sein wirkte gerade da, wo öffentliche Meinung ins Gewicht fiel, in
den Reichsstädten und an den Fürstenhöfen, stark genug, so daß
sich dem Vertrag von Chambord vom 15. Januar 1552 mit König
Heinrich II. von Frankreich gegen die »viehische Servitut« des
Kaisers nur ein paar mittel- und norddeutsche Fürsten anschlos-
sen. Sie wollten den gefangenen Landgrafen von Hessen befreien,
überhaupt »die deutsche Libertet und Freiheit« wiederherstellen
und dafür dem König von Frankreich das Reichsvikariat, die
Statthalterschaft also über einige westliche Reichsstädte und ihr
Umland in Aussicht stellen: Metz, Toul, Verdun, Cambrai und
andere, »die stett, so zum reich von alters gehöret und nit Teutscher sprach sein«. Moritz balancierte, nicht ohne Sorge vor der
Rache seiner Standes- und Glaubensgenossen, und stellte sich

zum rechten Zeitpunkt an die Spitze der Verschwörer gegen den Kaiser.

Heinrich von Frankreich seinerseits stand in enger Abrede mit Sultan Suleyman, als er diesen fünften Krieg Frankreichs gegen Karl eröffnete. Die Gelegenheit zu diesem Bündnis hatte aber nicht der Machtwille des Fürsten Moritz geschaffen und nicht Frankreichs unbeirrbare Ostexpansion, die nun mit dem interessanten Argument der gemeinsamen Sprache um Metz, Toul und Verdun operierte, sondern der Kaiser. Die Gefangennahme der fürstlichen Führer des Schmalkaldischen Bundes und das Augsburger Interim hatten die politischen Verhältnisse offensichtlich ebenso überspannt wie sein Machtwille in der Sukzessionsfrage das habsburgische Familienbewußtsein. Zwar ging keine Reichsstadt mit den aufständischen Fürsten; aber die Augsburger schworen Gehorsam nurmehr dem Reich, nicht mehr dem Kaiser. Hier kündigt sich die Bereitschaft zum Widerstand an.

Karl hatte sich nach dem Familienärger in Augsburg erschöpft nach Innsbruck zurückgezogen. Dort konferierte er mit Anton Fugger um ein Darlehen für neue Truppen, ehe die in Spanien eilig und mit großer Opferbereitschaft mobilisierten Gelder zum neuen Krieg gegen Frankreich verfügbar waren. Da traf ihn, nach ignorierten Warnungen, im Mai ein rascher Seitenhieb der fürstlichen Rebellen beinahe vernichtend.

Moritz hatte noch im April mit Ferdinand in Linz verhandelt, und das eigentlich schon auf einer neuen Linie, obwohl Karl seinen Bruder offensichtlich zu Unrecht beargwöhnte. Nicht ein Familienverrat stand zur Debatte, sondern lediglich Ferdinands Bereitschaft, nach dreißig Jahren gescheiterter kaiserlicher Ambitionen und nach den vergeblichen Hoffnungen auf das Trienter Konzil die Existenz von Protestanten anzuerkennen. Aber auch das nicht leicht und nicht gleich. Moritz versuchte, mit einem Schlag gegen Innsbruck seine Position zu stärken. Der Kaiser entkam mit Mühe. Wie unsicher die Rebellen bei ihrer unerhörten Unternehmung gegen die kaiserliche Majestät waren, zeigt eine Bemerkung, die von Moritz nach der Flucht des Kaisers kolportiert wird: Er hätte gar keinen Käfig gehabt, um einen so großen Vogel zu fangen.

Der große Vogel floh nach Villach. Sein Bruder verhandelte für ihn weiter mit dem Aufrührer, und er handelte fortan auch für ihn. Karl hat seit diesem unerhörten Anschlag auf seine Majestät die deutsche Politik nicht mehr in den Griff bekommen.

Aus dem europäischen Feld war er noch nicht geschlagen. Das Trienter Konzil spielte freilich ganz gegen seinen Willen für den Religionsvergleich keine Rolle mehr. Der neue Papst, Julius III., hatte es zum 1. Mai 1551 wiedereröffnet, und zum Herbst waren dann auch tatsächlich einige Vertreter protestantischer Fürsten erschienen. Johannes Sleidanus, in Deutschland bald der erste, der aus Akten Geschichte schrieb, vertrat das protestantische Straßburg und einige andere Reichsstädte. Aber »eine Revision der grundlegenden bisherigen Dekrete war nach Lage der Dinge ausgeschlossen. So blieb die einzige bedeutungsvolle Handlung der Protestanten in Trient der Protest.«

Von den Türken hörte man deutlich weniger. Zwar hatte König Heinrich von Frankreich einen Flottenvertrag geschlossen, diesmal für die italienische Libertät gegenüber dem Kaiser, und die türkische Flotte belagerte im August dieses Jahres die Insel Malta. Auch eroberte sie Tripolis, so daß der Erfolg von Karls spektakulärem Sieg bei Tunis für die Mittelmeerschiffahrt endgültig vertan war. Aber der Kaiser hatte inzwischen Kontakt mit dem Schah von Persien, und ein Krieg gegen diesen östlichen Nachbarn, drei Jahre lang und im ganzen erfolglos, lenkte Suleyman von Operationen im Westen ab. Wäre er nicht »der Prächtige«, sondern vielleicht »der Starke« oder »der Kühne« gewesen, dann hätte er sich wohl nicht mit einer wechselnden Oberherrschaft über Siebenbürgen und mit Belagerungen einzelner Städte in Ungarn begnügt. Aber Ungarn war im ganzen für die türkische Politik ein Verlustposten, die Kriege kosteten mehr, als sie einbrachten, und Suleymans Aufmerksamkeit war vornehmlich dem Mittelmeer zugewandt, das er genau wie Karl für das entscheidende Schlachtfeld hielt, gegen die Befürchtungen Ferdinands und gegen die Wünsche der französischen Politik.

Es blieb der Krieg mit Frankreich. Karl wollte ihn. Nachdem er sich wochenlang von der überstürzten Flucht aus Innsbruck hatte erholen müssen, war er im Herbst 1552 rheinaufwärts gezogen. Die bedachtsame Schwester Maria warnte. Aber aus Spanien kam Geld, und es kamen Truppen mit dem jungen Herzog Alba. So rückte Karl im Spätherbst, trotz Gicht und verschlammten Wegen, vor Metz, um die Reichsstadt zurückzugewinnen. Soldaten zogen damals im Winter eigentlich nicht ins Feld, so wenig wie die Bauern. Aber Karls Wille, von neuem aufgebäumt, suchte alles zu überwinden. Er verlor. Im Januar 1553 hob er die Belagerung auf und hatte zweieinhalb Millionen Dukaten vertan. Jetzt zog er sich, schwerkrank und verzweifelt, nach Brüssel zurück: seine Finanzsorgen waren nicht das schlimmste. Der Kaiser war, jetzt wirklich und unwiderruflich, unter seinen verzweifelten Willensanstrengungen zusammengebrochen.

Im Juli erfuhr er von einer unverhofften Wendung der europäischen Konstellationen. König Eduard VI. von England war gestorben, und die Thronfolge lag bei einer unvermählten Frau, Maria, Tochter seiner spanischen Tante und katholisch erzogen. Beides griff er auf, in jäher Aktivität. Und er war tatsächlich imstande, seinen Sohn, der, seit Jahren verwitwet, in neuen Eheverhandlungen stand, mit der englischen Königin zu verheiraten. Ein katholisches Bündnis gegen den englischen Protestantismus und, wichtiger noch, die vollendete habsburgische Einkreisung der unruhigen Franzosen!

Die Hochzeit vom 25. Juli 1554 zwischen der achtunddreißigjährigen ersten und nach katholischem Eherecht einzig legitimen

Tochter Heinrichs VIII. und dem siebenundzwanzigjährigen verwitweten Sohn Karls V. war eine politische Sensation. Sie verband das seit zwanzig Jahren reformierte und durch Parlamentsakt von der Papstkirche entfernte England über den Prinzgemahl, der den Titel eines Königs von England erhielt, mit dem erzkatholischen Spanien. Die neue Konstellation begünstigte zwar die Wirtschaftsbeziehungen zwischen England und den Niederlanden, aber sie zerschnitt die französischen Verbindungen und stürzte England schließlich in einen ruinösen Krieg mit dem so oft bekämpften Nachbarn auf dem Festland, bei dem 1558 dann auch Calais, der letzte englische Stützpunkt auf dem Kontinent, verlorenging. Es hätte die Welt verändert, wenn Maria, »die Blutige«, was sie persönlich zu Unrecht traf, aber die gewaltsame Rekatholisierung mit rund dreihundert Todesopfern unter spanischer Direktive kennzeichnete, nach ihrer Heirat länger gelebt hätte als vier Jahre. Zu ihrer Zeit galt das alles als die unglaubliche Fortsetzung der habsburgischen Heiratserfolge und war ein diplomatisches Meisterstück der Brautwerber.

Für Karl war der Erfolg seiner Diplomaten in London, gegen Parlament und Adelsfronden, wohl göttliche Fügung; ein neuer Beweis seines Auserwähltseins, der keinem Kaiser fehlen durfte. Noch vor Jahresfrist hatte er sich, körperlich ruiniert und finanziell bankrott, in grüblerischer Unnahbarkeit nach Brüssel zurückgezogen. Er hatte das deutsche Schlachtfeld dem römischen König überlassen, dessen Politik »nichts mehr zu tun hatte mit der grandiosen universalen Herrscheridee seines Bruders«. Er hatte Tizian, dem künstlerischen Interpreten seiner Persönlichkeit, sein letztes Bild in Auftrag gegeben: Nicht mehr als Herr mit Hund, nicht mehr zu Pferde, auch nicht im Lehnstuhl wollte er gemalt werden, sondern im Totenhemd. »Die Gloria« entstand, die inbrünstige Darstellung vor dem Thron der Dreifaltigkeit, nachdem das Lebenswerk gescheitert war. Man muß annehmen, daß Tizian nach eingehenden Anleitungen malte.

Nun aber, gerade als sein Sohn in Winchester die englische Königin zum Traualtar führte, zog der Gichtkranke gar noch einmal ins Feld. Nach einigen Erfolgen in Nordfrankreich beobachtete er aufmerksam die ersten politischen Schritte seines Sohnes vor dem englischen Kronrat und dem Parlament und sorgte für päpstliche Unterstützung. Er hörte mit großem Interesse die englischen Botschaften. Und er verschob im Januar 1555 sogar seinen Aufbruch nach Spanien. Währenddem erfuhr er von einer Schwangerschaft der englischen Königin, die den dynastischen Bund für alle Zeiten besiegelt hätte, gegen jeden latenten englischen Widerstand. Wie es aussah, hatte sein gehorsamer Sohn wirklich das Mögliche getan. In Brüssel tat Maria, die Schwester, das ihre, um den Schwerkranken bei Laune zu halten.

Das ist ein merkwürdiger Mangel aller Karls-Biographien: Man ignoriert nicht nur die politische Bedeutung der niederländischen Statthalterinnen, der Tante Margarete, der Schwester Maria und der Tochter Margarete, die miteinander fast siebzig Jahre, wenn auch nicht ununterbrochen, die Schicksale dieses burgundischen Konglomerats in Händen hielten. Noch niemand folgte den politischen Wegen oder auch nur den Gedanken dieser drei Habsburgerinnen nach den Besonderheiten ihrer höfischen Erziehung, ihres weiblichen Weltverständnisses und ihrer Damen-Diplomatie im zeitgenössischen Europa. Auch ihr Einfluß auf den Kaiser wird üblicherweise unterschätzt. Der Elternlose, dem ohne Zweifel auch ein väterliches Vorbild, eine männliche Autorität in seinen ersten Lebensjahren fehlte, wird ausschließlich mit männlichen Erziehern und Mitarbeitern in Verbindung gebracht. Ihr Tod gilt als biographische Epoche. Nun starben die drei Männer, die nacheinander sein Leben begleiteten und die ihn mit ihrer Erfahrung und ihrer politischen Fähigkeit am nächsten standen, in der Tat an Wendepunkten seiner Laufbahn: Wilhelm de Croy, der Erzieher, auf dem Reichstag in Worms 1521; Mercurino Gattinara, der Großkanzler, vor dem Augsburger Reichstag 1530; und Nikolaus Perrenot, der schließlich als Karls oberster Helfer und Rat in Reichsangelegenheiten folgte, während des Augsburger Reichstags 1550. Bietet sich durch diese sonderbare Verquickung eine Periodisierung an, so bleibt doch oft außer acht, daß die nächsten Menschen im Familienbezug des so dynastiebedachten Kaisers vor allem die Frauen gewesen sind, die Tante, die Gemahlin, die Schwester. Dabei stützte er sich gewiß auf erwiesene diplomatische Fähigkeiten, die besonders Margarete ausgezeichnet zu haben scheinen. Das wichtigste aber war wohl die absolute Loyalität, deren er sich bei seinen Statthalterinnen sicher sein durfte: der eigenen Frau, der zweimal verwitweten Tante, der verwitweten Schwester.

Der Bruder Ferdinand ging dagegen im großen und ganzen, mit der österreichischen Erbschaft versorgt, seiner eigenen Wege, wenn auch als Statthalter, als Präsident des Reichsregimentes und danach in Karls Abwesenheit im Vorsitz so mancher Reichstage, bis er endlich, nur allzu verständlich nach dreißigjähriger Zurückhaltung, nach dem Desaster von Innsbruck im Reich mehr oder minder seine eigene Politik zu entfalten suchte. Karl hielt an seinen Vorsätzen fest, vor allem an seiner in engsten Verwandtschaftsbeziehungen verschränkten Dynastie, das einzige Unterpfand, die Welt im Auftrag Gottes zu führen.

Der Auftrag Gottes in der Neuen Welt

Der Auftrag Gottes war ohne Geld nicht zu erfüllen. So riesengroß Karls Herrschaftswille aus dieser Verbindung von Religion und Politik sich aufgebaut hatte, plus ultra, so kläglich war die Wirklichkeit in den Bilanzen. Nicht, daß der Herrscher im Laufe seiner fast vierzigjährigen Regierung nicht über schier unermeßliche Mittel verfügt hätte, angefangen mit der aufsehenerregenden Geldsumme für seine Wahl bis zu Philipps Ausstattung für die englische Hochzeit. Es war vielmehr ein Krieg nach dem anderen, es waren die Musterungsplätze und Schlachtfelder, auf denen die Steuern, Zinsen und Zehnten von Bauern und Städten, von Prälaten und Klöstern, von armen Sündern und reichen Bankiers wahrhaft verpulvert wurden, die Silberflotten aus der Neuen Welt und die Kreuzzugszehnten der Spanier.

1534 wurde der Goldschatz der Inkas in Sevilla an Land getragen, und kaum einer, mit der Ausnahme Albrecht Dürers, würdigte seine künstlerische Qualität. Was man einschmolz, wird auf hundert Millionen Gulden geschätzt, das Einhundertzwanzigfache also der bekannten spektakulären Wahlhilfe aus dem Jahr 1519; aber es verschwand genauso im unersättlichen Schlund des Krieges wie die Steuerleistungen aus Spanien, aus Italien, den Niederlanden oder dem deutschen Reich. »Wie die Dinge lagen, dankte Karl nicht eher ab, als Währung, Preise und viel von Wirtschaft und Handel seiner Länder am Ende waren.«

Und dennoch kann man, bei völliger Erschöpfung der Wirtschaftskraft namentlich Spaniens, nicht im modernen Sinn von Staatsbankrott sprechen. Nicht nur, weil neue Hoffnungen, neue Erfolge und gelegentlich auch neue militärisch errungene Finanzimpulse, wie die französischen Reparationszahlungen nach den Friedensschlüssen von 1528 und 1544, die marode Finanzlage wieder sanierten. Es ging auch darum, daß der Staatsbankrott letztlich von den Gläubigern ausgetragen werden mußte, während schon die nächste Schiffsladung aus Amerika die kaiserlichen Kassen wieder zahlungsfähig machten.

Silber und Gold aus der Neuen Welt waren, im ökonomischen System der Zeit, auch ein Inflationsfaktor. Preistreiberei hätte überhand genommen, wenn nicht jenseits des kaiserlichen Edelmetalls die Wirtschaftspartner eine gewisse Restabilisierung bewirkt hätten, in Frankreich, in England, in Skandinavien, in Polen oder in Italien, auch die Handelspartner im Mittelmeerraum. Aber ein inflationärer Effekt in Karls Reichen blieb nicht aus. Eingehende Untersuchungen zum ökonomischen System jener Jahrhunderte fehlen bis heute. Die Eigenheiten der Edelmetallwährung im Warengefüge wären mit einem andersartigen Zins- und Rentensystem zu verknüpfen, um prinzipielle Bewegungen langfristig zu beurteilen.»Wären die Hoffnungen auf die Schätze von Amerika nicht gewesen, der Kaiser hätte nicht vorgehen können, wie er es tat, angesichts der offenen Unfähigkeit seiner europäischen Reiche, die Lasten zu tragen.« Auf diese Weise war Amerika mit Karls Politik verknüpft. Alles andere – die Entdeckungen und Eroberungen, die Zerstörung einer fremden Welt, auch, von Randbemerkungen abgesehen, die unmenschliche spanische Grausamkeit, die zu den größten Sünden der europäischen Geschichte gezählt werden muß –, all das beeinflußte seine Gedankengänge nicht.

Die spanische Eroberungspraxis in der Neuen Welt gründet sich überraschenderweise auf Rechtsbewußtsein. Es hätte wohl auch nicht anders sein können in einer Gesellschaft, die geprägt war von transzendenten Lebensmaximen und jede Handlung ohne Rechtfertigung vor Gottes Thron zweifellos als unerträglich empfand. In Tordesillas, gerade in jenem innerspanischen

Schlößchen, in dem später Karls Mutter ihr Dasein verdämmerte, war 1494 ein Vertrag über die Eroberungsrechte zwischen Spanien und Portugal ausgehandelt worden, den Papst Alexander VI. bestätigte; auf Bitten der beiden Vertragspartner wurde er um ein halbes Jahr vordatiert, so daß alle Politik in Übersee sozusagen auf ihn zurückging. Der Papst teilte den beiden Seemächten das Entdeckungsrecht zu und begrenzte geographisch ihre Aktionsräume.

Zwanzig Jahre später erarbeitete ein spanischer Kronjurist die seither von der innerspanischen Kritik immer wieder angegriffene Indianerproklamation. Damit wurde nicht einfach Eroberungsrecht gesetzt, sondern das Recht, im Namen Gottes zu bekehren, wobei Bekehrung gleichbedeutend war mit der Anerkennung spanischer Oberherrschaft. Theoretisch bedeutete das durchaus eine Duldung nichtchristlicher Herrschaftsordnung, wie sie christliche Kreuzzugsgegner schon im 13. Jahrhundert gefordert hatten oder die polnischen Gegner des Deutschen Ritterordens 1415 auf dem Konstanzer Konzil. Auch die spanischen Juristen standen dieser künftigen Völkerrechtsmaxime nahe. Francisco de Vittoria, den Karl V. gelegentlich konsultierte, führte sie später weiter, ehe eine neue, die naturrechtliche Begründung ihr zum Durchbruch verhalf. Aber nur in der Theorie. Die Praxis des europäischen Kolonialismus stand immer dagegen.

Die spanische Eroberungspraxis jedenfalls ging aus von der Begegnung mit organisierten Herrschaftsgebilden, und so erfolgte das erste Zusammentreffen zwischen den Konquistadoren und den Würdenträgern des Azteken-, des Maya- oder des Inkareiches immer als protokollierter Rechtsakt. Die Indianerproklamation wurde feierlich verkündet, und erst der Widerstand gegen die Ausbreitung des rechten Glaubens und die Etablierung der spanischen Herrschaft begründete den Krieg – als bellum iustum, als gerechten Krieg. Die letzte Begründung lieferte der

Heilige Krieg des auserwählten Volkes nach den Berichten des Alten Testaments. Aber auch der Glaubenskrieg des Islam hatte Pate gestanden. Bartolomè de Las Casas, der nach den Erfahrungen seiner Indianermission wiederholt die amerikanische Wirklichkeit vor Karl V. beklagte, wies ausdrücklich auf das prinzipiell verachtenswerte islamische Vorbild; aber er konnte damit nicht einmal die Juristen überzeugen. Noch viel weniger veränderte er die Wirklichkeit.

Die großen spanischen Eroberer und ihre Helfer, durchaus nicht die Elite der spanischen Aristokratie, waren trotz der gewaltigen Strapazen ihrer Unternehmungen nicht blind für die kulturellen Qualitäten der Neuen Welt, die in ihren Vorstellungsbereich einzuordnen ihnen freilich kaum möglich war. Andererseits war die Aufnahme, die sie erfuhren, das Staunen, das sie durch Hautfarbe, Pferde und Kanonen in der Neuen Welt hervorriefen, nicht eben Anlaß, sie über die moralische Berechtigung ihres Handelns jenseits der proklamierten Rechtsgrundsätze nachdenklich zu stimmen. Daß es innerspanische Proteste im Namen der einfachen Menschlichkeit gab, ist bemerkenswert; ebenso aber auch, daß sich auch Nichtspanier, etwa die deutschen Kauf- und Bergleute des Bankhauses Welser, in den späten zwanziger Jahren mit Selbstverständlichkeit der spanischen Rechtsgrundsätze bedienten.

»Die großen Entdeckungen« werden noch immer am Rand der europäischen Geschichte behandelt, obwohl sie zweifellos, nicht nach dem Raum, sondern nach den Menschen, ein Stück europäischer Geschichte sind. Für die Geschichte Karls V. aber blieben sie ephemer. Er hätte zwar seine Kriege nicht führen können ohne Silber und Gold aus Amerika. Auch war seit 1516, seit seiner spanischen Thronbesteigung, das Reino de las Indias ein selbständiger Bestandteil der spanischen Herrschaft, in seiner Person mit den Kronen von Kastilien und Aragon vereint. Er entsandte Vizekönige und hörte ihre Berichte, so wie er auch Las

Casas anhörte und nach seinen Klagen zur Schonung der Indios die Zustimmung gab zur Einfuhr leistungsfähiger afrikanischer Arbeiter, womit Karl eigentlich die Negersklaverei in Amerika eingeführt hat. Aber er konnte, wie gerade dieses Beispiel zeigt, nicht Menschlichkeit verbreiten mit kaiserlichem Befehl, wobei ihm ohnehin nur der Korrespondenzweg offenstand für die Machtausübung in seinem transatlantischen Reich, nicht einmal die Möglichkeit, wenigstens als reisender Richter einmal nach dem Rechten zu sehen.

Die wechselweisen Einflüsse blieben aber nicht beschränkt auf die Einfuhr von Edelmetall in Europa und das Zerstörungswerk in Amerika. Immerhin, bei aller Bilanz der Zerstörung, schuf die spanische Eroberung in Mittelamerika doch auch Lebensmöglichkeiten für die Unterworfenen, Unterdrückten, Ausgebeuteten. Der Auftrag zur Missionierung nahm die Indios grundsätzlich doch als Menschen an. Die Spanier gründeten keine Kolonien, sondern ein zweites, wenn auch spanisches Reich. Man mag diese Unterscheidung im Hinblick auf Unterwerfung, Unterdrückung und Ausbeutung mit Zynismus kommentieren, die Relation ist immerhin deutlich, wenn man die spätere europäische Kolonialpraxis zum Vergleich heranzieht. Menschenrechte wurden da nicht gewährt. Noch 1835 verbot das Oberste Gericht der Vereinigten Staaten von Nordamerika jedwede Indianermission. Rothäute waren vom Christenrecht ausgeschlossen.

Der Augsburger Religionsfrieden 1555

Der Niederlage von Metz folgten in der Reichspolitik »zwei Jahre der Verwirrung«. Begleitet sind sie von der inneren Entfremdung des Bruderpaars auf dem deutschen Thron, eine Folge des Familienzwistes um die »spanische Sukzession«, die offenbar unter den Söhnen wechselweise zur Feindschaft gedieh. »Gott geb, daß seine Majestät sich einmal tapfer gegen die kaiserliche Majestät erzeige und nit so kleinmütig wie bisher. Mich wundert nur, daß seine Majestät so blind ist und nit merken will, wie untreulich und unbrüderlich die kaiserliche Majestät mit ihm umgehet.« So kommentierte Maximilian die Familiensituation.

Die Reichspolitik verstärkte die Spannungen. Im Mai 1552, als Karl vor der Revolte der »Kriegsfürsten« nach Villach geflohen war, zeigte sich die Entfremdung der Brüder auf politischem Feld. Damit beginnen gleichzeitig auch Ferdinands selbständige Schritte in der Reichspolitik, die zu guter Letzt tiefere Spuren hinterließen als Karls Kampf um die Einheit der Religion.

Die »Kriegsfürsten« um Moritz von Sachsen hatten alle Protestanten gegen das Augsburger Interim, das Trienter Konzil und jeglichen Zwang in Religionsdingen mobilisieren wollen und alle Fürsten gegen den Kaiser. Beides mißlang. Der Zug nach Süddeutschland führte nicht zu einem allgemeinen Aufstand. Die Flucht des Kaisers vertrieb ihn weder aus dem Reich noch gar von seinem Thron. Aber beides berührte auch Ferdinands Interessen, genauer: es forderte ihn heraus. Denn er, als der römische König, war nun plötzlich das zweite Haupt des Doppeladlers und der erklärte Nachfolger des schwerkranken Karl. Er verhandelte nicht nur, er suchte zu vermitteln.

In dieser Rolle mußte er aber doch auch Karls Zustimmung zu jedem Ergebnis haben, und so reiste er nach einiger Korrespondenz im Juli 1552 persönlich nach Villach. Drei Tage feilschten die Brüder darum, wie weit das Angebot an die Rebellen reichen sollte, Ferdinand wollte weiter gehen als Karl. Und als man sich endlich bei den bekannten Positionen einer begrenzten religiösen Duldung bis zum nächsten Reichstag trifft, ohne daß das verhaßte Interim noch erwähnt wird; als man ein ungewisses Entgegenkommen des Kaisers akzeptiert, künftig die höchste Gerichtsinstanz , das Kammergericht, auch protestantisch zu besetzen; als endlich auch konkrete Klagen der Reichsstände gegen die kaiserliche Regierung berücksichtigt sind, da verbürgen sich Ferdinand und Maximilian, die möglichen Thronprätendenten, für die Erledigung. Philipp ist aus dem Spiel.

Als Karls Offensive gegen Frankreich nach sechs Monaten steckenblieb, kam auch der Reichstag nicht zustande. Inzwischen war die englische Heirat eingefädelt, und im Oktober 1554 war Karl bereit, für diesen Reichstag seinem Bruder die Verantwortung zu übertragen, wegen seiner eigenen »scrupules de la religion«. Das war eine unausgesprochene Rücktrittserklärung. Der Reichstag von Augsburg 1555 ist schließlich auch Ferdinands Werk gewesen. Karl beobachtete ihn von Brüssel aus. Die Brüder haben einander nie mehr wiedergesehen. Vielleicht nicht Absicht, nach dem Ton ihrer regen Korrespondenz. Aber eigentlich wohl auch kein Zufall.

Ferdinand, weich, liebenswürdig und ungleich beliebter als der unnahbare Bruder, muß bei aller Stellvertreterfunktion im Reich bis zu dieser Zeit doch als Territorialpolitiker gelten. Erst eine politische Figur unter den deutschen Fürsten vom Format des Wettiner Moritz forderte ihn auf das Schachbrett der Reichspolitik, allerdings schon vor jener »Fürstenrevolution«. Das hing mit der Entwicklung um den Schmalkaldischen Krieg zusammen. Moritz, der Sachse und Protestant auf kaiserlicher Seite, war unmittelbarer Nachbar Ferdinands, der bekanntlich seit 1526 über das mehrkonfessionelle Böhmen regierte.

In diesem Zusammenhang hatte Ferdinand mehr politische Erfahrungen gesammelt als jeder andere deutsche Fürst. Mit der Krone von Böhmen hatte er überdies auch die ungarische Krone erworben, strittig gegen einen einheimischen Prätendenten, und seit 1528 stand er in diplomatischem Kontakt, auch in militärischen Spannungen mit der Hohen Pforte. Er wußte aus den türkischen Sorgen immerhin den Nutzen zu ziehen, eine weitere Westoffensive zu verhindern. Auch dabei hieß es, Kompromisse zu schließen aus politischem Kalkül und gegen Glaubensüberzeugungen.

Als Kurfürst Moritz, unstet, gewandt, energisch, den skrupellosen fränkischen Markgrafen Albrecht besiegt hatte, im Juli 1553, in »der blutigsten Schlacht der ganzen Reformationszeit«, und dabei ums Leben kam, hatte Ferdinand keinen Gegenspieler mehr unter den Reichsfürsten. Das Reich, die Gemeinschaft der Reichsstände, Kurfürsten, Fürsten und Reichsstädte, war fortan sein Gegenpart und sein Mitspieler; es kam vor allem darauf an, nun endlich eine Übereinkunft zu finden, die Epoche der unbedingten Universalmonarchie Karls zu beenden, brüderlich im Sinn der habsburgischen Dynastie, aber als eine Alternative zum Lebensdrama Karls. Der Religionsfriede von Augsburg, der endlich sanktionierte, was die Protestanten dreißig Jahre zuvor im Namen ihres neuen Glaubens gefordert hatten, war insofern nicht nur der Abschluß der Regierungszeit Karls. Er war der Anfang einer neuen Zeit. Karls Wege verloren sich danach, über seiner feierlichen Abdankung in Brüssel, in der Ferne seiner spanischen Eremitage. »Und wolle Gott«, so schrieb Ferdinand in seinem letzten Brief nach Brüssel dem scheidenden Bruder, »que par cestuy commancement de trefue – daß nach diesem Neubeginn eines Burgfriedens man zu einem völligen und endlichen Akkord gelangen kann, um einmal die arme und so bekümmerte

Christenheit, la poure chrestiente tant affligee, zur Ruhe zu bringen und nicht minder die armen Subjekte der einen Kirche wie der anderen…« Einen solchen Wunsch hätte Karl auch nach dem Augsburger Religionsfrieden wohl nie geäußert.

Der Augsburger Reichstag galt nicht nur dem Religionsfrieden. Gleichzeitig stand ja der Abschluß der seit sechzig Jahren betriebenen Reichsreform auf dem Programm, die sich immer wieder mit Religionspolitik vermengt hatte, als Instrument zum Widerstand in Religionsdingen, aber auch im religiös neutralen politischen Widerstand der Stände gegen das kaiserliche Übergewicht. Hatte Kaiser Maximilian, der das Reformwerk 1495 begann, schon eine gewisse Unordnung hinterlassen müssen, so wuchsen die Reformprobleme mit der Formierung der Reformation zum schier undurchdringlichen Gestrüpp. Ferdinands Politik, als der ermattete Karl den Rückzug antreten mußte, war keine Kapitulation. Sie machte Epoche.

In Augsburg stand also nicht nur eine Entscheidung über das Verhältnis der beiden inzwischen etablierten religiösen Gruppen zur Debatte, nachdem jede theologische »Vergleichung« fehlgeschlagen war; in Augsburg sollte auch die Reichsreform endgültig ihren Abschluß finden. Das war ebenso dringend geboten wie eine Klärung in Glaubensdingen, nur unter anderen Vorzeichen. Markgraf Albrecht von Brandenburg-Bayreuth, einer aus der hohenzollerschen Familie der Nürnberger Burggrafen, die seit langem den Stamm ihres Hauses von der Pegnitz an die Spree verpflanzt hatten, Albrecht mit dem humanistischen Schmeichelnamen Alkibiades, hatte sich nach mancher Meinung wie ein Raubritter aufgeführt und war deshalb in die Reichsacht geraten. Niemand konnte ihm so recht widerstehen. Er nützte die Uneinigkeit und die mangelnde Friedensorganisation. Auch als ihn Moritz im Sommer 1553 besiegt hatte, war er noch nicht aus dem Felde geschlagen. Das Exempel stand allen Fürsten vor Augen und beschleunigte die jahrzehntealten Versuche, durch eine Kreisorganisation mit eigenen Hauptleuten und eigener Miliz den Landfrieden zu wahren. Unentschieden war dabei nur, ob diese Reichskreise ständisch oder kaiserlich gelenkt sein sollten. Überdies gab es noch ein paar andere offene Fragen in der Reichstagspolitik. Sie alle tauchten 1553 in einer Denkschrift des kaiserlichen Vizekanzlers Georg Sigmund Seld auf.

Selds erste und größte Sorge war zwar der Religionsfrieden. Der Kaiser sollte darin nicht Partei nehmen, sondern Schiedsrichter bleiben, eine bekannte Forderung seiner Diplomaten. Er sollte auch ein theologisches Kolloquium aus diesem Anlaß verhindern. Das hätte man zwanzig Jahre zuvor nicht so deutlich gesagt. Nun hatten die Theologen ihre Chance offenbar vertan, wenn sie denn je eine hatten, nun wollte man nicht mehr über Religion streiten, nun richtete sich die Ratlosigkeit auf die Politik. General- und Nationalkonzilien werden deshalb abgelehnt. Überhaupt spricht der Jurist Seld den Theologen die praktische Entscheidungsfähigkeit ab. Allenfalls könne es in Deutschland gehen wie mit den böhmischen Utraquisten, den Nachfahren der Hussiten, deren religiöser Widerstand sich im Lauf der Zeit und im Rahmen des Kompromisses allmählich verloren habe. Es gelte nur, einen »leidlichen Weg« zu finden.

Ob alle die streitbaren Theologen der Zeit, auf welcher Seite sie auch standen, ahnten, was ihnen hier zugemutet werden sollte? War das nicht eine grundsätzliche Absage an die Definitionsfähigkeit und an den rationalen Vergleich im Rahmen einer theologischen Diskussion? Aber man muß gleich eine andere staunenswerte Beobachtung anschließen. Wieviel Geduld und Kompromißbereitschaft zeigt doch bei dieser Gelegenheit der kaiserliche Reichsvizekanzler, dem man nachsagt, gerade zu dieser Zeit das besondere Vertrauen des Kaisers gewonnen zu haben, zumindest in Reichsangelegenheiten. Wie großzügig und tolerant gibt sich dieser Vertraute! Im übrigen votiert er für den Weg, den Ferdinand zwei Jahre später einschlägt.

Allgemeine Zustimmung erwartet er in diesem Zusammenhang allein von einer, wie es heißt, »geistlichen Reformation«, das heißt einer Sittenreform, dem Klerus seit langem empfohlen, ein Anliegen auch des Konzils von Trient, aber erst spät, in einer künftigen Sitzungsphase aufgegriffen, nach Meinung von Seld aber eine vordringliche Notwendigkeit. Man könne eine solche Reform zur Reichstagssache machen. Man könne sie freilich auch, denn geistliche Reichsstände gibt es ja nur in der alten Kirche, einer besonderen Versammlung zur dringenden Fürsorge für Klöster, Pfarrseelsorge und Schulen anheimstellen. Allgemeine Zustimmung, nun wirklich auch die andere Konfession betreffend, sieht Seld überdies bei der Verfolgung der »neuen Sekten«, wie er sagt, der Wiedertäufer, der Anhänger von Schwenckfeld, der Osiander und anderer, die kleine Gruppen um sich geschart hätten, abweichend von der katholischen wie von der Augsburger Konfession, sowie der Anhänger Calvins. Auch das ist eine richtungweisende Vorbemerkung des Reichsvizekanzlers.

Seld hält die Landfriedenswahrung für ein leidiges Problem. In die ständische oder kaiserliche Besetzung einer möglichen Exekutive durch die Landkreise vertieft er sich nicht, aber er weiß von entsprechenden Projekten. Und während er die Möglichkeiten einer Friedenswahrung durch Bünde skeptisch beurteilt, offeriert er letztlich kein anderes, kein überständisches Mittel, das ständische Zwietracht vermeiden könnte, als eben das.

Auffällig genug spielt das Papsttum so gar keine Rolle mehr in Selds Erwägungen. Fünf Jahre später wird er es, in einer Denkschrift im Auftrag Kaiser Ferdinands, überhaupt für bankrott erklären. Vielleicht geht ihm diese Einschätzung auch schon 1553 im Kopf herum; vielleicht wird sie auch von anderen maßgeblichen Akteuren geteilt. Denn alte Kirche oder neue, Kaiser oder Kurfürsten, es erhebt sich kein Protest gegen den Plan, den Religionsfrieden auf einem Reichstag zu erörtern und nicht mehr auf dem vielbesprochenen Konzil, das in seiner zweiten, etwa zwölfmonatigen Sitzungsperiode von Mai 1551 an die anwesenden Gesandtschaften protestantischer Reichsstände nicht zur Anerkennung seiner Autorität bewegen und damit auch nicht in seine Beratungen hatte einbeziehen können. Die Autorität des Konzils schien so zerbrochen wie die päpstliche auch.

Die Politiker hatten das Wort. Der Augsburger Reichstag, im Februar 1555 von Ferdinand in kaiserlichem Auftrag eröffnet, hatte den Charakter einer »fiktiven Entlastung« für den Kaiser. Lange umstritten, war er doch am Ende unvermeidlich. Karl mußte die Verantwortung für den Reichstagsabschied übernehmen. Seine »Revokation« gegen den Reichstagsabschied und vielleicht auch andere Beschlüsse wurde nie publiziert und damit auch nie rechtswirksam. Dementsprechend hatte Ferdinand auch die sofortige Übertragung der Kaiserwürde auf ihn nicht akzeptiert. Karls Argumente in diesem Zusammenhang sind unter juristischen Gesichtspunkten wenig stabil und haben »Bedeutung nur als Ausdruck einer extremen Abneigung des Kaisers, weiterhin Verantwortung für den Fortgang der Reichspolitik zu tragen«. Karls Politik war gescheitert. Aber er, dessen schwächlicher und anfälliger Leib jahrzehntelang in Reisen, Kriegen und Entbehrungen von einer stets wieder auflebenden Zähigkeit getragen schien, wollte sich nicht brechen lassen. Der Kaiser war besiegt, aber er wollte nicht kapitulieren. So wich er aus, mit Argumenten, die auch seine Juristen kaum mit gutem Gefühl vertreten haben mögen.

Verantwortung oder nicht: Der Reichstag von Augsburg trägt in Wirklichkeit die Handschrift des dem kaiserlichen Bruder jahrzehntelang willfährigen Ferdinand. Dabei zeigt sich eine »Meisterschaft politischen Verhandelns, der selbst die Gegner die Bewunderung nicht versagen konnten. Die Züge, die Ferdinand damit in die Geschichte des Reiches und der Christenheit eingrub, blieben unauslöschlich.«

Politische und religiöse Reformen griffen ineinander. In dem Augsburger »Sieg der Politik über die Religion« war es den Reichsständen anheimgegeben, also den Mitgliedern des »Oberhauses« in der deutschen Reichsverfassung, zwischen dem Bekenntnis der alten Kirche und der Augsburger Konfession von 1530 zu wählen; nicht mehr. Die Untertanen sollten sich dieser Auswahl anschließen und hatten andernfalls ein umstrittenes und noch einmal differenziertes Recht der Auswanderung. Reichsstädte, also Obrigkeiten ohne aristokratische Legitimation, sollten beide Konfessionen nebeneinander dulden, eine Bestimmung, die tatsächlich in mancher Reichsstadt zu einer bemerkenswerten Entfaltung von Toleranz führte. Geistliche Fürsten sollten bei einem Wechsel ihrer Konfession ihre Fürstentümer nicht in die neue Religion mitnehmen und damit säkularisieren können, wie 1525 der letzte Hochmeister des deutschen Ritterordens in Preußen, der mit seinem Konfessionswechsel und mit seiner Heirat eine neue hohenzollernsche Nebendynastie begründet hatte. In schwierigen Verhandlungen um diesen »geistlichen Vorbehalt«, der nichts Religiöses betraf, sondern handfeste Territorialpolitik, fand Ferdinand noch einmal einen diffizilen Ausweg. In einer Declaratio Ferdinandea wurde das bisherige Bekenntnis zur Augsburger Konfession in geistlichen Fürstentümern toleriert und das Territorialprinzip auf fürstlicher Ebene abgeschwächt.

Der Augsburger Religionsfriede ist eine im zeitgenössischen Vergleich ganz staunenswerte Leistung; er zeugt von unerhörter diplomatischer Geschmeidigkeit bei der Schaffung, beim Abwägen und beim Austausch einzelner Verhandlungsobjekte in einer so schwierigen Materie. Man pflegt zu kritisieren, daß er nur den Reichsfürsten Gewissensfreiheit gab, nicht allen Untertanen. Aber ohne die Verbindung von Bekenntnis und Territorium wäre eine solche Taktik überhaupt nicht zu entwickeln gewesen, denn ohne die feste Materie, das jeweils nach den Bedürfnissen geteilte, zerschnittene und wechselweise ausgetauschte Land, hätte es kein Objekt des Kompromisses gegeben. So folgte das Werk der politischen Kunst den Gesetzen der politischen Wirklichkeit, weil die theologische Wissenschaft versagt hatte. Die politische Kunst aber lag nicht etwa in den Händen der großen und kleinen Fürsten, geistlicher wie weltlicher, sondern bei deren Räten. Die Räte, juristisch vorgebildet, hatten die Fähigkeit entwikkelt, eine jede Streitfrage zu substantialisieren, zu zergliedern, in ein Dutzend und mehr Offerten zum wechselweisen Umgang aufzuteilen und damit hin und her zu handeln. Nach fünf Monaten des Feilschens und Abwägens konnten sie im Juni einen für Katholiken und Protestanten gemeinsamen Text überreichen, in dem nurmehr zwei Probleme strittig waren.

Auf dieser Grundlage taktierte Ferdinand geschickt und energisch, nebenbei auch noch mit der Einbindung seines kaiserlichen Bruders in die zu erwartende Entscheidung befaßt, ehe er die Protestanten zur Anerkennung des sogenannten geistlichen Vorbehalts bewegen konnte, zur Wahrung des territorialen Besitzstands der katholischen Prälaten und Fürsten. Damit war eine Zukunftsangst der Katholiken gebannt, nämlich daß die Reichskirche sich beim weiteren Fortschritt der Reformation auflösen könnte. Die Reichskirche war ja kein Glaubensbekenntnis, sondern die Summe geistlichen Grundbesitzes und klösterlicher Herrschaften. Andererseits erreichte Ferdinand von den Katholiken die Anerkennung seiner Declaratio Ferdinandea, den Schutz von Protestanten in katholischen Territorien. Auch das nach dem aktuellen Stand der Bekenntnisse, aber diesmal dem einzelnen zugedacht und nicht der Territorialhoheit. Eine solche Praxis widersprach dem Prinzip der Übereinkunft unter Territorialfürsten. Es war die elastische Masse am Schluß, die der römische König mit treffsicherer Hand zu verteilen wußte. In diesem Sinn ist der Jahrzehnte später, vielleicht nach Cicero, formulierte Merkvers »cuius regio, eius religio« gar nicht richtig.

Bedenkt man, daß in Frankreich wenig später wegen des Konfessionskonflikts ein dreißigjähriger Bürgerkrieg ausbrach, der »Hugenottenkrieg«, der etwa hunderttausend Menschenleben forderte; daß in England binnen der vier Jahre gemeinsamer Regierung von Maria und Philipp fast dreihundert Menschen den Weg zum Scheiterhaufen gingen, dann wird man den Augsburger Kompromiß zu würdigen wissen und wird begreifen, daß das Territorialprinzip dafür die unentbehrliche Vergleichs- und Unterhandlungsmasse bot, ohne daß es ausnahmslos gehandhabt worden wäre. Ohne den Gewissenszwang von Millionen war angesichts der Priorität des religiösen Bekenntnisses im Denken der Menschen zu jener Zeit ein friedliches Nebeneinander augenscheinlich nicht zu erkaufen; dies aber schuf erst ein zumindest im politischen Rahmen wirksames Fundament von Toleranz. Auf dieser Grundlage lebte Deutschland bis 1620 in Frieden, fünfundsechzig Jahre lang, eine Zeit, die man oft als die längste Friedenszeit in der deutschen Geschichte überhaupt bezeichnet. Mit einer Ausnahme: die Täufer wurden verfolgt. Sie hatten, außer in Mähren, keine Herren, bei denen sie Schutz fanden.

Dem konfessionellen Friedensschluß entsprach in gewisser Weise auch der Schutz der Öffentlichkeit vor ungerechter Gewalt, eine neue Organisation zur Sicherung des Landfriedens. Um die war man seit sechzig Jahren bemüht. Nun setzte sich eine Landfriedenswahrung nach der Ordnung der zehn Reichskreise durch, und die Kreisverfassungen trugen reichsständischen Charakter. Ähnlich wie der Religionsfriede lief auch die neue Landfriedensordnung als ein »Übereinkommen der Reichsstände unter königlicher Vermittlung« auf ein neues Reichsverständnis hinaus. Nicht mehr die Heiligkeit des Reiches als Nachbarschafts- und Friedensverband, so noch beschworen bei der Gründung der Rosenkranzbruderschaft von Kaiser Friedrich III. 1475, sondern die Verbindlichkeit und die Fähigkeit dieses Reiches zu Kompromiß und Friedenswahrung warben für den Zusammenhalt. Der römische König und Kaiser an seiner Spitze war dabei weder geistliches Haupt noch Friedenswahrer wie einst, sondern Schiedsrichter, Vermittler und Repräsentant. Karl hatte diese nachmittelalterliche Rolle des Kaisertums bekämpft, bis er müde war; Ferdinand wußte sie zu spielen. Aufgetragen war sie dem Reichsoberhaupt unter religiösen Vorzeichen, wenn man will, seit dem Ketzerverhör auf dem Wormser Reichstag 1521, das ein »mittelalterlicher« Kaiser nach seinem Selbstverständnis niemals hätte veranstalten dürfen.

Die Reformation hat »mit ihrer neuen Theologie und mit ihrem revolutionären Gestus den territorialen Herrschaften die Kraft gegeben, sich an die Stelle des Reiches zu setzen und dessen Rechte zu okkupieren«. So heißt es in einer neuen Untersuchung zu den Augsburger Beschlüssen. Was war der revolutionäre Gestus, der Karls Regierung begleitete? Nicht nur ein Gestus eigentlich, sondern im Kern eine revolutionäre Legitimation im Namen des neuen Glaubens. Versteht man das als ein wirkliches Anliegen aller europäischen Revolutionen, dann wird man auch, ebenso ansatzweise und begrenzt, von revolutionären Ergebnissen sprechen können: Nicht von einem Sturz im Sinn einer totalen Revolution, sondern von einem Umbau, einer revolutionären Veränderung der bestehenden Gesellschaft. Ein Teil des deutschen Klerus verlor seinen gesellschaftlichen Sonderstand, wurde eingegliedert, »verbürgerlicht«, untertänig den Landesfürsten. Einige geistliche Reichsfürsten verschwanden aus der Reichsmatrikel. Die Landesfürsten aber waren aufgestiegen zu Kirchenherren, nach ihren Rechtsansprüchen die protestantischen und, beim gegenwärtigen Zustand der alten Kirche, de facto auch die katholischen.

Der Himmel Tizians

Karl hat diese Revolution nicht akzeptiert. Er revozierte. Denkt man einmal nicht an die Rechtsverhältnisse, sondern an die Persönlichkeit, dann wird sein Widerruf vom 19. September aufschlußreich: Karl hat sich zurückgezogen und den letzten Schritt vor der Abdankung, die er schon lange erwog und die auch mit Ferdinand seit vier Jahren erörtert scheint, in die politische Wirklichkeit umgesetzt. Aus den beabsichtigten Rechtsformen zu schließen ist das ein trotziger Rückzug, der mit Karls Unbeugsamkeit zusammenhängt. Nachgeben wollte er nicht. Also zog er seine Zustimmung zurück, aber nicht oder nicht nur als »Gewissensvorbehalt«, sondern als Distanzierung von der politischen Wirklichkeit. Sein nächster Schritt erscheint nur folgerichtig, zumindest in der Konsequenz seiner Biographie. Das ist die Abdankung selbst, ein Motiv, mit dem er seit zwanzig Jahren und länger spielte. In der körperlichen Ohnmacht seiner Gichtanfälle, wie sie auch Diplomaten erlebten, hatte er wohl wieder und wieder darüber nachgedacht. Aber als die Entscheidung des Kaisers nach außen drang, schien sie unerhört. Ihre Ursachen sind umstritten bis heute. Wahrscheinlich suchte sein unnahbarer Sinn gerade das Unerhörte, nicht unbedingt in der Maßlosigkeit, aber doch über alles Maß, im Griff nach dem Unbedingten, im dialektischen Sprung über seine gescheiterte Politik: plus ultra!

Im Kompromiß mit den deutschen Protestanten, in dem schwebenden Kleinkrieg mit den Franzosen, bei wieder aufgeflammten Intrigen mit dem nächsten Papst, Paul IV., und nach dem Scheitern der letzten, der englischen Hoffnungen, die Karl noch in den Septembertagen 1555 so begierig verfolgt hatte, war er das unerbittliche Auf und Ab endlich leid geworden. Die Kette seiner Triumphe vor aller Welt schien mit dem Tod der englischen Maria zu Ende. Vielleicht auch die Abfolge göttlicher Fügungen, die er immer wieder zu spüren vermeint hatte, die Flamme des Kaisertums.

Was blieb, war, wenn man so will, das Kaiserreich seiner Innerlichkeit, das er sich offenhielt, im Bewußtsein der Diskrepanz zur äußeren Welt und in strenger, religiös gebundener Form. Hatte Karl nicht immer wieder, zum Unverständnis mancher seiner modernen Biographen, Zuflucht gesucht im Gebet, gar im Kloster, im Dialog mit seinem Gewissen, das er bei aller Sprödigkeit auch in seiner Korrespondenz beschwört?

Martin Luther hatte die »mittelalterliche« Welt, nämlich die Einheit der politischen Organisation der Christenheit, der sichtbaren Kirche und der unsichtbaren Gemeinschaft der Auserwählten, die rund tausend Jahre lang von der römischen Kirche behauptet worden war, in seiner Lehre von den »zwei Reichen« mit fester Stimme getrennt. Christliche Fürsten schienen ihm seltene Vögel. Es gibt Anzeichen, merkwürdigerweise, daß er Karl dazu zählte. Aber hat nicht auf der anderen Seite Karl durch seine Abdankung gerade Luthers »Zwei-Reiche-Lehre« Rechnung getragen? Luthers Theologie griff, wie vielfach, auch hier zurück auf einen der tiefsinnigsten Interpreten christlicher Lebensform, auf den spätantiken Philosophen und Bischof Aurelius Augustinus. Gerade Augustinus aber hat augenscheinlich auch jenes Bild inspiriert, das Karl nach 1550 in Auftrag gab, das er sehnlichst erwartete und das er schließlich von Brüssel mit nach Spanien nahm. In ein Landhaus, nicht ins Kloster, um auch diese Einzelheit zu betonen. Eine allenfalls »mittelalterliche« Vorstellung, die, wenn schon nicht einen Kaiser, so doch in mancher Ritterpoesie das Dasein eines Mächtigen im Kloster enden ließ.

Karl ging nicht ins Kloster. Er blieb persönlich ungebunden, als frommer Laie der allgemeinen christlichen Auserwählung zugewandt. Die »Gloria« aber, wie das Bild bei Tizian hieß, nannte Karl das Jüngste Gericht. Die Darstellung zeigt den Himmel, wie ihn Augustinus beschrieb, eine Beschreibung, der man Hunderte Male folgte, in Wort und Bild, in berühmten und weniger eindrucksvollen Szenen. Der Himmel als Wohnort Gottes, als heilige Stadt der Seligen. Diese Stadt ist nicht nur das bauliche Ensemble des heiligen Jerusalem, schon im Alten Testament so angesprochen und lebendig durch die Bildhaftigkeit der christlichen Jahrhunderte, sondern der Himmel läßt sich auch sozial definieren. Er besteht aus Gott im Kreis der Auserwählten. Diese Himmelsvision des Augustinus ersetzte die Himmelsarchitektur, ohne sie zu verdrängen.

Anders als Dutzende ähnlicher Darstellungen vor ihm und noch viele danach, zeigt der Himmel Tizians keine Märtyrer und Heiligen, keine Jungfrauen und Ordensgründer, auch keine Päpste und Kaiser, außer Karl, seiner Frau und seiner Tante, das alles vermutlich in Vorwegnahme eines zeitlichen wie persönlichen »Jüngsten Gerichts«. Da sind nur die Patriarchen und Propheten des Alten Bundes mit der kaiserlichen Familie vereint. Wie ihm seine Hofpanegyriker mit der Berufung auf uralte und ewig neue Kaiserprophetien immer wieder versichert hatten, wird Karl den größten Figuren des auserwählten Volkes gleichgestellt: Moses und Abraham, Noah, David, Saul. Da ist er zugleich in einem Kreise, wie ihn Augustinus um 400 eben noch vor aller mittelalterlichen Tradition vor Augen hatte. Der Himmel, in den Karl im Totenhemd da eingereiht wurde, ist mithin gar nicht der katholische Kirchenhimmel. Karl kniet mit seiner Familie sozusagen in einem reformierten Himmel, ohne die römisch-katholische Heiligenherrlichkeit. Luther und Calvin hätten gemeinsam mit Karl in einem solchen Himmel ihr Hosianna singen können!

Die Resignation vor der Welt

Noch war er nicht aufgebrochen nach Spanien. Noch gab es eine wichtige Station auf diesem Weg, die Abdankung in aller Form, rechtsgültig und vor der Welt. Auf Gott und die Welt hat sich Karl in einer berühmten Rede dabei auch berufen.

Über den Zeitpunkt dieses Schrittes ist viel geschrieben worden. Natürlich kann man sich einen Zusammenhang denken mit den letzten englischen Enttäuschungen und mit dem Reichstagsabschied von Augsburg, der genau einen Monat zuvor den Kompromiß in Religion und Reichsreform gebracht hatte. Aber es ist auch ein Umstand zu bedenken, der die spanische Nachfolge betrifft. Wie denn die Szene vom 25. Oktober 1555, den Niederlanden zugedacht und immer wieder bezeichnet als Abdankung von der niederländisch-burgundischen Herzogswürde, in Wirklichkeit für alle Herrschaften Karls galt. Der Text von Karls Rede macht das verständlich. Merkwürdigerweise teilt dieser Text das Schicksal von Karls persönlichen Stellungnahmen: Er wird nicht mit jener Sorgfalt gelesen, die Karl auf seine Komposition offenbar verwendet hat.

Allein der Aufbau der Ereignisse spricht für sich. Am 22. Oktober hatte Karl die Souveränität des Ritterordens vom Goldenen Vlies an seinen Sohn übergeben. Philipp, nicht Ferdinand, galt fortan als Haupt der Dynastie. Nun erst, drei Tage später, folgte die Übergabe der Niederlande, nicht umgekehrt. So war er auch selbst einmal als Kind bereits Haupt des Ordens, ehe er großjährig wurde und die Herzogswürde übernahm. Er löste sich zuerst aus dem Kreis der Ordensritter, weil diese ihm am nächsten standen. Danach trat er vor die ständische Öffentlichkeit, auf die er weit mehr bedacht war bei seiner Abdankung, als es die Sache selbst überhaupt hätte vermuten lassen können.

Man folgt immer wieder den Schilderungen vom 25. Oktober. Karl hatte für drei Uhr nachmittags die Ständeversammlung in den großen Saal des Brüsseler Schlosses gebeten. Er betrat den Saal, gestützt auf einen aus dem Kreis des Hochadels, Wilhelm von Oranien, einen jungen Mann, der ihm nahestand, seinem Sohn aber später zum Todfeind werden sollte. Philipp, seine beiden Schwestern Maria und Eleonore und ein gleichnamiger Sohn seines Bruders Ferdinand vertraten die Familie. Nur zwei dieser vier Personen waren den Niederlanden verbunden. Auch unter diesem Gesichtspunkt überschritt das Zeremoniell die Landesgrenzen.

Aus Karls Rede, die er der Verlesung der Abdankungsurkunde folgen ließ, stehend, mit einem Merkzettel in der Hand, werden meist nur die Zahlen zitiert. Daß er vor vierzig Jahren, beinahe zur selben Stunde, in diesem Saal für großjährig erklärt wurde und damit für regierungsfähig; daß vor neununddreißig Jahren sein spanischer Großvater starb und er hier die Königswürde von Spanien übernahm und daß er sich vor achtunddreißig Jahren zur Fahrt nach Spanien rüstete. Unausgesprochen geht Karl davon aus, am selben Punkt zu stehen, an dem das große politische Abenteuer seines Lebens begann. Er spricht auch hier durch Gesten und durch Zeremonien, sein Leben erscheint ihm voller Ordnung, voller Übereinstimmung mit dem Weltenlauf. Er fährt fort: daß es nun sechsunddreißig Jahre her sei, daß sein kaiserlicher Großvater seine Tage beendete, was zu seiner Kaiserwahl geführt habe, die er nicht aus Habsucht, sondern zum größeren Nutzen seiner Reiche und Lande und vornehmlich zum Nutzen dieses Landes auf sich genommen habe. Hinter jedem Satz eine apologetische Absicht. Das zeigt, wie sehr er innerlich mit der Meinung der Welt beschäftigt war.

Karl läßt noch eine andere Zahlenreihe auf seine Zuhörer wirken. Wegen seiner Regierungspflichten, so rechnet er ihnen vor, sei er neunmal nach Deutschland gereist, sechsmal nach Spanien, siebenmal nach Italien, zehnmal in die Niederlande, viermal nach Frankreich – im Frieden und im Krieg –, zweimal nach England und zweimal nach Afrika, die Reisepflichten innerhalb der einzelnen Herrschaftsgebiete unbenommen. Auch sei er achtmal auf dem östlichen Meer zur See gefahren und dreimal auf dem westlichen, nicht eingerechnet jene Fahrt, die er noch vor sich habe und gut zu vollenden hoffe. Diese Zahlen sprechen für sich: weil sie tatsächlich einen eindrucksvollen Überblick über die Mühen dieses Herrscherlebens bieten und weil Karl diese Mühen offenbar auch als solche empfunden hat; immerhin bilden sie einen besonderen Teil seiner Rechenschaft. Hier wird, wie gesagt, nicht nur abgedankt für die Niederlande, vielmehr umreißt Karl sein gesamtes Herrscherleben; daß er es in Brüssel tut, soll zeigen, wo er Eingang und Ausgang, Anfang und Ende zu setzen wünscht. Wenn er das Land verläßt, wird er ein anderer sein als die offizielle Persönlichkeit, die Regierungsmühen trug.

Es wird auch verständlich, daß Karl die Seefahrten besonders nennt. War doch schon seine erste Reise zur See, 1517 nach Spanien, beinahe eine Katastrophe. Und auch den Orkan vor Tunis mochte er noch schrecklich in Erinnerung haben.

In seiner Abwesenheit habe Maria, die Schwester, die jetzt neben ihm an der Stirnseite des Brüsseler Saales saß, eine gute Regierung geführt, wie die Stände selber bezeugen könnten, und er danke dafür. Kein Dank an Margarete, die fünfundzwanzig Jahre zuvor gestorben war, und kein Dank an Ferdinand, der ihn im Reich und damit nach den noch immer bestehenden Verbindungen auch für die Stände der Niederlande seit 1521 vertreten hatte. Auch hatte sein Sohn schon einige Leistungen aufzuweisen, die man mit besonderer Attitüde hätte in diesem Rahmen erwähnen können. Der Sohn gilt dem Vater aber nur als Adresse seiner Fürsorge, endlich erwachsen mit seinen achtundzwanzig Jahren, als Träger der Hoffnung und als Objekt von Ermahnungen, die am Schluß der kurzen Ansprache die Zuhörer noch einmal besonders rühren.

Die Mutter erwähnt er zweimal. Gelegentlich wurde das als eine besondere Anhänglichkeit gedeutet. Dazu gibt der spröde Stil seiner Ansprache keinen Anlaß. Es ist wohl ein anderer Grund, der Karl dazu bewegt, wiederholt von seiner Mutter zu sprechen, die Gott nun zu sich gerufen habe, im April nämlich, nur ein halbes Jahr zuvor: Sie war ja doch nach kastilischem Recht zu Lebzeiten die Königin und Karl nur ihr Stellvertreter, wie die Urkunden ausweisen und woran niemand der Sachkundigen zweifelte. Wäre er zu ihren Lebzeiten zurückgetreten, so hätte er nicht ohne weiteres über die spanische Nachfolge verfügen können. Nun entschuldigte er sich wiederholt dafür, daß er trotz der überbordenden Mühen und seiner Hinfälligkeit nicht früher zurückgetreten sei. Der Vorwurf, unausgesprochen, scheint ihn zu beschäftigen. In diesem Zusammenhang ist das Todesdatum der Mutter von Belang. Der ganze Komplex zeigt zum weiteren Mal, daß er jederzeit einen hohen Maßstab an sich anlegte und daß ihn das Gefühl des Ungenügens, jener Teufelskreis aus überspannten Erwartungen und Selbstkritik, am Ende zur Abdankung zwang. Da seine Siege und Triumphe nicht dazugehören, erwähnt er sie mit keinem Wort. Seine letzten Niederlagen aber, die schmähliche Flucht aus Innsbruck, der Fehlschlag von Metz, nagen offenbar an ihm.

Karl spricht von der Friedenspolitik, die er lebenslang verfolgt habe, nur von fremden Störungen unterbrochen, und schließlich von seinem Streben nach Gerechtigkeit, in dem er wissentlich niemandem habe Unrecht tun wollen. Im andern Fall entschuldige er sich hiermit dafür. Beides scheint seine Zuhörer besonders beeindruckt zu haben, obwohl es zu den stehenden Sentenzen einer solchen Ansprache gehörte. Überraschend dagegen ist,

gerade auch im Rückblick, noch einmal seine harte und unnach-
sichtige Wendung »gegen alle Ketzerei«. Hier erkennt er offenbar eine Ursache für sein Scheitern. Hier verzeiht er nicht.

Der rührenden Szene folgt, nach längerer Pause, am 18. Januar
des nächsten Jahres die Abdankung von der spanischen Herrschaft, ebenfalls in Brüssel, freilich in einem kleineren Gemach
und vor spanischen Herren. Diese Abdankung wird in den Karls-
biographien meist mit einem Nebensatz abgetan – zu Unrecht.
Diesmal betont der Kaiser nämlich einen ganz anderen, ur-
sprünglichen Lebensplan: Dem Dienst Gottes habe er sich eigentlich widmen wollen! Die Krankheit seiner Mutter habe ihn daran
gehindert, die spanische Herrschaft aufzugeben; in Deutschland
sei die lange Kinderlosigkeit seines Bruders der Grund gewesen,
dem er den Vortritt bei der Braut überlassen habe. Erst als sein
Bruder nach fünf Ehejahren keine Kinder hatte, habe er sich selber zur Heirat entschlossen. Am Ende habe er die Mündigkeit seines eigenen Sohnes abwarten müssen. Ist das alles noch Karl, der
Herrscher aus Hoheit und Willenskraft? Es ist der resignierende
Karl, der den spanischen Granden dieses Vexierspiel seines
Lebensweges vorhält – als wolle er sein Scheitern bemänteln.

Die förmliche Niederlegung von Kaisermacht und -titel läßt
auf sich warten. Sie ist auch eigentlich gar nicht notwendig für
die Politik im Reich, denn Ferdinand ist als römischer König be-
vollmächtigt genug. Aber Karl betreibt sie dennoch, auch gegen
Einwände, bis sie die Kurfürsten schließlich und endlich akzeptieren, sechs Monate vor seinem Tod. Anders als in den Niederlanden oder auch in Spanien sind die Kurfürsten nämlich eine
besondere Instanz in der rechtlichen Abwicklung der Dinge. Sie
haben ihn gewählt, also muß Karl auch seine Abdankung ihnen
anbieten. Karl besteht auf der Abdankung. Er will selbst über
sein Leben verfügen, die Pflichten, die er nicht erfüllen konnte,
ablegen und als Privatmann sterben.

Der Papst spielte im faktischen Dualismus der beiden Häupter der Christenheit natürlich eine Rolle. Wäre Karl wirklich »der letzte Kaiser des Mittelalters« gewesen, er hätte den Papst bei seiner Abdankung nicht schweigend übergangen. Aber er tat's. Mit Paul IV. stand man gerade am Rand eines neuen Krieges.

Nun also, nach diesem großartigen Spektakel, das weder in die staatsrechtlichen Konstruktionen des Mittelalters paßt noch auch in die Köpfe der Menschen zwei- oder dreihundert Jahre vorher, weder zu dem gleichfalls schwer gichtkranken vierten Karl noch in den Umkreis des kranken Friedrichs III., nun also war Karl Privatmann, im römischen Sinn der Bürde seiner Ämter entsetzt. Er hatte Rechenschaft abgelegt wie einer, der von der Welt oder von gleichrangigen Mächtigen auf begrenzte Zeit in seine Ämter berufen worden war, eher wie ein scheidender Konsul im Kreis der Senatoren, nicht wie ein Monarch von Gottes Gnaden. Nun war er frei und konnte sich der geistigen Muße zuwenden, ein Bild, das sich kaum einer der Humanisten seiner Zeit von einem homo politicus hätte besser ausdenken können. Aber Karl war kein Humanist. Sein Umgang mit der Macht, auch sein Rückzug von ihr, entsprang eher seinem so persönlichen Gefühl der Auserwählung. Wie er das Unerhörte empfangen hatte, in einer Reihe merkwürdiger Erbfälle, so gab er es nun auch auf unerhörte Weise zurück, aber eigentlich nicht den Ständen der Niederlande, den spanischen Cortes oder den deutschen Kurfürsten; eigentlich gab er es zurück an den Allerhöchsten. Das zu zeigen, hatte er Tizian aufgetragen. Entlastet, und wohl nicht nur wegen seiner Krankheit, wandte er sich wirklich der geistigen Muße zu.

Endlich, im September 1556, gab es günstigen Wind. Mit mehr als fünfzig Schiffen segelte Karl nach Spanien, begleitet von den beiden Schwestern, also wieder in jener Verbindung, die ihn sein Leben lang umgab, seit der Kindheit in Mechelen. Ein Kaiser im Familienkreis, ein Kaiser, der mit Frauen regierte, mit Tanten, Schwestern, Töchtern. Seinen Bruder Ferdinand hatte

er zuvor noch in Brüssel erwartet – vergebens. Man kann darüber nachdenken, weshalb die lebhafte Korrespondenz zwischen
den beiden in den letzten Brüsseler Monaten um Karls Resignation und die Übertragung des Kaisertums kreiste, um Türkengefahr und päpstliche »Unvernunft«, so daß die persönliche Beziehung im verborgenen blieb. Karl hatte den Vorschlag abgelehnt,
seine Reise rheinaufwärts, über Augsburg und die Alpen zu nehmen, um erst in Italien sich einzuschiffen und solcherart noch einen Triumphzug durch das Reich zu genießen. Er segelte den
rauheren Kurs und erreichte, bei einiger Vorsicht der Seeleute,
zwei Wochen später die spanische Küste. Er überwinterte in den
spanischen Bergen, auch weil sein Landhaus in Yuste noch nicht
beziehbar war, verbat sich Empfänge und Begegnungen, außer
der unvermeidlichen Begrüßung durch seinen Enkel Don Carlos,
den er nicht mag.

Manche Biographen akzeptieren ohne weiteres, daß der Niederländer Karl sich nach Spanien zurückzog. So selbstverständlich erscheint das nicht. Wahrscheinlich hoffte der Gichtkranke
auf das trockene Klima Innerspaniens und die südliche Lage.
Yuste liegt etwa auf der Höhe von Neapel. Die Nachbarschaft
der Hieronymiten hatte Karl wohl gewählt, weil deren augusti-
nische Regel, die Verbindung von Meditation und Chorgebet,
Seelsorge und Studium ihn besonders ansprachen. Nach dem
Tode seiner Frau hatte er schon einmal eine Woche Zuflucht bei
diesem Orden gesucht, der seit dem 14. Jahrhundert in Spanien ansässig war. Nach seinem eigenen Tod sollten Hieronymiten sein Grab bewachen. Für den Sieg bei St. Quentin über die
Franzosen am Laurentiustag 1557, am 10. August, ließ Philipp
später nahe Madrid diesem Orden ein Kloster und eine Kirche
zu Ehren des Heiligen Laurentius bauen. Zweihundert Mönche
zogen dort ein, in die große Begräbnisstätte der künftigen spanischen Könige, den Escorial. Auch Karls Sarkophag wurde dorthin überführt.

»Le chevalier délibéré«

Einstweilen aber lebte er noch, so unbeschwert es ging, nicht als Einsiedler, nicht als Mönch, in einem zweistöckigen, kleinen, aber erlesen möblierten Landhaus an der Klostermauer von San Hieronymo in Yuste. Es soll Ähnlichkeiten mit dem einfachen Schloß Margaretas in Mechelen gehabt haben, dem Haus seiner Kindheit. Er erlebte zweimal den kastilischen Frühling, zweimal den Sommer, er freute sich an dem üppigen Garten, in dem man sogar Vögel jagen konnte, er hatte einen geschickten Mechaniker in seiner Nähe, der seine Liebe zu Uhrwerkautomaten nachging, und er hatte seinen Sekretär und Lesemeister bei sich, den Flamen Wilhelm van Male. Cäsars Bücher vom gallischen Krieg und vom römischen Bürgerkrieg standen in seiner kleinen Bibliothek, dazu der »Trost der Philosophie« des unglücklichen Boethius, tausend Jahre zuvor im Kerker geschrieben, und natürlich Augustinus. Auch das besondere Buch seiner Jugendjahre hatte er mitgenommen, den »Chevalier délibéré« des Olivier de la Marche.

Hier stehen wir wieder an einem Merkpunkt für eine Karlsbiographie, zum letzten Mal. Und wieder muß den meisten Vorgängern auf diesem Feld angekreidet werden, daß sie den Wegweiser gar nicht wahrnahmen. Denn tatsächlich hat dieses Versepos des burgundischen Ritters, Diplomaten und Schriftstellers Olivier de la Marche Karl wohl sein ganzes Leben lang begleitet. Es gehört zum Kern seiner Bibliothek, auch in Yuste. Mehr noch: er übersetzte es ins Altkastilische und trug Sorge, daß der Text, ein altfränzösisches Poem von fünfundsechzig Seiten in modernem Druck, von einem gewandteren Stilisten auch in spa-

nische Verse übertragen wurde. Nirgendwo sonst hat Karl sich
um Literatur verdient gemacht. Also sollte dieses eine Buch nicht
aussagefähig sein für Karls Gedankenwelt?

Wer war jener Olivier de la Marche, den die grundlegende
Biographie von Karl Brandi nur im Register nennt, aber mit einem falschen Titel? Olivier de la Marche, einer der großen Tra-
denten der burgundischen Adelsmentalität, diente am Hof Philipps des Guten, dann bei dessen Sohn, und als Ritter und Diplomat Karls des Kühnen erwarb er besonderes Ansehen. Gefan-
gen in der für seinen Herzog tödlichen Schlacht bei Nancy mit
zweiundfünfzig Jahren, überlebte er doch den Sturz der Burgun-
derherrlichkeit, so gut sein Alter das erlaubte, und nahm Dienst
bei Maximilian, dem Erben und Prinzgemahl, als Oberhofmei-
ster. 1483, mit 58 Jahren, suchte er mit seiner Feder all jene Tur-
niere zu bestehen, die ihm das Alter nicht mehr auszutragen ge-
stattete, und schrieb das Reimwerk vom Entschlossenen Ritter.
»Le Chevalier délibéré« erschien schon zwei Jahre später im
Druck und scheint dem Autor die ihm verbleibenden fast zwanzig Jahre seines Lebens jene Genugtuung verschafft zu haben, die
ihm sein Alter neidete. In Reimen suchte er die Vollendung seines Daseins, und er fand sie, nach manchem rechtschaffen gebro-
chenen Spieß im vergeblichen Kampf gegen die Zeit und seine
Hinfälligkeit, zuletzt bei einem Eremiten. Denselben Weg der
Vollendung scheint auch Karl selber gesucht zu haben. Ihn
führte er nach Yuste.

Das merkwürdige Reimwerk Oliviers, das die Karlsbiographen bisher so viel weniger anzog als ihren Helden, ist zuallererst
ein Gedankenwerk. Es ist Allegorie. Im Herbst seines Lebens bemerkt der Held, daß zwei ritterliche Gegner jedermann ständig
bedrohen, Schwäche und Zufall, und daß er sie bestehen muß auf
seinem Lebensweg. Der Zufall hat so viele vor ihm gefällt: Abel
wie Alexander, Cäsar und Achilles. Das lehrt und zeigt ihm ein
Eremit, bei dem Oliviers Ritter im Wald der Abenteuer Zuflucht

findet. Der Eremit begegnet ihm wie die Vorahnung seines eigenen Lebensweges; dieser nämlich, mit der Metapher »Verständnis« benannt, war einst selbst ein ausgezeichneter Ritter, mehr noch, er zählte zu den Besten von Arthurs Tafelrunde, als die sich die burgundischen Ritter vom Goldenen Vlies in historischer Identifikation auch selber empfanden. Nun sucht er in seiner religiösen Einsamkeit die rechte Vorbereitung auf den Tod.

Oliviers Held ist noch nicht an dieser Station angelangt. Noch muß er ausziehen, noch muß er kämpfen, gerüstet mit dem Schwert, das den Namen »Selbstbeherrschung« trägt und das ihm der Eremit auf seine Reise mitgibt. Auf dem Feld der Zeit muß er nun den Ritter »Alter« bestehen. Das mißlingt. Als sein Gefangener muß er geloben, weder im Land der Liebe noch im Tal der Ehe noch im Wald der verlorenen Zeit zu bleiben, lauter Gelöbnisse, die der alternde Karl getrost ebenso hätte ablegen können. Er muß weiterziehen auf seiner Bahn, nun ausgestattet mit einer Halsberge von grauem Bart, der immerzu weißer wird. Auch Karl war bärtig.

Kein Leidensgang ohne Irrwege. Der Held verliert sich auf dem Pfad der Täuschung, er gerät in den Palast der Liebe, während er seinem Pferd freien Zügel läßt. Aber die Erinnerung und sein grauer Bart führen ihn zurück auf den rechten Weg. Auch das Feld des Alters mit der Herberge der Hinfälligkeit ist nichts für ihn. Er findet das Haus Zum guten Glück, und das ist der Ort des Studiums. Arbeit ist hier der Türsteher, ein gutes Gedächtnis die Dame des Hauses. Hier erfährt er noch einmal handgreiflichen Geschichtsunterricht vom Anfang der Welt bis in seine Tage. Er lernt am Schicksal der Namhaften. Ein Unterricht also aus der adeligen Wertung der Welt.

Hier vermischen sich Geschichte und Gegenwart. Denn »Zufall« und »Schwäche« haben inzwischen alle besiegt. Im letzten großen Turnier tritt die Entscheidung vor ihn hin, und hier endet das ritterliche Denken und macht einer anderen Devise Platz:

Unser Held wird nicht zum Kampfplatz gerufen, sondern zur stillen Einkehr. Der Einsiedler holt ihn zurück und führt ihn zu Buße und innerer Auseinandersetzung mit den christlichen Tugenden als der wahren Vorbereitung auf seinen Tod, auf seine Vollendung.

Dieses Lehrgedicht also, ein Entwicklungsroman im allegorischen Stil der Zeit, hat Karl ins Spanische übersetzt. Hat er es nicht auch in sein Leben übertragen? Noch in der selbstgewählten Eremitage freilich griff immer wieder die Lebensfreude nach dem Siechen. In dem kleinen Hofstaat von fünfzig Personen, sparsam im Hinblick auf die Erfordernisse für kaiserlichen Komfort, begegnete er einem zwölfjährigen Pagen, blond und blauäugig, mit Wohlgefallen. Es war sein Sohn, von Barbara Blomberg in Regensburg geboren, von der Frau seines Hofmeisters an Kindes Statt aufgezogen. Vielleicht, im Rückblick, ein Trost für den Vater, obwohl man nicht weiß, ob er ihm damals das Geheimnis seiner Abkunft eröffnete.

Er lud noch einmal die beiden Schwestern zu sich und gab ihnen, besuchsscheu, wie er war, sechs Wochen Herberge in dem kleinen Haus. Er lebte unvernünftig im Hinblick auf seine Gicht, trank eiskaltes Bier und bevorzugte fette und gewürzte Speisen, er stritt mit seinem Arzt und diskutierte lange mit den Mönchen. Er lebte wirklich nicht wie ein Heiliger. Um so mehr entsprachen seine Lebensgewohnheiten, die Offenbarung seiner Individualität in den bescheidenen, aber doch schrankenlosen Möglichkeiten seines kleinen Hofes, dem selbstgewählten Weg zu sich selber. Fürstliche Eremitagen werden in den kommenden Jahrhunderten noch lange von diesem Vorbild zehren.

Er hatte ein Reich beherrscht wie niemand vor ihm. Er hatte, zumindest in der Selbstdarstellung durch seine Hofchronisten, über alle triumphiert. Nun sagte man ihm den größten Triumph nach, den die Lebensweisheit der Alten gleichermaßen mit den Idealen des Christentums den Menschen zu geben weiß: den Triumph über sich selbst. »Sui ipsius Triumphatori« heißt die letzte Darstellung einer Folge von flämischen Gobelins zu seinem Leben. Die größte Anerkennung, die ihm seine Heimat über das Grab nachrühmen konnte.

Anmerkungen

9 *eine Schaumünze*... die Münze, heute in Frankfurt, zeigt eine nach BRANDI 1941 S. 423 zuerst 1541 formulierte Devise. Tera für terra, celis für coelis sind Eigenheiten der Prägung.

9 *Plus ultra*... Die Losung ist aus der Negation des bekannten Non plus ultra hervorgegangen, das heißt »nichts geht darüber hinaus«, und bezeichnet durch diese Entgrenzung nun eben auch das Grenzenlose, einen durch nichts zu überbietenden Anspruch des jungen Karl.

9 *Semper augustus*... Die richtige Übersetzung der zuerst für den römischen Kaiser Octavian geprägten Formel heißt »der stets Erhabene«. Seit einer Fehlübersetzung in Frankreich für König Philipp II. im 13. Jahrhundert wurde aus dem »Erhabenen« ein »Vermehrer«. Dieselbe Fehlübersetzung machte sich bald auch der deutsche Hof zu eigen, sie galt bis 1806, vgl. SEIBT 1978. Im Eid des deutschen Bundeskanzlers scheint der Irrtum über die Grundverpflichtung aller Politik zur Machtvermehrung übrigens noch heute fortzuleben, denn noch immer gilt es da, Schaden vom deutschen Volk abzuwenden und seinen Nutzen zu mehren, nicht etwa zu wahren.

10 *wer die Sonne sei*... Bezüge zu den beiden großen Himmelskörpern und eine Widerspiegelung in der irdischen Gesellschaftsordnung gehen zurück bis in die alten Großherrschaften des Vorderen Orients und folgen offenbar der Ausbreitung erobernder Königreiche, dazu H. BAUMANN in LThK 9 (1964) bes. Sp. 875. Die Bibel als die Geschichte des auserwählten Volkes bleibt bezeichnenderweise frei von solchen Metaphern, wie auch die Geschichte des auserwählten Volkes kein astronomisches Schema entwickelt, dazu C. COLPE 1989, S. 251. Nur in Eccl. 27/12 wird die beständige Sonne dem wechselnden Mond vorgezogen.

10 *alle besiegt*... Dazu das Bild Divi Caroli Victoriae bei Heemskerck 1556; dazu G. LANGEMEYER und R. SCHLEIER (Hgg.), Bilder nach Bildern, Ausstellungskatalog Münster 1976.

11 *Die Begegnung von Kaiser und Gott*... Als Begriff des mittelalterlichen

Kaisertums nach karolingischen und ottonischen Darstellungen, vgl. SEIBT 1987 S. 8.

12 *seine Geschichte ist oft geschrieben worden*... Eine Übersicht zu den biographischen Problemen mit interessanten Interpretationen nach seiner Sicht bietet H. LUTZ 1979 Biographie.

12 *Im deutschen Geschichtsbild*... Noch immer grundlegend die zweibändige Darstellung von K. BRANDI 1937 und 1941 in ersten Auflagen, mit der umfassendsten Belegsammlung bis heute. Hier ist jeweils die 2. Auflage des ersten Bandes von 1938 zitiert.

12 *Für die Spanier*... M. FERNANDEZ ALVAREZ 1966; dazu R. MENENDEZ PIDAL mit besonderer Inanspruchnahme Karls für die spanische Geschichte. Von Bedeutung für Spanien ist neuerdings die Quellenausgabe von M. FERNANDEZ ALVAREZ (Ed.): Corpus documental de Carlos V., 5 Bde. 1973–1981. Eine Zusammenstellung der wichtigsten, bisher weitverstreuten Quellen in deutscher Übersetzung von Alfred KOHLER soll noch 1990 erscheinen.

12 *Im französischen Rückblick*... kurz und präzis H. LAPEYRE 1973. Dazu auch der Überblick von F. BRAUDEL 1966.

12 *Die niederländische Geschichte*... ein beredtes Zeugnis bietet Vicomte Ch. TERLINDEN in einem Prachtband dt. 1979.

13 *Kaiseridee*... Soweit ich sehen kann, ist lediglich bei YATES 1976 die eigenartige mythische Legitimation der dynastischen Idee in jener Zeit erfaßt und auch mit Umsicht zunächst auf Karl V. bezogen worden. Für den Hinweis auf dieses Buch danke ich Herrn Jürgen Müller, von dem demnächst eine Dissertation zur Hofkunst Kaiser Rudolfs II. zu erwarten ist. – Zum Begriff der Universalmonarchie im europäischen Kontext zuletzt F. BOSBACH 1988 und, mit besonderem Bezug zu Karl V., Ph. ERLANGER 1980 und A. KOHLER 1988. – Ein eingehender Vergleich über Königsmythen und die Frage eines Vorrangs des Kaisertums fehlt in der Forschung.

13 *die Ketzer und die Schulden*... R. TYLER 1956 S. 287.

15 *Bilanz seiner Reisen*... Es ist das Verdienst einer entsprechend aufgebauten Biographie des Kaisers von P. LAHNSTEIN 1979, Karls Leben als Reiseweg anschaulich gemacht zu haben. In Aufarbeitung aller schriftlichen Quellen bietet der zweite, der Quellenband zu BRANDIs Biographie von 1941 die gründlichsten Auskünfte beinahe bis zum tagtäglichen Ablauf des kaiserlichen Lebensweges.

16 *Johanna »die Wahnsinnige«*... Zum Schicksal dieser augenscheinlich

durch widrige Lebensumstände in eine Schizophrenie Getriebenen das Buch von M. PRAWDIN 1953 und die Darstellung von M. de FERDINANDY 1966 S. 158 ff., dazu, nicht ohne Kritik, das Stichwort im Habsburgerlexikon hg. von B. HAMANN 1988.

17 *Kaiser Maximilian*... Umfassend die 5bändige Biographie von H. WIESFLECKER 1971–86.

17 *Die beiden spanischen Königreiche*... Zur Geschichte H. RABE 1971 HEG Bd. 3

18 *Burgund*... Eine Übersicht der Geschichte bei L. BOEHM 1971. Den Umkreis des geistigen wie des politischen burgundischen Erbes erkennt man gut in der Biographie des letzten Herzogs, Karls des Kühnen, von W. PARAVICINI 1976.

20 *mythisches Himmelreich der antiken Heroen*... Im mährischen Schloß Butschowitz, sozusagen am Rande des habsburgischen Herrschaftsraumes, entstand zu Ende der sechziger Jahre des 16. Jahrhunderts eines der wenig beachteten Zeugnisse eines solchen Kultes um Karl V. Er ist da im »Kaiserzimmer« als Türkenkämpfer in einer Stuckplastik dargestellt, korrespondierend mit Mars, Diana, »Aeuropa« und den Büsten antiker Kaiser. Vgl. Tafel VIII bis XI in SEIBT (Hg.) 1985. – Franz I., sein französischer Gegenspieler, figuriert in Paris wiederholt als Poseidon.

21 *Die Ruhmredner und -maler*... LUTZ verweist 1979 in Problemen der Biographie darauf, daß die Propaganda um Karl und gegen ihn noch nicht untersucht sei. Beispiele bietet BOSBACH 1988, dessen Studie über die Kritik des Erasmus an der kaiserlichen Propaganda aus demselben Jahr mir leider unzugänglich blieb. Zum Vergleich wäre gegebenenfalls die Skizze über die Propaganda um Kaiser Maximilian von H. WIESFLECKER im fünften Band seiner umfangreichen Biographie, 1986 S. 452–466, heranzuziehen oder die Arbeit von K. VOCELKA 1981 über die politische Propaganda Kaiser Rudolfs II.

22 *Propheten um den Kaiserthron?*... Dazu vornehmlich YATES 1976 und REEVES 1976.

23 *»unbekannt ist der Tag und die Stunde«*... Mt. 24, 36, eines der geläufigsten Bibelzitate.

23 *Joachim von Fiore*... Die beste Übersicht zum Forschungsstand vermittelt das Bollettino del Centro Internazionale di Studi Gioachimiti 2 (1988) mit einer Bibliographie von 1969 bis 1988. Der Einfluß Joachims auf die politische Gedankenwelt des späteren Mittelalters und der Renaissance wird offenbar noch immer unterschätzt. Nach A. DEMPF 1929 und H. GRUNDMANN, zuletzt 1950,

suchte ihn besonders M. REEVES zu erfassen. Zu Joachim als Vorläufer der künftigen klassischen europäischen Utopie SEIBT 1972.

26 *»daß die Fuggergulden schwerer wogen«...* REEVES 1969 S. 359 ff. Jacob Fugger konnte Jahre später an den Kaiser schreiben: »Es ist allgemein bekannt und klar am Tag, daß Ew. Majestät ohne mich die römische Krone nicht erhalten hätten.« SCHICK 1957 S. 161.

26 *Johannes Hergot...* SEIBT in GOERTZ 1978 und im Bollettino 1990.

26 *»klar der Prophetenfavorit«...* REEVES 1969 S. 359.

28 *Mercurino Gattinara aus der Schule Margaretes...* HEADLEY in LUTZ (Hg.) 1982 mit Lit.

29 *»das Kind von Gent«...* de FERDINANDY 1966 S. 16 nach einer zeitgenössischen Quelle.

29 *Karls Biographien...* selbst LUTZ 1979 spricht Karls Religiosität in seiner trefflichen Skizze der biographischen Probleme um Karl V. nicht als ein besonderes Anliegen an. RASSOW 1942 S. 48 meint gelegentlich eine »primitiv religiöse und gleichzeitig aller historischen Überlieferung gegenüber rationalistischer Denkweise« zu erkennen, und LUDOLPHY 1965 S. 11 erinnert an die Distanz zwischen Erasmus und Karl als Kriegsmann und Gelehrtem. Eine Reihe ähnlicher Zitate macht deutlich, daß Karls religiöses Profil noch nie als biographische Aufgabe gesehen wurde.

30 *»tiefster mittelalterlicher Frömmigkeit«...* BRANDI 1938 S. 551.

30 *Einflüsse der »Brüder vom gemeinsamen Leben«...* BRANDI 1938 S. 41. Das Zitat verdient Beachtung, weil es die mangelnde Sensibilität gegenüber der Fragestellung bei dem hochverdienten und noch immer grundlegenden Karlsbiographen BRANDI belegt: »Karls wesenhafte Frömmigkeit kann wohl nur hier ihre Wurzeln haben.« Was ist wohl »wesenhafte Frömmigkeit« in der Vielfalt des Glaubenslebens?

31 *»letzter mittelalterlicher Kaiser«...* Nach RASSOW 1942 S. 73 wollten die spanischen Granden den Kaisertitel als in Spanien unerheblich zunächst fortlassen und mußten sich von Karl belehren lassen, das sei die allerhöchste Würde, die Gott errichtet habe. Dementsprechend lautet auch der spanische Titel fortan bis zur Kaiserkrönung 1530: Don Carlos, por la gracia de Dios electo Rey de Romanos, futuro Emperador, Rey de Castilla usw. Damit wurde der deutsche Titel dem spanischen vorangesetzt.

32 *Form seiner Krone...* Ob Karl die alte Reichskrone aus dem 10. Jahrhundert, die sogenannte Plattenkrone, achteckig, je getragen hat,

ist in der Literatur bisher nicht untersucht worden. In zwei anonymen Berichten bei M. GOLDAST 1614 von der Krönung in Aachen wird über alle Kleidungsstücke und Insignien berichtet, aber die Krone nicht näher beschrieben. Dagegen heißt es bei Hartmann MAURUS, Köln 1550, eigentlich unmißverständlich in einem Bericht von der Aachener Krönung, alle Insignien seien zuvor in Nürnberg verwahrt worden, und »die Kleinodien des ehrwürdigen Carolus« (des Großen), »besonders die Krone Karls« sei Karl V. von den drei Erzbischöfen aufgesetzt worden. Bilder von späteren Krönungen zeigen eine Krone in Schalenform, eine Bischofsmitra in einem Reif nachahmend, und eine solche Krone scheint auch von Karl 1530 zur Kaiserkrönung in Bologna benützt worden zu sein. Philipp II., Karls Sohn, mußte später aber die Bologneser Krone versetzen, vgl. P. de MADRAZO 1899 S. 455 ff. und P. E. SCHRAMM 1954 S. 92. NETTE 1985 S. 69, der zur Krönung in Bologna von der Krone Karls des Großen berichtet, scheint für diese Kennzeichnung keine Grundlage gehabt zu haben. H. FILLITZ 1959 S. 20 ff. scheibt übrigens im Gegensatz zu der Angabe von Maurus, die alte Reichskrone sei von Friedrich III. das letztemal getragen worden. Die Frage ist nicht unwichtig: beim symbolträchtigen Umgang mit Kroninsignien könnte eine neue Krone auch das neue Herrschaftsverständnis Karls V. verkörpern.

33 *Reisewege...* TYLER 1956 verzeichnet Karls Wegstationen kalendarisch. Im Vergleich zu anderen Zeittafeln liefert er damit die beste Übersicht.

33 *tadelte ihn seine Männerrunde...* das zuletzt bei LUDOLPHY 1965, S. 14 u. ö.

33 *Beichtvater Loaysa...* Das Zitat nach NETTE 1985 S. 70. Nur von Loaysa gibt es entsprechende Ermahnungen, und man kann mutmaßen, daß er gerade deshalb seine Position als Beichtvater verlor und von Karl als Kardinal in Rom immer in Entfernung gehalten wurde. Dazu vgl. W. REINHARD in ISERLOH (Hg.) 1980.

33 *warnt Karl vor Sinnlichkeit...* Dazu passen das Zeugnis eines venezianischen Gesandten, der 1557 im Rückblick von ungezügelten Liebesabenteuern des Kaisers mit Damen von hohem und von niederem Stand spricht, und ein vergleichbares Zeugnis der Ärzte aus der Umgebung des Kaisers vom Jahr 1548, vgl. MIGNET 1854 S. 19 f. TERLINDEN 1978 S. 250 erkennt einen geradewegs, wie er meint, »pantagruelischen Appetit« des Kaisers und sucht ihn auf medizinisch allerdings nicht überzeugende Weise zu erklären.

Andere Urteile rühmen seine Reitkunst und seine Standhaftigkeit im Turnier.

33 *Unnahbar...* NETTE 1985 S. 30; ERLANGER 1980 spricht S. 325 von froideur marmoréenne.

34 *»Sakrallandschaften«...* Eine Zusammenschau von Raum und Kunstgeschichte eindrucksvoll bei W. BRAUNFELS 1983 ff.

36 *Seit Karl IV....* Dazu F. SEIBT (Hg.) 1978 und SEIBT 1985. Zu Sigismund I. Kéry 1972; zu FRIEDRICH III. am besten der Katalog einer Ausstellung in Wiener Neustadt von 1966. Eine zusammenfassende Betrachtung fehlt. Zum Verständnis des Kaisertums im Spätmittelalter und der frühen Neuzeit wäre sie sicher hilfreich, gerade auch, wenn man sie den Kaiserdarstellungen der ersten mittelalterlichen Jahrhunderte gegenüberstellte.

36 *Sigismund...* KÉRY 1972.

36 *Karl am nächsten durch Tizians Kunst...* Bei allen Unsicherheiten der Zuschreibung muß man davon ausgehen, daß eine unbekannte Anzahl von Tizians Karlsporträts verlorenging. Ein Beispiel dafür bringt BRANDI 1941 S. 424. Anderes läßt sich der Zusammenstellung der Hinterlassenschaften Karls nach seinem Tod bei STIRLING 1852 S. 269 entnehmen. Bei BRANDI 1941 sind auch die zahlreichen anderen Darstellungen Karls auf Gemälden wie auf Münzen und Medaillen S. 426 ff. erfaßt. Eine Gesamtdarstellung fehlt. Richtungweisend ist ein Essay H. v. EINEMs zuletzt 1960.

38 *das Totenbild...* Das Bild wurde nach BRANDI 1941 S. 426 spätestens 1553 in Auftrag gegeben und am 10. 9. 1554 ausgeliefert. H. v. EINEM 1960 verlegt aber den Auftrag für das Bild bereits in das Jahr 1550, bei einem gemeinsamen Aufenthalt Karls und Tizians in Augsburg. Bis dahin waren nur Karls Frau und Karls Tante Margarete verstorben, weder seine Mutter noch seine beiden Schwestern Eleonore und Maria. Man könnte nach der Bildidee annehmen, daß Karl nur seinen eigenen Tod in der Darstellung vorwegnahm. Brandi glaubt dagegen, hier seien neben dem Kaiser und seiner Gemahlin auch noch seine Tochter Maria und seine beiden Schwestern zu sehen, und v. EINEM vermutet, die schemenhaften restlichen Personen, halbverdeckt, zeigten außer Maria noch Philipp und Karls Tochter Juana. Die Deutung der drei kaum erkennbaren Figuren außer Karl und seiner Frau bleibt offen. Das Bild ist bisher kaum in besonderen Bezug zu Karls Biographie gesetzt worden. Es wurde aber außer bei BRANDI auch noch bei de FERDINANDY 1966 S. 240 als »monumental-malerischer Ausdruck des Glaubensbekenntnisses« besonders hervorgehoben, während TY-

LER 1956 S. 291 annimmt, es sei gleichzeitig mit dem Reiterbild 1548 in Augsburg entstanden – was den Absturz in der Selbsteinschätzung des Kaisers zwischen den beiden Bildern völlig verkennt. TERLINDEN dt. 1978 erwähnt das Bild ebensowenig wie LAPEYRE 1973.

41 *Margarete...* Eine moderne wissenschaftliche Biographie fehlt. 1988 wies U. LIEBERTZ-GRÜN darauf hin, daß trotz der bekannten Editionen ein großer Teil ihrer Korrespondenz noch unveröffentlicht sei.

42 *schloß den jüngeren Bruder nicht aus...* Zur Biographie Ferdinands, der lange vernachlässigt wurde, neuerdings P. SUTTER-FICHTNER dt. 1986, hier zitiert nach der englischen Erstauflage von 1982.

43 *der Orden vom Goldenen Vlies...* Es gibt noch keine Geschichte dieses nicht nur für die burgundische Gesellschafts- und Staatsauffassung so wichtigen Ordens. Man erfährt einstweilen einiges bei HUIZINGA 1948 S. 100 zur Bedeutung in der burgundischen Adelskultur, bei de FERDINANDY 1966 S. 19 ff. zur Herkunft der Ordensidee und zur Datierung der Ordensgründung auf den Hochzeitstag Herzog Philipps des Guten von Burgund mit Isabel von Portugal. Eine Arbeit zu seiner Bedeutung als »Männerbund« im innerkulturellen wie im vergleichenden Sinn erscheint wichtig. Das Thema erschließt im ethnologischen Vergleich der Sammelband von G. VÖLGER und K. v. WELCK (Hgg.) 1990, leider mit geringerer Berücksichtigung der mittelalterlichen europäischen Entwicklung.

44 *Wäre Karl etwa dem Laienorden...* Nur wenig Einsichten vermittelt in dieser Hinsicht Ch. TERLINDEN, dt. 1979, wiewohl er selber dem Orden angehört.

46 *Die Versuche religiös inspirierter Laien...* Laienorden zählen seit dem Beginn einer religiösen Laienbewegung des Hochmittelalters bis heute zu den besonderen Bemühungen um die Nachfolge Christi in organisierter Lebensform und suchen dabei Klostergemeinschaft und Familie zu vereinigen. Ihre Geschichte ist noch nicht geschrieben. Adelige Zusammenschlüsse solcher Art, wie die Eremitengemeinschaft um Herzog Felix V. von Savoyen im 15. Jh. oder die Lebensgemeinschaft von Ritterfamilien, die Kaiser Ludwig im 14. Jh. in Ettal gründete, blieben in diesem Belang Episode. Die »zivilen« Ordensgemeinschaften jedoch, die sich besonderen ritterlichen Zielen verschrieben, aber in pathetischer Distanz blieben, vermochten sich im gesellschaftlichen Entwicklungsprozeß auch über die feudale Welt hinaus bis heute zu behaupten.

47 *»Wenn sie ein Mann wäre«*... Nach BRANDI 1938 S. 46. Den Vorgang um die Verhaftung des Kastiliers Don Manuel beschreibt A. WALTHER 1911 S. 125.

48 *»Monseigneur, die Stunde ist gekommen...«* Nach NETTE 1985 S. 77, mit kleinen Abweichungen zu BRANDI 1938 S. 275, Karl als Erben Margaretes betreffend. Es handelt sich hierbei um Margaretes Witwengut in Savoyen.

48 *»Das Diner magnifique...«* BRANDI 1938 S. 49.

50 *Johanna »die Wahnsinnige« war nach dem Gesetz*... Der spanische Titel Karls in Erlässen und Urkunden schloß mit den Worten: en uno con la my alta y muy poderosa Catolica Reina Dona Juana, mi senora madre, um auszudrücken, daß sie zumindest in Kastilien die Herrschaft nach Erbrecht ausübte und Karl nur als Regent galt.

51 *Die Interessen des Bankhauses*... Außer SCHICK 1957 vor allem G. Frh. v. PÖLNITZ 1972 2. Aufl. und 1958–86 (mit H. KELLENBENZ).

51 *Erbschaft in Burgund*... Südlich von Lothringen bis zur heutigen Schweizer Grenze und nördlich mit Unterbrechungen bis an die Nordsee umfaßte das sogenannte habsburgische Burgund die reichsten Lande Karls. Da 1477 nach dem Tod Karls des Kühnen kraft Lehensrechts das sogenannte »Herzogtum Burgund« an Frankreich zurückfiel, blieb in Karls Politik ein Revisionswunsch stets lebendig. Karls Hof sprach vom »gegenwärtigen Burgund«, les pays de par-deça, um mit einer auch uns heute nicht unbekannten Sprachregelung die augenblickliche Lage von der nach seiner Meinung eigentlich rechtlichen abzuheben. – Über Wollverarbeitung und Handel war namentlich in den küstennahen Gebieten Flanderns und Brabants eine dichte Städtelandschaft entstanden mit einer Einwohnerdichte bis zu 80 Menschen auf den Quadratkilometer, wie sie nur mehr die Lombardei im zeitgenössischen Europa erreichte. Antwerpen zählte zu Ende der Regierung Karls 100 000 Einwohner, Brüssel die Hälfte.

51 *»Erbfeindschaft«*... Zitat nach NETTE 1985 S. 17.

52 *Besonderheiten des spanischen Erbes*... Kastilien umfaßte etwa 6,3 Millionen Einwohner, Aragon nur 1,3 Millionen. Die größten Städte, Valencia, Sevilla, zählten rund 50 000 Einwohner, zahlreiche, wie Toledo, Valadolid, Cordoba, Barcelona immer noch um die 30 000. Altkastilien und Andalusien hatten die größte Bevölkerungsdichte.

52 *Neapel*... Das Königreich zählte etwa 2,6 Millionen Einwohner, die Hauptstadt war die zweitgrößte europäische Stadt nach Paris mit mehr als 200 000 Menschen, LAPEYRE 1973 S. 60 f.

52 *Die Rivalität von Franz und Karl...* Über den französischen König die Biographie von R. J. KNECHT 1986.

53 *Gattinara...* HEADLEY in LUTZ 1982. Der Autor erforschte besonders die Verbindung zwischen der seit dem Mittelalter in Italien wirksamen politischen kaisertreuen Strömung, dem »Ghibellinentum«, im Denken Gattinaras, und den Einflüssen von politischer Prophetie, die sich als eigenartige Form von Zukunftshoffnung damit verband. Man findet dort auch den neuesten Stand der Literatur über politische Prophetie im Spätmittelalter und in der frühen Neuzeit; ein Beitrag von M. REEVES zu Aegidio von Viterbo als joachitischem Propheten ist im nächsten Kongreßbericht des Centro Internazionale di Studi Gioachimiti, voraussichtlich 1990, zu erwarten.

55 *Ein Staatsrat...* LAPEYRE 1973 S. 22; für die spanischen Behörden die große Untersuchung von WALSER und WOHLFEIL 1959. Zur Bedeutung des Kaiserhofes als Regierungszentrum überhaupt ein Überblick von V. PRESS, Journal 1986.

55 *Reichsreform...* ANGERMEIER HZ 1982 und 1984.

56 *Im Reich regierte Karl...* Zum europäischen Horizont die einzelnen Beiträge in SCHIEDERS Handbuch der Europäischen Geschichte Bd. 3 1971, dazu das Handbuch der Deutschen Geschichte von GEBHARDT-GRUNDMANN Bd. 2, demnächst in neuer Auflage. In beiden Handbüchern findet man auch jeweils einschlägige, hier nicht zitierte Literatur zu Personen und Ereignissen.

57 *Der Kaisertitel...* Gattinaras Reden zuletzt bei BORNATE 1915.

58 *Die Krönung zum römischen König...* Die Zeremonie beschrieben ein Augenzeuge in GOLDAST, Reichshändel, 1614 S. 151 f. und Hartmann MAURUS 1550.

59 *Wahlkapitulation...* ANGERMEIER HZ 1982 S. 552. Eine in der deutschen Literatur leider unbeachtete Arbeit des tschechischen Rechtshistorikers R. RAUSCHER 1926 stellt die Wahlkapitulation von 1519 lehrreich in einen europäischen Vergleich und zitiert S. 29 die Gesandten der Kurfürsten mit der Bemerkung, der Vertrag mit dem Kaiser enthalte nichts anderes, als was in der Goldenen Bulle und in anderen Rechten schon enthalten sei. Dazu vgl. Deutsche Reichstagsakten unter Karl V. I Nr. 333 S. 769. Es ist im weiteren Zusammenhang damit übrigens bemerkenswert, daß der vornehmste weltliche Kurfürst, der König von Böhmen, beim Wahlakt am 28. Juni in Frankfurt durch zwei gewählte Vertreter der böhmischen Stände seine Stimme abgab, was der Wahlordnung eigentlich nicht entsprach, nicht den Kurfürsten, sondern die

Stände des Landes als die eigentlichen Repräsentanten erscheinen ließ und die besondere politische Struktur der böhmischen Länder ein weiteres Mal als »Paradefeld ständischer Repräsentation« (BOSL 1969) erwies. Dazu im einzelnen demnächst Josef MA-CEK, Jagellonský věk v Českých zemích (Die Jagiellonenzeit in den böhmischen Ländern).

59 *Die alte Krone* ... Dazu oben GOLDAST 1614 und MAURUS 1550.

61 *Viele vertrauten auf die Kraft von Gebeten* ... SEIBT 1975.

61 *Friedrich war kein Lutheraner* ... Gegen ältere Auffassungen K.-H. BLASCHKE 1971 S. 316 ff. BLASCHKE verweist aber auf kur-fürstliche Interessen im Hinblick auf die Territorialhoheit, nach-dem die Bannbulle gegen Luther ohne kurfürstliche Genehmigung publiziert worden war, und auf eine mögliche Gesinnungsgemein-schaft im Hinblick auf Luthers Gewissensstandpunkt.

62 *Der päpstliche Legat Aleander* ... Für die Entwicklung noch immer grundlegend ist die zweibändige Darstellung von LORTZ 1939 f.

63 *Berufung auf Hus* ... SEIBT Hussitenstudien 1987 S. 153 ff.

66 *Der Antichrist* ... MUSPER 1970 edierte eines der zeitgenössischen Blockbücher, die eine gute Vorstellung von der schreckenerregen-den Form der Legendenbildung im Spätmittelalter vermitteln. Zur Diskussion soeben GERWING 1989 mit weiterführender Litera-tur.

66 *Sie hatten es schon 1412 gebraucht* ... KAMINSKY 1964; BREDE-KAMP 1975 S. 309 ff.

66 *»Wir werden denselben Martin* ...« LORTZ 1939 S. 253.

66 *nicht immer ganz mit denselben Worten* ... Zuletzt mit Umsicht OBER-MAN 1983. Eine ausgewogene Zusammenstellung bietet IM-MENKÖTTER 1982.

67 *Gesinnungsgemeinschaft* ... LUTZ 1979 S. 169 ff. hebt hervor, daß dem sächsischen Kanzler Brück die wohlmeinende Aufmerksam-keit Karls zu einigen Schriften Luthers versichert worden war, al-lerdings die Schrift von der babylonischen Gefangenschaft der Kir-che nicht inbegriffen, und daß auch Karl einen so gelehrten Mann cum misericordia, mit Nachsicht also oder Milde, wieder in die Kirchengemeinschaft aufzunehmen drängte.

69 *Nur einer fühlte sich betroffen* ... LORTZ 1939 S. 282 hat in der älteren Literatur wie kaum jemand die Reaktion des Kaisers hervorgeho-ben. Aber erst WOLTER 1971 stellte die erstaunte Frage an die bisherige Karlsbiographie nach der rechten Würdigung dieses Er-eignisses, übersetzte als erster den gesamten Text und analysierte einzelne Aussagen.

70 *in den zahlreichen Karlsbiographien...* H. LUTZ hatte mehrfach auf die Bedeutung dieses Textes hingewiesen, zuletzt 1979, Biographie, mit einer WOLTER 1971 ergänzenden Interpretation.

72 *Karls Erklärung...* Der Text in: Deutsche Reichstagsakten unter Karl V. I 1898, S. 595 f.

74 *»angeordnet durch meine besagten Vorfahren, sowohl auf dem Konzil von Konstanz...«* BRANDI 1938 S. 113 gibt wieder:»festzuhalten an allem, was seit dem Konstanzer Konzil geschehen ist.« LUDOLPHY 1965, S. 18 überetzt:»was seit dem Konstanzer Konzil angeordnet ist.« Erst LUTZ 1979 weist richtig darauf hin, daß der Kaiser sich hier einer Formulierung bedient, als hätte sein kaiserlicher Vorgänger Sigismund auf dem Konzil etwas »anzuordnen« gehabt, was Rückschlüsse auf seine eigenen Konzilsvorstellungen zumindest zu jener Zeit erlaubt. Das Beispiel mag genügen, um die Bedeutung des Textes zu zeigen, den BRANDI zwar immerhin S. 112 für die »gewichtigste Äußerung« aus Karls Jugendzeit hält, aber gleichwohl nicht näher würdigt oder zitiert.

75 *»Denn es ist sicher...«* H. OBERMAN 1983 S. 212 ff. weist darauf hin, daß gerade dieses Argument gegen Luther, sozusagen die Umschreibung aller konservativen Selbstrechtfertigung, in jenen Tagen in Worms vielfach zu hören war. Karl war mit diesem Argument also alles andere als originell.

75 *»über tausend Jahre wie auch in der Gegenwart...«* Karl bezieht sich offenbar bewußt nicht auf die gesamte Geschichte des Christentums, nicht auf zweitausend Jahre, sondern auf die Zeit seit den dogmatisch grundlegenden Konzilien im 5. Jahrhundert.

77 *Aber er war schließlich fremd in Deutschland...* Man darf allerdings nicht vergessen, daß Luthers Schrift »An den christlichen Adel deutscher Nation« dem Kaiser gewidmet war.

77 *weitverbreitete antirömische Agitation...* Die bekannten Gravamina der deutschen Nation gingen zunächst von Prälaten aus und richteten sich gegen die Forderungen der Kurie.»Nation« rührt dabei aus dem Organisationsgerüst des Konstanzer Konzils. Erst im Lauf des 15. Jahrhunderts wurden sie zur »nationalen« Sache auch der Laien und in diesem Sinn schließlich aufgegriffen durch Luther. Dazu A. GRUNDMANN in LUTZ/KÖHLER 1986.

78 *Luther blieb sein Leben lang respektvoll...* »Allzusehr hat Luther an dem Platz des Kaisers in der Heilsgeschichte, an der Legitimität des Reichsoberhaupts festgehalten – und doch ist die Bedeutung dieses politischen Rahmens für die Einheit des Protestantismus nicht zu unterschätzen.« V. PRESS 1986 S. 36.

81 *»Karl V. hat mit einer ihm eigenen Präokkupation...«* ANGERMEIER HZ 1982 S. 550.

82 *Reichsmatrikel...* Adressaten und Höhe dieser seit den Hussitenkriegen von den Reichsstädten erhobenen Steuer sind bis heute nicht in allen Einzelheiten geklärt. Zu den Reformen Karls in diesem Belang äußert sich demnächst mit neuen Zahlenangaben die Bochumer Dissertation von K. GONSKA. Bis dahin Einzelheiten bei P. MORAW in: U. SCHULZ (Hg.) 1986; P. SCHMID in: ANGERMEIER (Hg.) 1983; P.-J. SCHULER in: Schau-ins-Land 97 (1978).

83 *Reichskammergericht...* Zum Forschungsstand A. LAUFS im Handwörterbuch zur Deutschen Rechtsgeschichte 1990. Dort auch die positiveren neueren Urteile.

84 *Berthold von Henneberg...* K. S. BADER 1955.

85 *ungeliebte politische Ehen...* H. WEBER in: LUTZ 1982. Hier werden im einzelnen die großen Eheprojekte ausgebreitet und ihre Veränderungen erklärt.

85 *Ein kaiserlich-königliches Gespann...* Dazu BURKERT 1987 mit der älteren Literatur.

85 *Württemberg...* Zur habsburgischen Herrschaft in Württemberg mit dem Akzent auf der Wiedergewinnung 1534 informiert die Studie von V. PRESS 1988 mit der älteren Literatur.

87 *Herrschaftsraum der Jagiellonen...* Über die Situation in Ostmitteleuropa um 1490 unterrichten demnächst mehrere Beiträge in der Zeitschrift Bohemia 31 (1990), besonders von BAK, MACEK, MAROSI, RUSSOCKI. Zur Entwicklung in den böhmischen Ländern EBERHARD 1981 und 1985.

88 *Türkenschlacht...* Zur Schlacht von Mohács vom 29. 8. 1526 die Schilderung der böhmischen Perspektive demnächst bei J. MACEK, Jagellonský věk v Českých zemích (Die Jagiellonenzeit in den böhmischen Ländern).

88 *Zwar verließen die Türken...* Außer TYLER 1956 bietet eine Studie von KALDY-NAGY 1974 eine Übersicht der türkischen Invasion in Ungarn. Zur verbreiteten Türkenfurcht KISSLING 1964 und, namentlich für das spätere 16. Jahrhundert, SCHULZE 1978. Die Türkenfrage im Spannungsfeld der Reformation überblicken auch C. GÖLLNER 1975 und CSÁKY 1982.

89 *Die respektable Korrespondenzleistung...* RASSOW 1957 S. 23 sprach von einem »ungeheuren Schreibwerk«. Ein Vertrag von 1516 mit Franz und Baptista von Taxis sicherte Karl die Kurierdienste gegen Monopolzusage, schloß aber private Nebendienste nicht aus,

dazu H. J. BECKER 1973 und M. PIENDL 1967, neuerdings BEHRINGER 1990.

94 *und indem ich sehe und fühle...* Nach BRANDI 1938 S. 191.

96 *Erasmus von Rotterdam...* Der niederländische Gelehrte verkündete zum Teil schroff gegen die burgundische Ritterkultur gerichtete Maximen. Dabei war er einer der ersten, den man als Schriftsteller mit Publikum in der Geschichte der europäischen Literatur bezeichnen könnte, auch einer der ersten, die von ihrer Feder lebten. Über seinen Einfluß auf die Gedankenwelt der Kirchenreformer R. STUPPERICH 1936, zusammenfassend noch 1980; seinen Einfluß in Spanien verfolgte 1937 M. BATAILLON. Dort geriet Erasmus allerdings auch in Konflikt mit der Inquisition, was ein Zeugnis bei GUGGISBERG 1984 S. 74 ff. gut deutlich macht.

97 *Jörg von Frundsberg...* Dazu die Biographie von R. BAUMANN 1984.

98 *»pace d'Italia«...* im Überblick LUTZ HEG Bd. 3 1971.

98 *an den Dauphin als Reichsvikariat übertragen...* SEIBT ZHF 1981.

102 *Niccolò Machiavelli...* Aus der reichen Literatur KLUXEN 1967; neuerdings MITTERAUER 1989.

104 *»Damenfrieden« eher von praktischer Vernunft getragen...* ZEEDEN HEG Bd. 3 1981 S. 528 spricht vom halbwegs tragfähigen sogenannten Damenfrieden, aber LAPEYRE 1973 S. 39 nennt ihn »faktisch den wichtigsten in den Kriegen zwischen Franz I. und Karl V.«

105 *Nach ihrem Sieg bei Mohács...* Zur Lage in Böhmen um diese Zeit SEIBT, Renaissance 1985 mit Lit.

105 *mit einem aufschlußreichen Reisebericht...* Ediert von S. DZAJA und J. DZAMBO 1983.

106 *mit Geldangeboten und Geschenken...* MRAZ 1980.

106 *»Die Frage, warum Karl sieben Wochen...«* LAHNSTEIN 1979, S. 141.

107 *Vierzig Prozent des Landes...* LUTZ HEG Bd. 3 1971 S. 876.

107 *Die Medici...* CLEUGH 1989 zur Geschichte der Familie.

107 *am 22. Februar 1530...* Ein Bericht über diese Krönung bei GOLDAST, Reichshändel, 1614, S. 155 ff. CADENAS Y VICENT 1985.

109 *Der sogenannte deutsche Bauernkrieg...* Zur revolutionären Entwicklung BLICKLE 1980 und SEIBT 1984.

109 *außer in Tirol...* MACEK 1988 zum Tiroler Aufstand und zur Person des Anführers Michael Gaismair.

109 *indiskutabel für Karls politische Vorstellungen...* Dazu allgemein W. BECKER 1974.

110 »*vertraue zu verantworten*« ... FUCHS 1970 GG S. 75.
111 *mit radikalen utopischen Neuerungen* ... SEIBT 1972.
112 »*vor Gott stehen und Recht geben muß*« ... FUCHS 1970 GG S. 90. »Das Revolutionäre am Speyerer Protest«, so erinnert 1971 E. W. ZEE-DEN, HEG Bd. 3 1971 S. 528, habe schon F. HARTUNG in seiner Deutschen Verfassungsgeschichte hervorgehoben, zuletzt 1964 in 8. Aufl. S. 24.
114 »*in einer Gemeinschaft, Kirche und Einigkeit leben*« ... BRANDI 1938 S. 263.
115 *die streitenden Parteien auseinanderhielten* ... NETTE 1985 S. 73 f.
116 »*wie die Böhmen* ...« NETTE 1985 S. 75, deutsch nach HEINE 1848, S. 248. Zu Garcia de Loaysa OP allgemein W. REINHARD in: ISERLOH (Hg.) 1980 S. 80. Auch Erasmus vertröstete gelegentlich auf die Zeit als Kompromißfaktor und moniert Toleranz. Man müsse die Lutheraner ertragen wie die Hussiten und die Juden, vgl. RASSOW 1942 S. 59.
117 *Melanchthons Aussage sicher falsch* ... BORNKAMM RGG 1957; dazu auch ZEEDEN HEG 1971 S. 529 und Theol. Real-Enzyklopädie Stichwort Confessio Augustana 1986, ebenso das katholische LThK 1957 mit einem Beitrag von Th. SARTORY.
117 *Melanchthon mit dem Legaten Campeggio* ... Die Entwicklung bietet mit besonderer theologischer Scharfsicht LORTZ 1939; der Versuch, den ganzen »Augsburger Mikrokosmos« zu umgreifen, beeindruckt bei LUTZ HZ 1981. Zu Campeggios Verhandlungen mit Melanchthon um den Laienkelch HONÉE 1970; auch Campeggio erinnert dabei an die Verhandlungen im 15. Jahrhundert »mit den Böhmen« S. 144.
118 »*Wir haben einen frommen Kaiser*« ... Luthers Werke, Weimarer Gesamtausgabe, Tischreden. Hier ist die Stelle zweimal belegt für die Zeit zwischen dem 9. Juni und dem 12. Juli 1532.
119 *Karl nicht mehr Schiedsrichter, sondern Partei* ... ANGERMEIER HZ 1982 S. 565; MAURER 1976, IMMENKÖTTER 1979.
119 »*Die Verkündung des Widerstandsrechts* ...« ANGERMEIER 1982 HZ S. 567. Dazu SEIBT 1984 bes. S. 244 ff.
120 *ob den Landesfürsten* ... ANGERMEIER wie oben S. 585.
121 »*das letzte Lebewohl*« ... LANZ Bd. 1 1845 S. 408, dt. nach NETTE 1985 S. 76 f.
122 »*auf keinen Fall dulden*« ... LANZ Bd. 1 1845 S. 417, dt. nach NETTE 1985 S. 77.
122 *Die Wahl Ferdinands* ... Der Stand der Forschung bei SUTTER-FICHTNER 1982 S. 87 f., dazu noch E. LAUBACH 1976. Auch

diesmal mußten die Kurfürsten mit Geld für die Wahl gewonnen werden, es ging um mehr als 350000 Gulden vom Bankhaus Fugger.

123 *Die bayerische Gegenstellung*... Die bayerische Politik in dieser Zeit umriß LUTZ ZBLG 1959.

124 *konfessionelle Toleranz unter dem Sultan*... Suleyman nahm 1552 gelegentlich auch die deutschen Protestanten nachdrücklich in seinen Schutz, wie KALDY-NAGY 1974 S. 202 hervorhebt, auch wenn das, den Umständen nach, nur verbale Erklärungen blieben. W. SCHULZE berichtet 1978 S. 50, der Sultan wollte Luther wissen lassen, in ihm einen gnädigen Herrn zu haben.

125 *Übersetzungsschwierigkeiten*... Dazu TYLER 1956 S. 131 ff.

125 *»Weltpolitik und Türkenhilfe...«* REINHARD 1980 S. 65.

125 *eine andere Politik als sein Bruder Ferdinand*... SUTTER-FICHTNER 1982, bes. S. 118–139.

125 *»sur le fait des heresies«*... LANZ 1844 Bd. 1 S. 125, dazu REINHARD 1980 S. 82.

126 *das Lied von Gott als einer festen Burg*... So vermutet BRANDI 1938 S. 281.

126 *»Überall ein Hinhalten...«* BRANDI 1938 S. 283.

128 *die Einkünfte aus dem »neuen Indien«*... Dazu HANKE 1960. Das Bankhaus Welser begann mit Karls Privileg den eigenen Silberabbau in Südamerika und sandte deshalb 24 Bergleute aus dem böhmischen Joachimsthal ins Land, wohl die erste nichtspanische Einwanderergruppe.

128 *überhöhte Zinszahlungen*... R. CARANDE errechnet in seinem dreibändigen Werk über Karl V. und seine Bankiers zu Kriegszwecken mehr als 500 Kreditverträge für die Zeit von 1520 bis 1556 mit einer Gesamtsumme von fast 29 Millionen Dukaten. Die Rückzahlungsverpflichtungen dafür betrugen mit den Zinsen über 38 Millionen. Zum Thema auch FERNANDEZ-ALVAREZ 1975 S. 63. Zur Finanzpolitik allgemein KELLENBENZ 1960.

129 *Verlust Württembergs*... V. PRESS erwog 1987 und 1988 noch einmal deutlich die Vor- und Nachteile des württembergischen Herzogtums in habsburgischer Hand. Sicher ein starkes Pfand in Süddeutschland, war die Entlastung für die Habsburger hier nach PRESS auch eine Voraussetzung für König Ferdinand, im Streit um das revolutionäre Täufertum in Münster einzugreifen und sein Königtum zu festigen.

130 *Er sprach spanisch*... BRAUDEL 1966 S. 50. Karl verteidigte anderntags den Gebrauch des Spanischen auch als die Demonstration

einer allgemein anzuerkennenden europäischen Verkehrssprache. Die Rede selbst ist nur in kürzeren Zeugenerinnerungen überliefert. Karl erwähnt sie in einem Brief an die Kaiserin am nächsten Tag, FERNANDEZ-ALVAREZ (Ed.) 1973 S. 487 f., und gleichzeitig in einem Brief an seinen Bruder, BRANDI 1941 S. 259 f., was noch einmal deutlich macht, wie wichtig sie ihm erschien. Die spanische Aufzeichnung eines Zuhörers veröffentlichte A. MOREL FATIO 1913.

130 *zwei französische Prinzen in Geiselhaft*... Es handelt sich um die beiden Söhne Heinrich und Karl aus der ersten Ehe von Franz I. Im Frieden von 1529 wurden sie gegen das Lösegeld von 1 Million Dukaten freigelassen.

131 *die wohlbedachte Absicht dieser Rede*... RASSOW hat sich 1932 bisher am ausführlichsten mit dem Text auseinandergesetzt, vornehmlich, um Karls Begriff von »mittelalterlichem« Kaisertum daran zu erweisen. Für Rückschlüsse auf Karls Persönlichkeit ist sie naturgemäß von geringerem Aussagewert, da sich allenfalls die einzelnen Argumente und ihr Aufbau aus den Berichten der Zuhörer herausschälen lassen. Diese Berichte genügen immerhin, um Karl von neuem als gewandten Strategen und Taktiker zu erkennen.

132 *was ist Universalmonarchie?*... Während noch H. LUTZ offenbar ein zusammenhängendes Herrschaftskonstrukt vor Augen hat, betont KOHLER 1977 den Kompromiß Karls zwischen dominium mundi und christlicher Solidarität. V. VIVES 1959, F. BRAUDEL 1966 und Ch. LAPEYRE 1973 rücken eher Veränderungen nach Gelegenheit in den Vordergrund. Gewiß muß man die politische Praxis von einer »Herrschaftsidee« Karls unterscheiden, aber diese »Idee« war offenbar nicht ein abstraktes Gedankenwerk, sondern seine eigene und natürlich im Lauf seines Lebens auch veränderte Selbstdarstellung, orientiert an seinem Ritterideal und dort auch bis zuletzt festgehalten. In der Theorie auf mittelalterlichem Grund und seinen Dissonanzen, wie soeben Franz BOSBACH gezeigt hat, und auch weiterhin in der frühen Neuzeit wirkend, deshalb nicht Karl zum letzten »mittelalterlichen« Kaiser stempelnd, läßt sich das Programm mit Zustimmung und Ablehnung in der politischen Propaganda der Zeit, in Manifesten und in politischen Traktaten beobachten. BOSBACH untersucht den Begriff erstmals zusammenfassend: »Das Bild der Universalmonarchie diente in der Zeit Karls V. allen Beteiligten der großen europäischen Auseinandersetzung als Argumentationsmittel... Die Arbeit der Propaganda Karls... konzentrierte sich vorwiegend auf die Zeit bis 1530, d. h.

auf die Amtszeit Gattinaras, und erfuhr noch einmal eine Bele-
bung, als Karls Sohn Philipp 1549... als präsumptiver Nachfolger
seines Vaters... zusammen mit Karl V. als Universalmonarch ge-
feiert wurde.« S. 45 f.

132 *und begegnen einander im persönlichen Zweikampf...* Zur Bedeutung von
mehr als dreißig vergleichbaren Duellangeboten für die Vorstellung von Würde und Verantwortung spätmittelalterlicher Herrscher A. BORST 1986 S. 484.

133 *Kaiser ist nicht gleich Kaiser...* Zur Begriffsklärung hat neuerlich das
Buch von BOSBACH besonders beigetragen. Darin wird zugleich
die tiefe Wirkung der Kaiseridee im europäischen Kulturkreis von
neuem deutlich, bei Befürwortern wie bei Gegnern, und auch die
oft unterschätzte politische Ganzheitsidee, die an dem Postulat von
Universalmonarchie noch lange festhalten läßt, sei es auch nur in
der Utopie, was ich 1972 zu zeigen versuchte. Urteile auch noch in
der neuesten Literatur über die Kraftlosigkeit universaler Kaiser-
ideen in den nachmittelalterlichen Jahrhunderten erscheinen demgegenüber zumindest vorschnell aus der politischen Retrospektive
gefällt.

133 *Friedrich II., der letzte Stauferkaiser...* Zu seiner Selbstdarstellung, besonders mit architektonischen Mitteln, zuletzt BERING 1986.

134 *die christliche Öffentlichkeit...* Das europäische Selbstverständnis als
Staaten- und Interessengemeinschaft, wie es sich beispielsweise
1464 in einem berühmten, aber vergeblichen Vorstoß des böhmischen Königs Georg von Podiebrad zu einem Friedensbund aller
europäischen Herrscher ohne Papst und Kaiser ausdrückte, hat
noch keine Darstellung gefunden. Zum Fürstenbund von 1464 VA-
NĚČEK, Cultus pacis 1965.

134 *Die Satire in Spanien...* Bemerkenswert, daß nicht nur Don Quixote,
der Mann aus der Mancha, sondern auch andere Figuren im Spanien jener Zeit zur Adels- wie zur Armutssatire dienten, man denke
nur an Lazarillo von Tormes.

135 *Karl schrieb an Ferdinand...* Deutsch nach BRANDI 1938 S. 362.

136 *in ein nahes Kloster der Hieronymiten...* Zur Ordensgeschichte, besonders in Spanien, noch immer W. STIRLING 1852, 68 ff. Die Tatsache der Bindungen Karls gerade an den Hieronymitenorden ist immer wieder ohne nähere Erklärung erwähnt worden. Die Verbindung zwischen franziskanischer Armut und Eremitendasein, zwischen Seelsorge, Besinnung und Meditation, zwischen einer zumindest proklamatorischen Askese also und doch persönlicher, gei-
stig betonter Unabhängigkeit im Rahmen der Ordensgelöbnisse

verdient Beachtung im Hinblick auf die allgemein so wenig reflektierte religiöse Persönlichkeit Karls. In dieser Hinsicht sind die beiden fast gleichzeitigen Werke von W. STIRLING 1852 und M. MIGNET 1854 noch nicht überholt.

136 *Aufstand in Gent...* Einzelheiten bei LADEMACHER 1983.

136 *Abschied von seiner Mutter...* Die Besuche des Kaisers bei seiner Mutter, deren er sich auch in seinen Memoiren erinnert, mögen Ritual sein, wie manches in seinem Leben und besonders auch in seinen Rückblicken. Immerhin widersprechen sie der Aussage in HAMANNs Habsburgerlexikon 1988 S. 182, sein Interesse an seiner Mutter sei erlahmt, nachdem er 1517 als Mitkönig anerkannt worden sei, oder die Mutter habe danach unbeachtet in ihrem Gefängnis dahinvegetiert.

137 *Karl suchte allgemein in der Städtepolitik...* Dazu E. NAUJOKS 1985; zum Stadtpatriziat RIEDENAUER 1967.

137 *Von der jährlichen Millionensumme...* TYLER 1856 S. 164.

137 *wie man Kriege auch wieder beenden könne...* TYLER 1956 S. 165.

138 *Der deutsche Bauernkrieg...* Zum Bauernaufstand von 1525/26, der seine größte militärische und ideelle Kraft noch dazu im habsburgischen Tirol entfaltete, ist gar keine unmittelbare Reaktion Karls bekannt, vgl. MACEK 1988.

139 *»die herbste Enttäuschung«...* BRANDI 1938 S. 369.

143 *»die Ohrenbeichte zuzulassen«...* BRANDI 1938 S. 384.

144 *dem ein wenig besorgten fürstlichen Hochzeiter...* J. LORTZ 1940 S. 248.

145 *»wider alle Protestantes...«* BRANDI 1938 S. 387.

145 *Philipp gab seine protestantischen Genossen nicht auf...* Anders äußert sich irrtümlich NETTE 1985 S. 94.

146 *So hätte er ihm auch selber begegnen müssen...* BRANDI 1938 S. 389. In einem Rückblick von 1550, den man meist als seine Memoiren bezeichnet und von dem noch die Rede sein wird, widmet Karl dieser Entschuldigung merkliches Gewicht.

148 *Mord an zwei französischen Gesandten...* TYLER 1956 S. 146.

149 *und einen Gouvernanten für den Prinzen...* BRANDI 1939 S. 416.

149 *Karl Brandi hat diese Instruktionen...* BRANDI 1938 S. 415.

150 *»daß er mir einen solchen Sohn gegeben hat«...* BRANDI 1938 S. 417.

150 *schreibt Brandi 1938...* S. 268.

152 *die spanische Kolonialpraxis...* J. HÖFFNER stellte 1947 die Grausamkeiten der Conquista dar, suchte ihren gedanklichen Hintergrund im spanischen Sendungsbewußtsein und zeigte ihre freilich nur gedankliche Überwindung in einer neuen »Kolonialethik« der spanischen Spätscholastik.

154 *Jetzt aber kommt der Kaiser*... Zu Karls Anspruch auf Geldern NA-
GEL 1978.

155 *»in dem uns so unverständlichen Versagen des Papstes«*... LORTZ 1940
S. 259.

156 *die religiöse Phantasie beflügelt*... Es handelte sich dabei also nicht nur
um die gedankliche Enthüllung des Ikonoklasmus, die allgemein
als bekannt gelten kann. Eine Darstellung von H. BREDEKAMP
1975 über Kunst als Medium sozialer Konflikte suchte von der Antike bis zur Hussitenzeit auch den ästhetischen Wandel in der jeweils neuen Bildkunst zu erfassen. Eine vergleichbare Untersuchung für das reiche Bildmaterial des reformatorischen Umbruchs
im 16. Jahrhundert ist mir nicht bekannt.

157 *einen »völlig neuen Typ von Weltpriester«*... ENGEL HEG 1971 S. 172.
Es ging dabei jeweils um Versuche, über neue, gesellschaftsbezogene Ordenskonstruktionen den Priester in das zeitgenössische
bürgerliche Leben einzugliedern. Nicht zufällig entstanden diese
neuen Orden im städtedichten und wirtschaftsintensiven Milieu
der italienischen Renaissance.

158 *Karl hat ihn erst spät zur Kenntnis genommen*... Francisco Borja, Urenkel des bekannten Papstes, einer der frühen spanischen Jesuiten,
besuchte Karls Mutter wiederholt vor ihrem Tod und führte auch
religiöse Gespräche mit Karl in seinen letzten Lebensmonaten.

158 *Erasmus empfahl*... RASSOW 1942 S. 59. Erasmus genoß allgemein
Achtung in Spanien, die nach M. BATAILLON 1937 auch der
Kaiser teilte. Allerdings wurde 1537 seine Lektüre in der Volks-
sprache verboten.

160 *»in Mitteleuropa Entscheidungen und Erfolge sucht«*... KOHLER NDB
1977 S. 204.

160 *antifranzösische Propaganda, wie sie Nikolaus Perrenot im Sinn hatte*... Antoine Perrenot von Granvelle, seit 1550 nach dem Tod seines Vaters
der besondere Ratgeber Karls im Reich, förderte namentlich in den
Niederlanden die Druckgraphik als Mittel kaiserlicher Propaganda. Dazu R. SCHLEIER 1976.

160 *Die Angst machte die Runde*... Zur Türkenangst in Frankreich BRAU-
DEL 1966 S. 25.

161 *Karls »Hoheit und kaiserliche Würde in Glaubensdingen«*... BRANDI
1938 S. 448.

166 *mit Bayern einen Vertrag über wohlwollende Neutralität geschlossen*... Zur
Entwicklung LUTZ 1964.

166 *Der Tarnung galt eine Serie von Briefen*... LANZ Bd. 2 1845 S. 491 ff.

167 *Zustand kaiserlicher Posten*... W. BEHRINGER 1990.

167 *kaiserlicher Vertreter Mendoza...* H. LUTZ Konzil 1979 S. 164 f. betont das Bestreben des Kaisers, »ohne die kirchenrechtliche Position des Papstes formal anzufechten, nun doch sehr weitgehende Lenkungsfunktionen gegenüber dem Konzil wahrzunehmen«. Zum Verlauf im einzelnen die große Darstellung von H. JEDIN 1951–1975.

168 *komplizierte Frage nach einer Konzilssuperiorität...* dazu R. BÄUMER LThK 1961 Sp. 505.

168 *und dem religiösen Pluralismus zur Entstehung verhalf...* LUTZ Konzil 1979 S. 167 spricht von »taktischen Zügen und Finessen«, ja von »Wechselreiterei«. Manches daran erklärt sich aus Karls geringer Aufnahmebereitschaft für theologische Diffizilitäten im Rahmen seines eigenen traditionalistischen und formalen Religionsverhältnisses.

169 *»Die Zeit ist günstig...«* LANZ Bd. 2 1845 S. 487.

169 *Viktoria schießen lassen...* Zum Hin und Her des taktisch gewiß interessanten Donaufeldzugs bietet BRANDI 1938 S. 472 f. eine eingehendere Übersicht.

172 *sein Kontingent und seinen Legaten zurückgezogen...* H. LUTZ betont 1979 S. 176, der Papst habe die Übermacht Karls im Schmalkaldischen Krieg durch die Einbindung Frankreichs mildern wollen, was Karl entrüstet abgelehnt habe.

173 *und deshalb auch ohne Protestanten und ohne Kaiser?...* JEDIN, Trienter Konzil Band II, 1957.

173 *unverständlich für mittelalterliches Recht...* RACHFAHL 1909.

173 *Reichsbund zur Verfassungsreform...* H. RABE 1973; V. PRESS 1976 erinnert daran, daß der Begriff von einem »Reichsbund« eigentlich unzutreffend sei. Es habe sich im besonderen um den Versuch gehandelt, die Reichsritterschaft zu aktivieren.

173 *beachtlichen Anteil an reichsunmittelbarem Adel...* seinen Einfluß und sein mögliches Gewicht bei einer entsprechenden Aktivierung als ein Reformpotential besonderer Art, das Karl treffend ansprach, zeigte PRESS zuletzt 1989.

174 *Ein Spottgedicht...* Gustav KAWERAU (Hg.), 1881.

174 *nachdenklich und nicht mehr unbezwinglich...* zum Interim ANGERMEIER HZ 1982 S. 588.

177 *dreiundzwanzig Nachlaßverfügungen...* BIENERT in RASSOW 1960.

180 *allesamt zu wenig hervorgehoben...* Das hängt freilich auch damit zusammen, daß eine moderne Biographie Ferdinands erst in den letzten Jahren vorgelegt wurde. P. SUTTER-FICHTNER ermöglichte mit ihrer Biographie 1982, deutsch 1986, eine erheblich aus-

gewogenere Urteilsbildung, wie sie vorher bereits A. WAN-
DRUSZKA NDB 1961 gefordert hatte. Die Vorstellung vom älteren und vom jüngeren Bruder in dieser Doppelherrschaft bleibt dabei erhalten, gewinnt an Tiefe, wie Karl auch um vorgegebene
Strukturen bemüht war, um den Weg seines Bruders zum römischen König und zu seinem Nachfolger zu ebnen. Er machte ihn
1521 bis zu seiner eigenen Kaiserkrönung bekanntlich zum Vorsitzenden des bis dahin bestehenden Reichsregiments; nach der Krönung Ferdinands 1531 und der Auflösung dieser Institution hatte
er ein Formular für die weitere Bevollmächtigung seines jüngeren
Bruders bereit, das, zumindest nach dem Zitat bei ANGER-
MEIER 1984 S. 245, sehr an die Umschreibung des alten Reichsvikariats bei Abwesenheit des Kaisers erinnert, wie sie Karl IV. einst
gebraucht hatte, dazu SEIBT ZHF 1981.

180 *»Waffenbrüderschaft«*... SUTTER-FICHTNER 1975.

181 *»pour establir et conserver la grandeur de notre maison«*... LANZ Bd. 3
1846 S. 15 ff. Bezeichnend ist auch hier wieder die dynastische Attitüde, nicht die Staatsräson oder die Not der Christenheit.

182 *Bischof als männlichen Schutz*... GIES 1988 S. 181.

184 *seine Memoiren in die Feder*... Karls Memoiren sind, solange die Ur-
schrift nicht doch irgendwo auftaucht, am besten zugänglich in der
aus dem Portugiesischen ins moderne Französisch übertragenen
Ausgabe von K. de LETTENHOVE 1862.

184 *Er klagt darüber*... BRANDI 1941 S. 42.

185 *Brandi hat sie vor sechzig Jahren überprüft*... BRANDI, Berichte und
Studien II 1932, S. 286–293.

186 *»mit Unbefangenheit unter seinen Händen entstanden«*... BRANDI 1941
S. 52.

187 *gelegentlich zweimal im selben Satz*... de LETTENHOVE 1862 S. 105.

187 *der Titel »Seine Heiligkeit«*... de LETTENHOVE 1862 S. 39.

188 *Behördenaufbau in Spanien*... F. WALSER und R. WOHLFEIL haben 1959 die Entwicklung der Regierungsformen vornehmlich in
Burgund und in Spanien und die daraus gewachsene Behörden-
struktur als eine besondere, in Jahrzehnten entwickelte Form der
Personalunion unter Karls Regierung dargestellt.

188 *für den mühsamen Weg der deutschen Reichsreform*... dazu ANGER-
MEIER 1984.

188 *letztlich auch zur Vereinigung Deutschlands*... de LETTENHOVE 1862
S. 202.

188 *der Orden vom Goldenen Vlies*... de LETTENHOVE 1862 S. 111.

188 *le temps est dans la main de Dieu*... de LETTENHOVE 1862 S. 60.

189 *den halben Umfang des ganzen Memoirenwerkes*... de LETTENHOVE 1862 S. 103–199, ohne Details zur Vorgeschichte ab S. 80.

189 *»einem besseren Rat von einem aus unserem Haus«*... de LETTENHOVE 1862 S. 149.

189 *»und die Schlacht daranzugeben?«*... de LETTENHOVE 1862 S. 150.

190 *»daß sie erstaunt und überrascht waren«*... de LETTENHOVE 1862 S. 195.

190 *die ihm zu seinen Siegen gratulieren*... de LETTENHOVE 1862 S. 200.

191 *»unseres Herrgotts Kanzlei«*... FUCHS in GG 1970 S. 113 mit Literatur.

191 *der Exekutor selber Protestant*... Zu Moritz und seinem Parteiwechsel BORN HZ 191 1960, hier bes. S. 51. Ein Streiflicht auf die nicht immer beachtete materialle Seite der Reformation und den Wettlauf bei der Säkularisation von Kirchengut zwischen Fürsten, Adel und Städten W. BECKER S. 115 in IMMENKÖTTER 1982.

191 *nit Teutscher sprach sein*... LUTZ 1964 S. 68. Mit der Übertragung des Reichsvikariats an den König von Frankreich, wofür sich die Fürsten einsetzen wollen – nur dem Kaiser stand sie zu –, waren die genannten Städte rechtlich noch nicht an Frankreich abgetreten worden, wie das oft dargestellt wird. Sie unterstanden damit lediglich der Fürsorge und der Verwaltung des französischen Königs im Auftrag des Kaisers. Bemerkenswert ist in diesem Zusammenhang die so sehr dem modernen nationalstaatlichen Denken zugeordnete Bemerkung über ihre sprachliche Zugehörigkeit. Diese Bemerkung soll wohl die Fürsten vor dem Vorwurf der Preisgabe nationalen Besitzes schützen. Das sprachnationale Argument im Vertrag von Chambord vom 15. Januar 1552 hebt auch Otto v. HABSBURG in seiner Karlsbiographie 1967 hervor und nach ihm Ph. ERLANGER 1980 S. 332.

192 *Bereitschaft zum Widerstand*... ANGERMEIER HZ 1982 S. 585. Zum Legitimationsstreben in diesem Zusammenhang SEIBT 1984 mit Literatur und Quellen.

193 *um einen so großen Vogel zu fangen*... GIES 1988 S. 203.

193 *»die einzige bedeutungsvolle Handlung der Protestanten in Trient...«* BRANDI 1938, S. 515.

194 *und gegen die Wünsche der französischen Politik*... KALDY-NAGY 1974.

194 *seine Finanzsorgen waren nicht das Schlimmste*... v. PÖLLNITZ HJb 1955, LYNCH 1964.

194 *habsburgische Einkreisung der unruhigen Franzosen*... TYLER 1956 S. 197.

195 *ein diplomatisches Meisterstück der Brautwerber...* TYLER 1956 S. 197 ff.

195 *»mit der grandiosen universalen Herrscheridee seines Bruders«...* LUTZ 1964 S. 86.

195 *daß Tizian nach eingehenden Anleitungen malte...* v. EINEM und PÖNSGEN in RASSOW 1960. H. v. EINEM betont die unklare Vorgeschichte des Gemäldes. Der kulminierende Familienstreit um die Nachfolge zur Jahreswende 1550 und im Frühjahr 1551 bietet den passenden Hintergrund. Freilich ist das Bild keine Metapher für Karls Rücktrittsabsichten, sondern für sein religiöses Selbstverständnis. Gesichert ist die Ablieferung am 10. September 1554 und die unterschiedliche Bezeichnung: Tizian sprach von La Trinità. Bei seiner Vollendung wird das Bild aber als »Gloria« am Kaiserhof willkommen geheißen. Im letzten Codicill zu seinem Testament von 1558 spricht Karl vom »Jüngsten Gericht«, BRANDI 1941 S. 426.

197 *seine eigene Politik zu entfalten suchte...* SUTTER-FICHTNER 1982.

198 *der Goldschatz der Inkas...* ENGEL HEG 1971 S. 90 f., 98 und 273.

198 *»Wie die Dinge lagen...«* TYLER 1956 S. 246.

199 *»die Lasten zu tragen«...* TYLER 1956 S. 246. Zur allgemeinen Finanzsituation auch KELLENBENZ in LUTZ 1982, besonders hier die Betonung der spanischen Geldquellen und die Beobachtung, wie Karl, auch mit Rechtsbeugung, die deutschen Monopolunternehmen unterstützte.

200 *so daß alle Politik in Übersee auf ihn zurückging...* ENGEL HEG 1971.

200 *als bellum iustum, als gerechter Krieg...* E. STRAUB 1976. Zur christlichen Kriegsidee in universalhistorischer Herleitung E. DREWERMANN 1982.

201 *nach den Berichten des Alten Testaments...* Deuteronomium, eigentlich das 5. Buch Mosis 20, 16–18. Die Stelle wurde im Mittelalter vielfach zur Kriegsrechtfertigung herangezogen.

201 *Bartolomé de Las Casas...* Dazu FORTI 1989.

201 *in ihren Vorstellungsbereich einzuordnen...* FRANKL 1962.

201 *mit Selbstverständlichkeit der spanischen Rechtsgrundsätze bedienten...* ENGEL HEG 1971 S. 97 mit Literatur.

201 *ein Stück europäischer Geschichte sind...* SCHMITT (Hg.) 1984.

202 *Rothäute vom Christenrecht ausgeschlossen...* Der folgende »trail of tears« mit Tausenden von Toten, der fast alle Indianer mit Gewalt über den Mississippi trieb, oft in unfruchtbare, für Jagd und Weide ungeeignete Landschaften, besiegelte den Untergang vieler Stämme. Dieses Kapitel der Geschichte der Vereinigten Staaten

von Amerika ist in Übersichtsdarstellungen bislang noch wenig behandelt worden.

203 *»zwei Jahre der Verwirrung«*... LUTZ 1964 S. 180 ff.

203 *im Mai 1552 nach Villach*... LUTZ 1964 S. 91 ff. mit ausführlicher Interpretation. SUTTER-FICHTNER 1982 S. 198 ff. mit besonderem Akzent auf der drohenden Türkengefahr. Dazu detailliert KALDY-NAGY 1974.

204 *nach dem Ton ihrer regen Korrespondenz*... Die Briefe in der Edition von LANZ Bd. 3 1846 werden besonders um 1555 häufiger und länger, wobei Karl immer wieder bedauert, seinen Bruder vor seiner Abfahrt nach Spanien nicht noch einmal sehen zu können. Schließlich akzeptiert er einen Besuch seines Neffen Maximilian mit seiner Tochter Maria sehr dankbar.

205 *»in der blutigsten Schlacht der ganzen Reformationszeit«*... FUCHS 1970 GG S. 116.

205 *Er war der Anfang einer neuen Zeit*... BRANDI 1938 S. 538.

206 *»die armen Subjekte der einen Kirche wie der anderen...«* LANZ Bd. 3 1846 •S. 700.

206 *Albrecht mit dem humanistischen Schmeichelnamen Alkibiades*... FUCHS GG 1970 S. 115 f.

207 *Denkschrift des kaiserlichen Vizekanzlers Georg Sigmund Seld*... ediert von LUTZ und KOHLER 1971; teilweise übersetzt von A. D. DRUFFEL 1896.

208 *Seld hält die Landfriedenswahrung für ein leidiges Problem*... ein Schlaglicht auf die Lage in Norddeutschland warf soeben die Münsteraner Dissertation von G. SCHULTE zur Bündnispolitik und Kommunikation unter Hansestädten.

209 *»fiktive Entlastung« für den Kaiser*... so LUTZ 1964 S. 325 ff.

209 *»Revokation« gegen den Reichstagsabschied*... LUTZ 1964 S. 412 und 437.

209 *»weiterhin Verantwortung für die Reichspolitik zu tragen«*... LUTZ 1964 S. 415.

209 *»die Züge blieben unauslöschlich«*... LUTZ 1964 S. 426.

210 *»Sieg der Politik über die Religion«*... ANGERMEIER HZ 1982 S. 598.

212 *die Täufer hatten keine Herren*... Zur Täufergeschichte allgemein H. FAST (Hg.) 1962; zum Verhältnis zwischen Täufertum und Utopie SEIBT 1972; zum Täuferschicksal auch: Die Hutterischen Täufer 1985.

212 *»Übereinkommen der Reichsstände unter königlicher Vermittlung«*... ANGERMEIER HZ 1982 S. 599.

213 *»sich an die Stelle des Reiches zu setzen und dessen Rechte zu okkupieren«*...
so ANGERMEIER HZ 1982 S. 602. Dazu meine Überlegungen
von 1984, inwieweit die Reformation in die Reihe der europäischen
Revolutionen gehöre und wo sie vom Vergleichsfeld abweiche.

214 *die Abdankung, ein Motiv, mit dem er mindestens seit zwanzig Jahren
spielte*... TYLER 1956 S. 268.

214 *Ursachen umstritten bis heute*... dazu vergleiche man etwa die Biographie von M. ALVAREZ 1977 S. 202. Der Autor spricht dort von einem »der meistdiskutierten Ereignisse der Geschichte der frühen
Neuzeit«, von einem »theatralischen Ereignis«.

214 *wahrscheinlich suchte sein unnahbarer Sinn gerade das Unerhörte*... In diesem Zusammenhang wird auch die Frage nach dem Einfluß des
Poems vom »Entschlossenen Ritter« auf Karls Gedankenwelt in-
teressant, Le chevalier délibéré, eine Dichtung des burgundischen
Ritters und Diplomaten Olivier de la Marche, die Karl wahrscheinlich seit seinen Jugendzeiten begleitete. Siehe unten S. 221 ff.

215 *auch in seiner Korrespondenz beschwört?*... Leicht bemerkt man das bei
einiger Lektüre in seiner Korrespondenz, vor allem im dritten Band
der Edition von LANZ 1846.

215 *Luthers »Zwei-Reiche-Lehre«*... Klassisch ist die Deutung von HOLL
1917 und richtungweisend HINRICHS 1952. Dazu auch OBER-
MAN 1983, Kapitel IX.

216 *Diese Himmelsvision des Augustinus*... De civitate Dei 16,23 und 18,34.
Die »civitas« hat danach in der bildlichen Darstellung zwei Typen
entwickelt: die heilige Stadt, meist dargestellt als das himmlische
Jerusalem, und die heilige »Bürgerschaft«, die himmlischen Heerscharen also und die Gemeinschaft der Heiligen.

216 *in Vorwegnahme eines zeitlichen wie persönlichen »Jüngsten Gerichts«*...
Richtig konstatiert BRANDI 1938 S. 551: »Es gibt kein Zeugnis,
das so großartig das Innerste des alten Kaisers offenbart« – nur
geht er selber dieser Offenbarung nicht nach.

216 *ist gar nicht der katholische Kirchenhimmel*... Besondere Aussagen über
Karls Neigungen zum Alten Testament, auch unterstützt von seiner Hofpropaganda, finden sich immer wieder, zum Beispiel bei
LUTZ Biographische Probleme S. 180: »Daß sich Religionspolitik
gegen den Zusammenbruch einer millenaren Ordnung zu cäsaro-
papistischen Ansprüchen steigert und daß dabei Selbstdeutungen
im Sinn des alttestamentarischen Priesterkönigtums eine Rolle
spielen können, ist verständlich.« H. v. EINEM 1960 S. 28 gebraucht für die Darstellung zwar die kunsthistorisch herkömmliche
Bezeichnung von einer cour céleste, aber er kennzeichnet den tiefen

Unterschied zum Herkömmlichen immerhin mit der Bemerkung: »Die Heiligen scheinen auf die Vertreter des Alten Bundes beschränkt zu sein.« Man muß aber anmerken, daß es im dogmatischen Sinn gar keine »Heiligen« aus der vorchristlichen Ära des Alten Bundes geben kann. Allerdings will auch v. EINEM S. 32 in diesem Bild nicht etwa die übliche Stifterdarstellung sehen. BRANDI 1938 S. 551 verkennt die Darstellung des Heiligenhimmels überhaupt. Er spricht von »Chören der himmlischen Heerscharen, Engeln, Heiligen und Seligen«, ein Beispiel für die allgemein verbreitete Fehlinterpretation – oder soll man sagen: für das wenig ausgeprägte Vermögen der Historiker, kunstgeschichtliche Quellen zu interpretieren?

219 *Aus Karls Rede*... Lettres patentes de la cession de la Pays Bas, überliefert bei GACHARD 1830.

220 *Seefahrten besonders nennt*... beispielsweise in dem kurzen Bericht, den BRANDI 1939 S. 542 von der Abdankungsszene gibt.

222 *die Abdankung von der spanischen Herrschaft*... 1931 veröffentlichte J. K. MAYR in den von BRANDI organisierten »Berichten und Studien« einen bis dahin unbekannten Bericht davon, dem er, zumindest im Hinblick auf Karls Rede, volle Glaubwürdigkeit zuerkannte. BRANDI rekuriert auch 1938 S. 543 auf diesen Bericht, aber merkwürdigerweise verallgemeinert er Karls Aussage über seine Neigung zur Weltentsagung. Die von Karl hier im Rückblick deutlich akzentuierte und nicht tatsächlich seine Intentionen als junger Mann kennzeichnende Absicht, seiner Herrschaft so bald als möglich zu entsagen, um sich allein Gott zu widmen, auch sich nicht zu verheiraten, also doch wohl, sich nach der Art eines intellektuellen Einzelgängers dem geistigen Leben zu widmen – und das wiederum nicht in den traditionellen Formen der Kirche –, wird von BRANDI überhaupt nicht erwähnt. Es besteht aber gar kein Grund, an den Aussagen des greisen Kaisers zu zweifeln: das war offensichtlich eines seiner Gedankenspiele in jungen Jahren, eine intentionale Alternative seines wirklichen Lebens. BRANDI spricht statt dessen von einem Bekenntnis Karls »zu der alten Zeit, die Gott besser zu dienen glaubte in der Einsamkeit, als durch den Einsatz im Leben«. Den »modernen« Sinn Karls für die Privatsphäre in persönlicher Ungebundenheit, gerade die Lebensführung, die Karl in San Yuste wählte, neben und nicht im Kloster, hat Brandi nicht erkannt, er verstand nicht, was der Wortlaut des Textes bei MAYR eigentlich offerierte. – Noch mehr entfernt sich die Wiedergabe der Szene in J. v. ARNOLDIS »Historischen Denkwürdig-

keiten« aus dem Jahr 1817 nach den »Erzählungen eines Zeitgenossen« von MAYRs Quelle. Hier ist die Rede davon, der Kaiser
bereue, sich nach dem Tode seiner Frau nicht wieder verheiratet zu
haben. D. SANCHEZ LORO 1957 erwähnt MAYR nicht und bietet
nur S. 467 ff. den bekannten Urkundentext nach SANDOVAL.

223 *um Türkengefahr und päpstliche »Unvernunft«* ... so in einem Brief Karls
an Ferdinand vom 12. September 1556 bei LANZ Bd. 3 1846 S. 711.

224 *Don Carlos, den er nicht mag* ... TYLER 1956 S. 269.

225 *Le Chevalier délibéré des Olivier de la Marche* ... Der Dichter, geboren
1425, gestorben 1502, ist offenbar in der Literaturgeschichte nicht
sehr beachtet worden. Eine Biographie erschien 1888 von H.
STEIN, eine Ausgabe des Poems als Reprint des ersten illustrierten
Druckes von 1486 besorgte 1898 F. LIPPMANN und noch einmal
mit englischem Kommentar 1922 H. STEIN. Auf den Umgang mit
dem Buch verweist WOLTER 1971.

225 *Kern seiner Bibliothek, auch in San Yuste* ... Das Verzeichnis der Hinterlassenschaften Karls findet man bei STIRLING 1852 hier S. 266 f.

226 *den Brandi zwar im Register nennt* ... BRANDI 1939 hier S. 547.

227 *Vorbereitung auf den Tod* ... Die Beschreibung der Altersanzeichen am
Schluß des Dichtwerks, nach der Ausgabe von STEIN 1922 auf
S. 65, vermittelt eine Vorstellung von seinem literarischen Charakter – und auch von der Gedankenwelt Karls, der darin offenbar
Trost und Orientierung suchte:
»Zuerst verkünden die Augen / die nach einer Brille verlangen, /
daß sie hinfällige Diener sind ... Wenn dann die Ohren sich nach
Watte sehnen / und verstopft sind / und nicht mehr so hören wie
früher ... Du wirst fühlen, wie Kopf und Hände zittern; / das sind
die Anzeichen, daß Du nicht länger zögern sollst ... Die Beine, die
den Körper, so sorgfältig genährt, getragen haben, / lassen nach in
ihrer Kraft ... Solche Botschaften und solche Herolde / sind Ver-
künder des Tages, / welcher viele andere Angriffe bringt ... Als ich
so die Fassungskraft verloren / und soviel guten Rat gefunden / war
ich ganz hoffnungsfroh ... Von dieser Sache habe ich / in Versen
diese Geschichte geschrieben ... um aus echter Freundschaft / ein
Geschenk zu machen und Mitteilung / vom Schatze meiner Rüst-
kammer. / Im Fortgang meiner Gedanken / und wo Friede mit Dir
sei / hat diese Suche nun begonnen / Gott gebe, daß sie erfolgreich
sei. / Zum Nutzen aller und zu meinem eigenen / damit es mit einem Titel geziert sei / habe ich dieses Buch so genannt: / Der entschlossene Ritter.« – Für freundliche Hilfe danke ich hier Herrn Dr.
Hans Schultes und meinem Bochumer Kollegen Manfred Tietz.

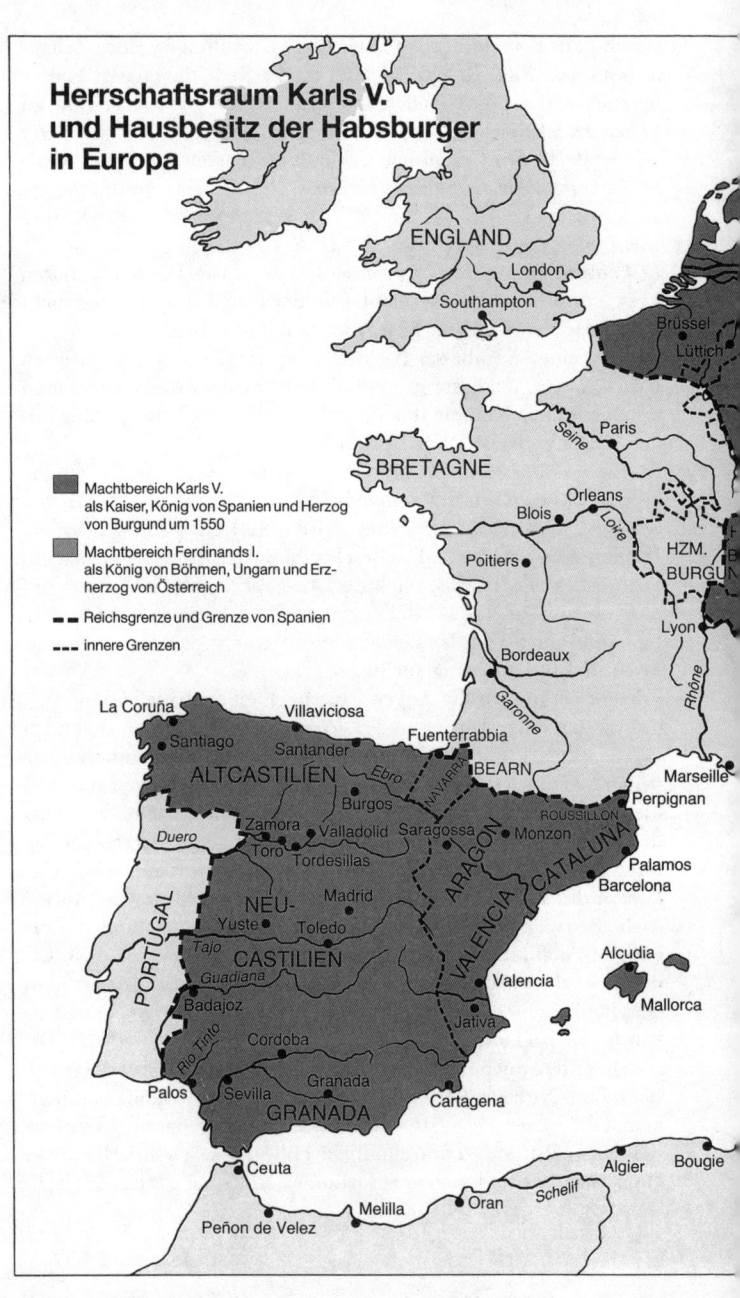

Herrschaftsraum Karls V. und Hausbesitz der Habsburger in Europa

ENGLAND
London
Southampton

Brüssel
Lüttich

Paris
Seine

BRETAGNE

Orleans
Blois
Loire

Poitiers

HZM.
BURGUN

Lyon

Bordeaux

Garonne

Rhône

■ Machtbereich Karls V.
als Kaiser, König von Spanien und Herzog
von Burgund um 1550

■ Machtbereich Ferdinands I.
als König von Böhmen, Ungarn und Erzherzog von Österreich

-- Reichsgrenze und Grenze von Spanien

--- innere Grenzen

La Coruña
Santiago
Villaviciosa
Santander
Fuenterrabbia
BEARN
Marseille
ALTCASTILIEN
Ebro
NAVARRA
Perpignan
ROUSSILLON
Burgos
Zamora
Valladolid
Saragossa
Monzon
Toro
Tordesillas
ARAGON
CATALUÑA
Palamos
PORTUGAL
Duero
NEU-
Madrid
Barcelona
Yuste
Toledo
CASTILIEN
VALENCIA
Tajo
Alcudia
Guadiana
Valencia
Badajoz
Jativa
Mallorca
Rio Tinto
Cordoba
Palos
Sevilla
Granada
GRANADA
Cartagena

Ceuta
Algier
Bougie
Melilla
Oran
Schelif
Peñon de Velez

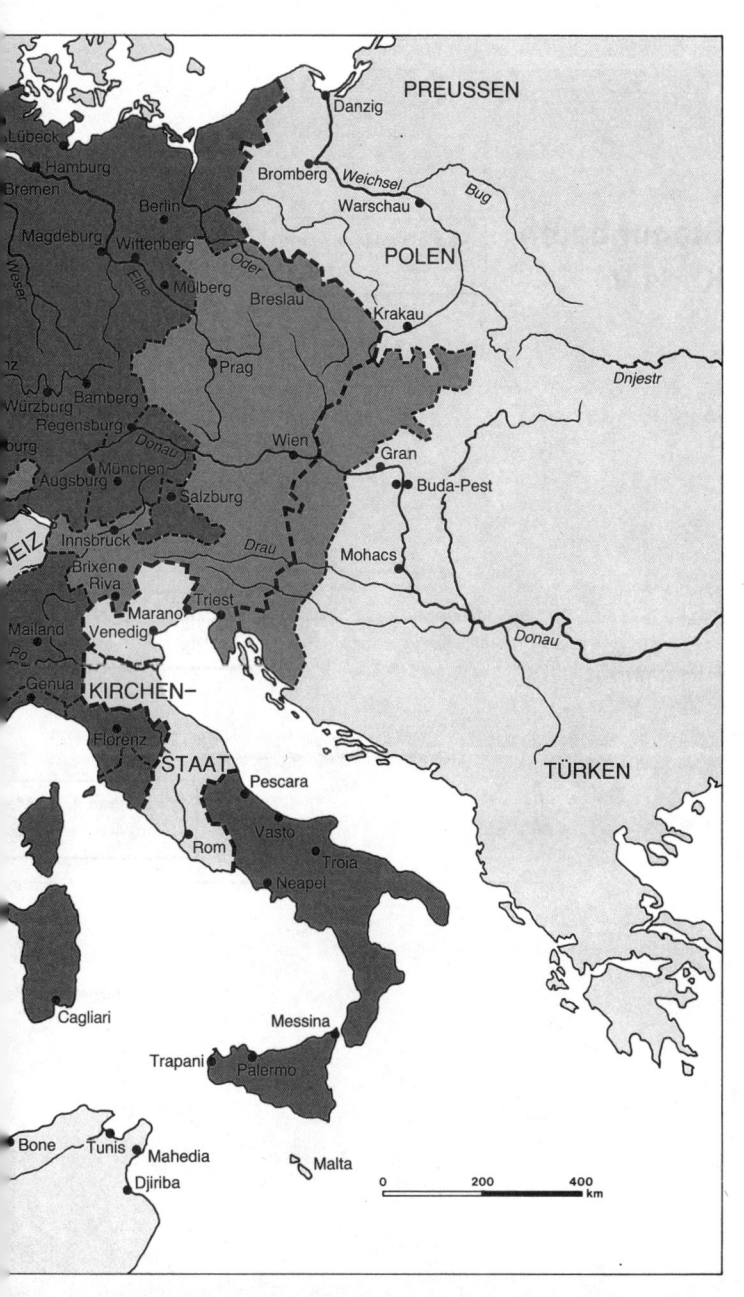

Stammbaum Karls V.

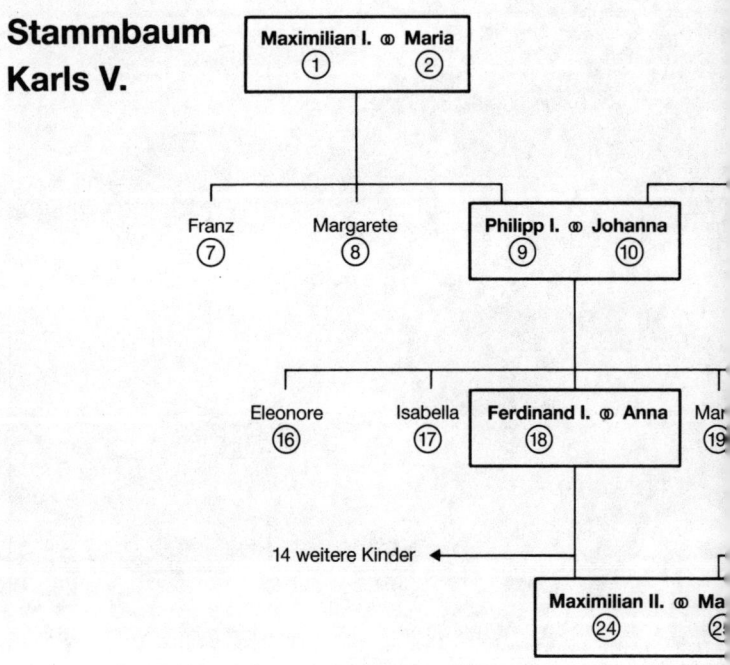

Maximilian I. ⚭ Maria
① ②

Franz ⑦ Margarete ⑧ Philipp I. ⚭ Johanna ⑨ ⑩

Eleonore ⑯ Isabella ⑰ Ferdinand I. ⚭ Anna ⑱ Mar ⑲

14 weitere Kinder ←

Maximilian II. ⚭ Ma ㉔ ㉕

natürliche Kinder Karls

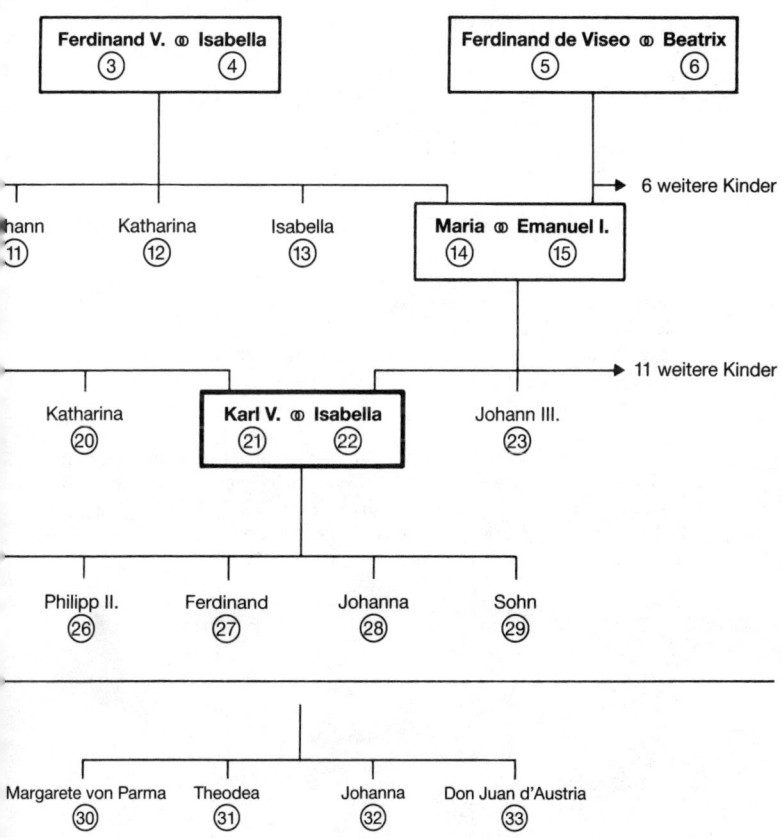

1. Geburts- und Todesdaten wurden sämtlich angegeben, soweit zu eruieren; Heiratsdaten immer mit dem spätesten Termin.
2. Soweit bekannt, wurden auch alle weiteren Ehen der genannten Personen berücksichtigt. Die einzige Ausnahme bildet Heinrich VIII.
3. Auf »Sohn von«- bzw. »Tochter von«-Angaben wurden generell verzichtet.
4. Regentschaften wurden nicht aufgenommen.
5. Die Graphik veranschaulicht nicht, daß in einigen Fällen Geschwister nacheinander die gleiche Person heirateten, s. Nr. 12 u. 13/14.
6. Des weiteren veranschaulicht sie nicht folgende Doppelehen:
   Geschwister Nr. 9 u. 8 heiraten Geschwister Nr. 10 u. 11.
   Geschwister Nr. 21 u. 20 heiraten Geschwister Nr. 22 u. 23.
   Geschwister Nr. 18 u. 19 heiraten ebenfalls ein Geschwisterpaar (v. Böhmen und Ungarn).
7. In Einzelfällen tauchen Kinder von genannten Personen auf, ohne daß ihre Verbindung sofort ersichtlich ist:
   Maria (s. Nr. 26) ist Tochter v. Nr. 23.
   Johann (s. Nr. 28) ist Sohn v. Nr. 23.
   Anna (s. Nr. 26) ist Tochter v. Nr. 24.
8. Damit Heiratsverbindungen deutlich werden (und Doppelehen angedeutet werden), folgt die Auflistung der Kinder eines Ehepaares nicht immer der Reihenfolge ihrer Geburt.

Stammbaum zusammengestellt von Sabine Kröger, nach: Europäische Stammtafeln Neue Folge, Bd. I–III,2, hrsg. v. Detlev Schwennicke, Marburg 1980 ff.; und: Wilhelm Prinz von Isenburg, Stammtafeln zur Geschichte der europäischen Staaten, Bd. I–II, berichtigter u. erg. Abdruck der 2. verb. Auflage v. 1953, hrsg. v. Frank Baron Freytag von Loringhoven, Marburg 1960.

1.
Maximilian I. v. Österreich
(22. 3. 1459–12. 1. 1519)
röm. Ks. (1493/1508);
dt. Kg. (1486);
Ehg. v. Österreich (f. 1493);
Hg. v. Burgund (1477)
(2) ∞ 16. 3. 1494 **Blanka Maria Sforza**
(5. 4. 1472/1474–31. 12. 1510)
Pzin. von Mailand

2.
(1) ∞ 20. 8. 1477 **Maria**
(13./15. 2. 1457–27. 3. 1482)
Hgin. v. Burgund (1477)

3.
Ferdinand V. (II.) d. Katholische
(10. 3. 1452–23./25. 1. 1516)
Kg. v. Sizilien (1468);
Kg. v. Kastilien u. León (1474);
Kg. v. Aragon (F. II.) (1479)
(2) ∞ 19. 10. 1505/06 **Germana de Foix**
(verm. 1490–15. 10. 1536/38)
[(2) ∞ 17. 6. 1519 **Johann**
(9. 1. 1493–5./15. 7. 1525)
verm. Markgraf v. Brandenburg-Ansbach;
Vizekg. v. Valencia (1516)]
[(3) ∞ Aug. 1526 **Ferdinand v. Aragon**
(gest. 26. 10. 1550/1559)
Hg. v. Kalabrien]

4.
(1) ∞ 19. 10. 1469 **Isabella I. d. Katholische**
(22. 4. 1451–26. 11. 1504)
Kgin. v. Kastilien u. León (1474)

5.
Ferdinand de Viseo
(17. 11. 1433–18. 9. 1470)

Thronfolger v. Portugal (1438/51);
Hg. v. Beja (1460);
Hg. v. Viseo (1466)

6.
∞ 16. 3. 1452 **Beatrix**
(verm. 1430–30. 9. 1506)
Pzin. von Portugal

7.
Franz
(2. 9.–26. 12. 1481)

8.
Margarete
(10. 1. 1480–30. 11. 1530)
Ehgin. v. Österreich
(1) ∞ 3. 4. 1497 **Johann** (s. Nr. 11)
(2) ∞ 3. 12. 1501 **Philibert II.**
(10. 4. 1480–10. 9. 1504)
Hg. v. Savoyen (f. 1497)

9.
Philipp I. der Schöne
(22. 6. 1478–25. 9. 1506)
Kg. v. Spanien (1504/06);
Kg. v. Kastilien u. León (1504/06);
Ehg. v. Österreich;
Hg. v. Burgund (1494)

10.
∞ 21. 8. 1496 **Johanna d. Wahnsinnige**
(6. 11. 1479–11./13. 4. 1555)
nom. Kgin. v. Kastilien u. León (1504/55);
nom. Kgin. v. Aragon (1516);
nom. Kgin. v. Navarra (1516/55)
seit 1507 regierungsunfähig

11.
Johann
(28./30. 6. 1478–4. 10. 1497)
Pr. v. Aragon
∞ 3. 4. 1497 Margarete (s. Nr. 8)

12.
Katharina
(15. 7. 1485–7. 1. 1536)
(1) ∞ 14. 9. 1501 **Arthur**
(20. 9. 1486–2. 4. 1502)
Pr. v. England
(2) ∞ 3. 6. 1509 **Heinrich VIII.**
(28. 6. 1491–28. 1. 1547)
Kg. v. England (1509)
geschieden 1539 [weitere 5 Ehen]

13.
Isabella
(1./2. 10. 1470–23./24./25. 8. 1498)
Infantin v. Aragon u. Kastilien
(1) ∞ 24. 11. 1490 **Alfons**
(18. 5. 1475–13. 7. 1491)
Pz. v. Portugal
(2) ∞ Okt. 1497 **Emanuel I.** (s. Nr. 15)

14.
Maria
(29. 6. 1482–7. 3. 1517)

15.
(2) ∞ 30. 10. 1500 **Emanuel I.**
d. Große
(1. 6. 1469–13. 12. 1521)
Kg. v. Portugal (1495);
Hg. v. Viseo u. Beja (1484)
(1) ∞ Okt. 1497 **Isabella** (s. Nr. 13)
(3) ∞ 7. 3. 1519 **Eleonore** (s. Nr. 16)

16.
Eleonore
(15./24. 11. 1498–17./18. 2. 1558)
Ehgin. v. Österreich
(1) ∞ 7. 3. 1519 Emanuel I. (s. Nr. 15)
(2) ∞ 5. 8. 1530 **Franz I. d'Orleans**
(12. 9. 1494–31. 3. 1547)
Kg. v. Frankreich (1515)
[(1) ∞ 18. 5. 1514 **Klaudia**
(13. 10. 1499–20. 7. 1524)
Pzin. v. Frankreich]

17.
Isabella
(18. 7. 1501–19. 1. 1526)
∞ 12. 8. 1515 **Christian II.**
(2. 7. 1481–25. 1. 1559)
Kg. v. Dänemark (1513);
Thronverlust 1523

18.
Ferdinand I.
(10. 3. 1503–27. 7. 1564)
röm. Ks. (1558);
Kg. v. Böhmen (1527);
Kg. v. Ungarn (1527);
Mitkg. in Deutschland (1531);
röm. Kg. (1556)
∞ 25. 5. 1521 **Anna**
(23. 7. 1503–27. 1. 1547)
Pzin. v. Böhmen u. Ungarn

19.
Maria
(17. 9. 1505–18. 10. 1558)
∞ 13. 1. 1522 **Ludwig II.**
(1. 7. 1506–29. 8. 1526)
Kg. v. Böhmen u. Ungarn

20.
Katharina
(14. 1. 1507–12. 2. 1578)
Ehgin. v. Österreich
∞ 7. 2. 1525 **Johann III.** (s. Nr. 23)

21.
Karl V.
(24. 2. 1500–21. 9. 1558)
röm. Ks. (1530, abgedankt 1556);
Kg. v. Spanien (I.) (1516, abgedankt 1556);
dt. Kg. (1519, abgedankt 1556);
Ehg. v. Österreich (f. 1519);
Hg. v. Burgund (1506)

22.
∞ 11. 3. 1526 **Isabella**
(4. 10. 1503–1. 5. 1539)

23.
Johann III.
(6. 6. 1502–11. 6. 1557)
Kg. v. Portugal (1521)
∞ 7. 2. 1525 Katharina (s. Nr. 20)

24.
Maximilian II.
(31. 7./1. 8. 1527–12. 10. 1576)
röm. Ks. (1564);
dt. Kg. (1562);
Kg. v. Böhmen u. Ungarn (1562
bzw. 1563);
Ehg. v. Österreich

25.
∞ 13. 9. 1548 **Maria**
(21. 6. 1528–26. 2. 1603)

26.
Philipp II.
(21. 5. 1527–13. 9. 1598)
Kg. v. Spanien (1556);
Kg. v. Portugal (1580)
(1) ∞ 15. 11. 1543 **Maria**
(15. 10. 1527–12. 7. 1545)
Pzin. v. Portugal
(2) ∞ 25. 7. 1554 **Maria I. d. Blutige**
(18. 2. 1516–17. 11. 1558)
Kgin. v. England (1553)
(3) ∞ 2. 2. 1560 **Elisabeth**
(2. 4. 1545–3. 10. 1568)
Pzin. v. Frankreich
(4) ∞ 12. 11. 1570 **Anna**
(2. 11. 1549–26. 10. 1580)
Kserl. Pzin. u. Ehgin. v. Österreich

27.
Ferdinand
(gest. 1530)

28.
Johanna
(27. 6. 1537–7. 9. 1573)
∞ 7. 12. 1552 **Johann**
(3. 6. 1537–2. 1. 1554)
Pr. v. Portugal

29.
Sohn (totgeb. 25. 4. 1539)

30.
Margarete v. Parma (natürl.
Tochter)
(28. 12. 1522–18./31. 1. 1586)
Mutter: **Johanna v. der/den Gheynst**
(1) ∞ 29. 2. 1536 **Alexander Medici**
(1510–5./6. 1. 1537)
Hg. v. Florenz (1530)
(2) ∞ 4. 11. 1538/1540 **Oktavius
Farnese**
(9. 10. 1524–18./21. 9. 1586)
Hg. v. Parma u. Piacenza (1547)

31.
Theodea (natürl. Tochter)
(Jan./Feb. 1523–nach Okt. 1562)
Mutter: **Ursolina** gt. La Bella
Pennina, Witwe v. Valentino
de Cancellieri
∞ um 1536 **Sinibaldo de Copeschi**
(gest. 1550)

32.
Johanna (natürl. Tochter)
(Apr./Mai 1523 (?)–1530)
Mutter: **Ursolina** gt. La Bella
Pennina, Witwe v. Valentino
de Cancellieri

33.
Don Juan d'Austria (natürl. Sohn)
(24. 2. 1547–1. 10. 1578)
Mutter: **Barbara Blomberg**
(gest. 18. 12. 1597)

Literaturverzeichnis

Angermeier, H. Reichsreform und Reformation. In: Historische Zeitschrift (HZ) 235. 1982

Angermeier, H. Die Reichsreform 1410–1555. 1984

Arnoldi, J. v. Historische Denkwürdigkeiten. 1817

Augustinus, A. De civitate Dei. Hrsg. B. Dombart/A. Kalb. 1928/29[5]

Bader, K. S. Ein Staatsmann vom Mittelrhein. Gestalt und Werk des Mainzer Kurfürsten und Erzbischofs Berthold von Henneberg. 1955

Bataillon, M. L'Erasme et l'Espagne. 1937.

Baumann, H. »Sonne«. In: Lexikon für Theologie und Kirche (LTHK) Bd. 9. 1964[2]

Becker, W. Reformation und Revolution. 1974

Becker, W. Die Durchsetzung der Reformation. In: H. Immenkötter (Hg.): Die fromme Revolte. Ursachen, Faktoren, Folgen von Luthers Reformation. 1982

Behringer, W. Thurn und Taxis. Eine Geschichte ihrer Post. 1990

Bering, K. Kunst und Staatsmetaphysik des Hochmittelalters in Italien. Zentren der Bau- und Bildpropaganda in der Zeit Friedrichs II. 1986

Bienert, B. Die Testamente und politischen Instruktionen Karls V. für den Prinzen Philipp. In: P. Rassow/F. Schalk (Hgg.): Karl V. Der Kaiser und seine Zeit. 1960

Bilder nach Bildern Ausstellungskatalog Münster 1976. Hg. G. Langemeyer/R. Schleier

Blaschke, H. Das Bekenntnis Friedrichs des Weisen. In: F. Reuter (Hg.): Der Reichstag zu Worms von 1521. Reichspolitik und Luthersache. 1971

Blickle, P. Die Revolution von 1525. 1980 (1. Aufl. 1977)

Boehm, L. Geschichte Burgunds. Politik, Staatsbildungen, Kultur. 1971

Born, K. E. Moritz von Sachsen und die Fürstenverschwörung gegen Karl V. In: Historische Zeitschrift (HZ) 191. 1960

Bornate, C. Historia vite et gestorum per dominum magnum cancellarium. 1915

Bornkamm, G. »Augsburger Bekenntnis«. In: Religion in Geschichte und Gegenwart. 1957

Borst, A. Lebensformen im Mittelalter. 1986

Bosbach, F. Monarchia Universalis. Ein politischer Leitbegriff der frühen Neuzeit. 1988

Brandi, K. Berichte und Studien zur Geschichte Karls V. In: Nachrichten von der Gesellschaft der Wissenschaften zu Göttingen. Philosophisch-historische Klasse 1931 ff.

Brandi, K. Kaiser Karl V. Werden und Schicksal einer Persönlichkeit und eines Weltreiches, 1. Bd. 1938², 2. Bd. 1941

Braudel, F. Carlo V. 1966

Braunfels, W. Die Kunst im Heiligen Römischen Reich. Bd. 1. 1981 ff

Bredekamp, H. Kunst als Medium sozialer Konflikte. Bilderkämpfe von der Spätantike bis zur Hussitenrevolution. 1975

Burkert, G. R. Landesfürst und Stände. Karl V., Ferdinand I. und die österreichischen Erbländer im Ringen um Gesamtstaat und Landesinteressen. 1987

Cadenas y Vicent, V. Carlos de Habsburgo en Yuste. 1984

Cadenas y Vicent, V. Doble coronacion de Carlos V. en Bologna. 1985

Carande, R. Carlos V. y sus banqueros. 3 Bde. 1944–1967

Carande, R. El credito de Castilla en el precio de la politica Imperial. 1949

Cleugh, J. Die Medici. Macht und Glanz einer europäischen Familie. 1984

Colpe, C. Die Zeit in drei asiatischen Hochkulturen. In: H. Gumin/H. Meier (Hgg.), Die Zeit. 1989

Csáky, M. Karl V., Ungarn, die Türkenfrage und das Reich. In: Lutz (Hg.) 1982

Dempf, A. Sacrum Imperium. Geschichts- und Staatsphilosophie des Mittelalters und der politischen Renaissance. 1929

Die Hutterischen Täufer. Geschichtlicher Hintergrund und handwerkliche Leistung. Hg. vom Bayerischen Nationalmuseum. 1985

Deutsche Reichstagsakten. Jüngere Reihe. Hg. durch die Historische Kommission bei der Bayerischen Akademie der Wissenschaften. Bd. 1–8. 1962–1971 (Nachdruck d. Ausgabe 1883 ff)

Drewermann, E. Der Krieg und das Christentum. 1982

Dzaja, S. M./J. Dzambo (Hgg.) Kuripesic, Benedit. Itinerarium der Gesandtschaft König Ferdinands I. von Ungarn nach Konstantinopel 1530. 1983

Eberhard, W. Konfessionsbildung und Stände in Böhmen 1478–1530. 1981

Eberhard, W. Monarchie und Widerstand. Zur ständischen Opposi-
tionsbildung im Herrschaftssystem Ferdinands I. 1985

Einem, H. v. Karl V. und Tizian. In: P. Rassow/F. Schalk (Hgg.) 1960

Engel, J. Von der spätmittelalterlichen respublica christiana zum
Mächte-Europa der Neuzeit. In: Th. Schieder: Handbuch der Europäischen Geschichte (HEG), Bd. 3, hg. von Josef Engel

Erlanger, P. Charles Quint. 1980

Fast, H. (Hg.) Der linke Flügel der Reformation. 1962

Ferdinandy, M. de Karl V. 1966

Fernandez Alvarez, M. (Hg.) Corpus documental de Carlos V. Bd. 1–5.
1973–1981

Fernandez Alvarez, M. Imperator Mundi. Karl V. Kaiser des Heiligen
Römischen Reiches deutscher Nation. 1977

Fillitz, H. Die Insignien und Kleinodien des Heiligen Römischen Reiches. 1954

Fillitz, H. Die österreichische Kaiserkrone und die Insignien des Kaisertums Österreich. 1959

Forti, C. Letture di Bartolomé de Las Casas: uno specchio della coscienza, e della falsa coscienza, dell'Occidente attraverso quattro sec.
In: Critica storica 26. 1989

Frankl, V. Die Begriffe des mexikanischen Kaisertums und der Weltmonarchie in den Cartas de rélacion. In: Saeculum 13. 1962

Friedrich III. Katalog einer Ausstellung im Niederösterreichischen
Landesmuseum. 1966

Fuchs, W. P. Das Zeitalter der Reformation. In: Gebhardt, Handbuch
der Deutschen Geschichte, Hg. von H. Grundmann (GG). Bd. 2.
1970[9]

Gachard, L.-P. Analectes Belgiques ou Recueil de pièces inedites, mé-
moires, notices, faits et anecdotes concernantes l'histoire des Pays-
Bas. Bd. 1. 1830

Gebhardt, B. Handbuch der Deutschen Geschichte (GG). 1970[9], hg. v.
H. Grundmann. Bd. 2

Gerwing, M. Toleranz im Streit um den Antichrist. In: Festschrift B.
Langemeyer. 1989

Gies Mc Guigan, D. Familie Habsburg 1273–1918. 1988

Göllner, C. Die Türkenfrage im Spannungsfeld der Reformation. In:
Südostforschungen 34, 1975

Goldast, M. Politica. 1614

Goldast, M. Reichshändel. 1614

Grundmann, A. Die Beschwerden der Deutschen Nation auf den Reichstagen der Reformation. In: Aus der Arbeit an den Reichstagen unter

268

Kaiser Karl V. Hg. H. Lutz/A. Kohler. 1986

Grundmann, H. Neue Forschungen über Joachim von Fiore. 1950

Guggisberg, H. R. Religiöse Toleranz. Dokumente zur Geschichte einer Forderung. 1984

Habsburg, O. v. Karl V. 1970

Hamann, B. Lexikon der Habsburger. 1988

Hanke, L. The other treasure from the Indies during the epoch of the Emperor Charles V. In: P. Rassow/F. Schalk (Hgg.): Karl V. Der Kaiser und seine Zeit. 1960

Hartung, F. Deutsche Verfassungsgeschichte vom 15. Jh. bis zur Gegenwart. 1964[8]

Headly, J. M. Germany, the Empire and Monarchia in the Thought and Policy of Gattinara. In: H. Lutz (Hg.): Das römisch-deutsche Reich im politischen System Karls V. 1982

Heine, G. (Hg.) Briefe an Kaiser Karl V., geschrieben von seinem Beichtvater in den Jahren 1530–32. 1848

Hinrichs, C. Luther und Müntzer. Ihre Auseinandersetzung über Obrigkeit und Widerstandsrecht. 1952

Höffner, J. Christentum und Menschenwürde. 1947

Holl, K. Luthers Auffasssung der Religion. 1917

Honée, E. Die römische Kurie und der 22. Artikel der Confessio Augustana. Kardinal Lorenzo Campeggios Verhalten zur protestantischen Forderung des Laienkelches während des Augsburger Reichstages 1530. Nederlands Archief voor Kerkgeschiedenis 50. 1970

Huizinga, J. Schriften zur Zeitkritik. 1948

Immenkötter, H. Die Confutatio der Confessio Augustana vom 3. August 1530. In: E. Iserloh (Hg.) 1979

Immemkötter, H. (Hg.) Die fromme Revolte. Ursachen, Faktoren, Folgen. 1982

Iserloh, E. in Verbindung mit *B. Hallensleben* (Hgg.) Confessio Augustana und Confutatio: der Augsburger Reichstag 1530 und die Einheit der Kirche. 1980

Janacek, J. Doba Předbělohorská 1526–1547. (Die Zeit vor dem Weißen Berg.) 1968

Jedin, H. Geschichte des Konzils von Trient. Bd. 1 u. 2, 1951 u. 1957

Jedin, H. »Das Konzil von Trient«. In: Lexikon für Theologie und Kirche (LThK). 1965[2]

Kaminsky, H. (Hg.) The Old Color and the New. Master Nicholas of Dresden. 1965

Kaldy-Nagy, Gy. Suleymans Angriff auf Europa. In: Acta Orientalia Academiae Scientiarium Hungaricae. 28. 1974

Kawerau, G.   Eine maccaronische Dichtung vom Jahre 1548. In: Archiv für Literaturgeschichte. 10. 1881

Kellenbenz, H.   Das Römisch-Deutsche Reich im Rahmen wirtschafts- und finanzpolitischer Erwägungen Karls V. im Spannungsfeld imperialer und dynastischer Interessen. In: Lutz (Hg.): Das römisch-deutsche Reich im politischen System Karls V. 1982

Kellenbenz, H.   Zur Problematik der Ostpolitik Karls V. In: Rassow/ Schalk (Hgg.), Karl V. 1960

Kéry, B.   Kaiser Sigismund. Ikonographie. 1972

Kissling, H. J.   Türkenfurcht und Türkenhoffnung im 15. und 16. Jh. Zur Geschichte eines »Komplexes«. In: Südostarchiv. 1964

Kluxen, K.   Politik und menschliche Existenz bei Machiavelli. Dargestellt am Begriff der necessità. 1967

Knecht. R. J.   Francis I. 1986

Kohler, A.   Karl V. In: Neue Deutsche Biographie, Bd. 11. 1977

Kohler, A.   Kaiser Karl V. In: M. Greschat (Hg.): Gestalten der Kirchengeschichte. Die Reformationszeit. 1981

Kohler, A.   Die innerdeutsche und die außerdeutsche Opposition im politischen System Karls V. In: Lutz (Hg.) 1982

Kohler, A.   Zur Bedeutung der Juristen im Regierungssystem der »Monarchia universalis« Kaiser Karls V. In: Lutz (Hg.) 1982

Kohler, A.   Der Augsburger Reichstag 1530. Von der Bilanz des Jubiläumsjahres 1980 zum Programm einer Edition der Akten. In: Lutz (Hg.) 1982

Kohler, A.   Die habsburgische Universalmonarchie. Karl V. und die europäischen Nachbarn. In: Heinz Durchardt (Hg.): In Europas Mitte. 1988

Kohler, A. (Hg.)   Quellen zur Geschichte Karls V. 1990

Lademacher, H.   Geschichte der Niederlande. Politik, Verfassung, Wirtschaft. 1983

Lahnstein, P.   Auf den Spuren von Karl V. 1979

Lanz, K. (Hg.)   Correspondenz Kaiser Karls V. 3 Bde. 1844, 1845, 1846 (Nachdruck 1966)

La Marche, O. de   Le chevalier délibéré. 1493. Nachdruck: H. Stein (Hg.) 1922

Langemeyer, G./R. Schleier (Hgg.)   Bilder nach Bildern. Ausstellungskatalog Münster. 1976

Lapeyre, H.   Charles Quint. 1973

Laubach, E.   Karl V., Ferdinand I. und die Nachfolge im Reich. In: Mitteilungen des Österreichischen Staatsarchivs 29. 1976

Laufs, A.   »Reichskammergericht«. In: Handwörterbuch der Deutschen Rechtsgeschichte (HDR). 1990

Lettenhove, K. de   Commentaires de Charles-Quint. 1862

Lippmann, F. (Hg.)   Olivier de la Marche, »Le chevalier délibéré«. 1898

Lortz, J.   Die Reformation in Deutschland. 2 Bde. 1939/40

Ludolphy, I.   Die Voraussetzungen der Religionspolitik Karls V. 1965

Luther, M.   Werke. Kritische Gesamtausgabe. 1883 ff.

Lutz, H.   Carlo V. e il Concilio di Trento. In: H. Jedin/P. Prodi (Hgg.): Il concilio di Trento come crocevia della politica Europea. 1979

Lutz, H.   Christianitas afflicta. Europa, das Reich und die päpstliche Politik im Niedergang der Hegemonie Kaiser Karls V. 1964

Lutz, H. (Hg.)   Das römisch-deutsche Reich im politischen System Karls V. 1982

Lutz, H.   Italien vom Frieden von Lodi bis zum Spanischen Erbfolgekrieg (1454–1700). In: HEG Bd. 3. 1971

Lutz, H.   Kaiser, Reich und Christenheit. Zur weltgeschichtlichen Würdigung des Augsburger Reichstages 1530. In: Historische Zeitschrift (HZ) 230. 1980

Lutz, H.   Karl V. und Bayern. Umrisse einer Entscheidung. In: Ztschr. für bayerische Landesgeschichte (ZBLG) Bd. 22. 1959

Lutz, H.   Karl V. – Biographische Probleme. In: G. Klingenstein/H. Lutz/G. Stourzh (Hgg.): Biographie und Geschichtswissenschaft. 1979

Lutz, H./A. Kohler, (Hgg.)   Das Reichstagsprotokoll des kaiserlichen Kommissars Felix Hornung vom Augsburger Reichstag 1555. Mit einem Anhang: Die Denkschrift des Reichsvizekanzlers Georg Sigmund Seld für den Augsburger Reichstag. 1971

Lutz, H./A. Kohler (Hgg.)   Aus der Arbeit an den Reichstagen unter Karl V. 1986

Lynch, J.   Spain under the Habsburgs. 1964

Maurer, W.   Erwägungen und Verhandlungen über die geistliche Jurisdiktion der Bischöfe vor und während des Augsburger Reichstages von 1530. In: Ders. Die Kirche und ihr Recht. 1976

Maurus, H.   Coronatio Caroli V. 1550

Morel Fatio, A.   L'espagnol langue universelle. In: Bulletin Hispanique. 15. 1913

Macek, J.   Michael Gaismaier. Vergessener Held des Tiroler Bauernkrieges. 1988

Mayr, J. K.   Die letzte Abdankung Karls V. In: Nachrichten von der Gesellschaft der Wissenschaften zu Göttingen. Phil.-hist. Kl. Heft 2. 1931

Menendez Pidal, R.   Charles V. Elected Emperor and Hereditary Ruler. 1975

Mignet, M.   Charles Quint. Son abdication, son séjour et sa mort au monastère de Yuste. 1854

Mraz, G.   Die Rolle der Uhrwerke in den kaiserlichen Türkenverehrungen im 16. Jahrhundert. In: Maurice, K./Mayr, Q. (Hgg.) Die Welt als Uhr. 1980

Musper, H. Th.   Der Antichrist und die Fünfzehn Zeichen. Faksimile-Ausgabe. 2 Bde. 1970

Nagel, R.   Recobrar per todas as vias o ducado de gueldres. Karls V. Anspruch auf das Herzogtum Geldern. In: Gesammelte Aufsätze zur Kulturgeschichte Spaniens 29. 1978

Naujoks, E.   Kaiser Karl V. und die Zunftverfassung. 1985

Nette, H.   Karl V. 1985

Oberman, H. A.   Luther. Mensch zwischen Gott und Teufel. 1983

Paravicini, W.   Karl der Kühne. Das Ende des Hauses Burgund. 1976

Piendl, M.   Thurn und Taxis 1517–1867. In: Archiv für deutsche Postgeschichte. 1967

Pölnitz, G. Freiherr v.   Jakob Fugger. Kaiser, Kirche und Kapital in der oberdeutschen Renaissance. 1949

Pölnitz, G. Freiherr v.   Jakob Fugger. Quellen und Erläuterungen. 1951

Pölnitz, G. Freiherr v.   Der Asiento Kaiser Karls V. vom 28. Mai 1552. In: Historisches Jahrbuch 74. 1955

Pölnitz, G. Freiherr v.   Anton Fugger, 4 Bde. Bd. 4 1958–1971 u. Bd. 3, Teil II, hg. v. H. Kellenbenz. 1986

Poensgen, G.   Bildnisse Karls V. In: P. Rassow/F. Schalk (Hgg.): Karl V. Der Kaiser und seine Zeit. 1960

Prawdin, M.   Donna Juana. Königin von Kastilien. 1953

Press, V.   Die württembergische Restitution von 1534. Reichspolitische Voraussetzungen und Konsequenzen. In: Zeitschrift für württembergische Kirchengeschichte 87. 1987

Press, V.   Ein Epochenjahr der württembergischen Geschichte. Restitution und Reformation 1534. In: Zeitschrift für württembergische Landesgeschichte 47. 1988

Press, V.   The Habsburg Court as Center of the Imperial Government. In: Journal of Modern History 58. 1986

Press, V.   Martin Luther und die Reformation in Deutschland. In: Vorträge zur Ausstellung im Germanischen Nationalmuseum Nürnberg. 1983

Press, V.   Kaiser Karl V., König Ferdinand und die Entstehung der Reichsritterschaft. 1976

Press, V. Die Territorialstruktur des Reiches und die Reformation. In: R. Postel/F. Kopitzsch (Hgg.): Beiträge zum politischen Wandel und den sozialen Kräften am Beginn der Neuzeit. 1989

Rabe, H. Reichsbund und Interim. Die Verfassungs- und Religionspolitik Karls V. und der Reichstag von Augsburg 1547/1548. 1971

Rabe, H. Die iberischen Staaten im 16. und 17. Jahrhundert. In: Handbuch der Europäischen Geschichte (HEG). Hg. v. Th. Schieder, Bd. 3. 1971

Rachfahl, F. Die Trennung der Niederlande vom Deutschen Reiche. In: Westdeutsche Zeitschrift für Geschichte und Kunst 19. 1900

Rassow, P. Die Kaiseridee Karls V. 1932

Rassow, P. Die politische Welt Karls V. 1942

Rassow, P. Karl V. Der letzte Kaiser des Mittelalters. 1957

Rassow, P./Schalk, F. (Hgg.) Karl V. Der Kaiser und seine Zeit. 1960

Rauscher, R. Volební kapitulace a volební reverse panovníků ve statech střední evropy. (Wahlkapitulationen und Wahlreverse der Herrscher in den Staaten Mitteleuropas.) 1926

Reichstagsprotokoll des kaiserlichen Kommissars Felix Hornung vom Augsburger Reichstag 1555. Anhang: Die Denkschrift des Reichsvizekanzlers Georg Sigmund Seld für den Augsburger Reichstag. Hg. H. Lutz/A. Kohler. 1971

Reeves, M. Joachim of Fiore and the Prophetic Future. 1976

Reeves, M. The Influence of Prophecy in the later Middle Ages. A Study in Joachimism. 1969

Reeves, M. Egidio di Viterbo ed il profetismo gioachimitico. In: Florensia. Bollettino del Centro Internazionale di Studi Gioachimiti 4. 1990 (im Druck)

Reinhard, W. Die kirchenpolitischen Vorstellungen Kaiser Karls V. Ihre Grundlagen und ihr Wandel. In: Iserloh (Hg.): Confessio Augustana. 1979

Riedenauer, E. Kaiser und Patriziat. Struktur und Funktion des reichsstädtischen Patriziats im Blickpunkt kaiserlicher Adelspolitik von Karl V. bis Karl VI. In: Zeitschrift für bayerische Landesgeschichte (ZBLG) 30. 1967

Sanchez-Loro, D. La inquietud postrimera de Carlos V. 1957

Sandoval, F. Prudencio de Historia de la Vida y Hechos del Emperador Carlos V Maximo, Fortisimo, Rey Catolico de Espana y de las Indias, Islas y Tierras Firmes del mar Océano, I–III. Hg. Carlos Seco Serrano. 1955

Schick, L. Jacob Fugger. 1957

Schmid, P. Reichssteuern, Reichsfinanzen und Reichsgewalt in der ersten Hälfte des 16. Jahrhunderts. In: Angermeier, H. (Hg.) Säkulare Aspekte der Reformationszeit. 1983

Schmitt, E. (Hg.) Die großen Entdeckungen. Dokumente zur Geschichte der europäischen Expansion. Bd. 2. 1984

Schramm, P. E. Herrschaftszeichen und Staatssymbolik. Beiträge zu ihrer Geschichte vom 8.–16. Jh. 2 Bde. 1954–56

Schulte, G. Niederdeutsche Hansestädte in der Spätzeit Kaiser Karls V. 1988

Schulze, W. Reich und Türkengefahr im späten 16. Jahrhundert. Studien zu den politischen und gesellschaftlichen Auswirkungen einer Bedrohung. 1978

Seibt, F. Die mährischen Hutterer im Rahmen der Reformation in Mitteleuropa. In: Die Hutterischen Täufer. 1985

Seibt, F. Gioachino da Fiore ed il Raggionamento Utopico nella Riforma. In: Florensia. Bollettino del Centro Internazionale di Studi Gioachimiti 4. 1990 (im Druck)

Seibt, F. Glanz und Elend des Mittelalters. Eine endliche Geschichte. 1987

Seibt, F. Hus in Konstanz. In: Hussitenstudien. Personen, Ereignisse, Ideen einer frühen Revolution. 1967

Seibt, F. Johannes Hergot. Die Reformation des »Armen Mannes«. In: H.-J. Goertz (Hg.): Radikale Reformatoren. 1978

Seibt, F. (Hg.) Kaiser Karl IV. Staatsmann und Mäzen. 1978

Seibt, F. Karl IV. Ein Kaiser in Europa. 1978

Seibt, F. Die Krise der Frömmigkeit – Die Frömmigkeit aus der Krise. Zur Religiosität des späten Mittelalters. In: 500 Jahre Rosenkranz 1476–1975. Katalog zur Ausstellung in Köln. 1975

Seibt, F. (Hg.) Renaissance in Böhmen. 1985

Seibt, F. Revolution in Europa. Ursprung und Wege innerer Gewalt. 1984

Seibt, F. Zum Reichsvikariat für den Dauphin. In: Zeitschrift für historische Forschung (ZHF) 8. 1981

Steglich, W. Die Reichstürkenhilfe in der Zeit Karls V. In: Militärgeschichtliche Mitteilungen. 11. 1972

Stein. H. (Hg.) Olivier de la Marche. 1922

Stirling, W. The Cloister Life of the Emperor Charles the Fifth. 1852

Straub, E. Das bellum iustum des Hérnan Cortès in Mexico. 1976

Stupperich, R. Der Humanismus und die Wiedervereinigung der Konfessionen. 1936

Sutter-Fichtner, P.   Ferdinand of Austria: The Politics of Dynasticism in the Age of Reformation. 1982

Sutter-Fichtner, P.   When Brothers Agree. Bohemia, the Habsburgs and the Schmalkaldic War, 1546–1547. Austrian History Yearbook 11. 1975

Terlinden, Vicomte Ch.   Carolus Quintus. Kaiser Karl V. Vorläufer der europäischen Idee. 1979

Tyler, R.   The Emperor Charles the Fifth. 1956

Vaněček, V.   Cultus pacis. Etudes et documents du »Symposium Pragense Cultus Pacis 1464–1964. Commemoratio pacis generalis ante quingentos annos a Georgio Bohemia rege propositae.« 1966

Vocelka, K.   Die politische Propaganda Kaiser Rudolfs I. (1576–1612). 1981

Völger, G./K. Welck (Hgg.)   Männerbande – Männerbünde. Zur Rolle des Mannes im Kulturvergleich. 1990

Walther, A.   Die Anfänge Karls V. 1911

Wandruszka, A.   Ferdinand I. In: Neue Deutsche Biographie (NDB). 1961

Weber, H.   Zur Heiratspolitik Karls V. In: Lutz (Hg.) 1982

Wiesflecker, H.   Kaiser Maximilian I. Das Reich, Österreich und Europa an der Wende zur Neuzeit. Bde. 1–5. 1971–1986

Walser, F./R. Wohlfeil   Die Spanischen Zentralbehörden und der Staatsrat Karls V. Grundlagen und Aufbau bis zum Tode Gattinaras. 1959

Wolter, H.   Das Bekenntnis des Kaisers. In: F. Reuter u. a. (Hg.): Der Reichstag zu Worms von 1521. Reichspolitik und Luthersache. 1971

Yates, F. A.   Astrea. The Imperial Theme in the Sixteenth Century. 1975

Zeeden, E. W.   Die europäischen Staaten 1450–1660. In: Handbuch der Europäischen Geschichte (HEG) Bd. 3. 1971

Namen- und Ortsregister

Wolf Jobst Siedler

Wanderungen zwischen Oder und Nirgendwo
Das Land der Vorfahren mit der Seele suchend

So geht es dann also in das alte Brandenburg, weißer Sand, glitzernde Wasser, rote Kiefernstämme. Niemand hat es beachtet, als es noch Brandenburg war, die Streusandbüchse des Römischen Reiches. Preußen mußte es werden, damit Faszination

144 Seiten
Abbildungen
Leinen

im
Siedler
Verlag

von ihm ausging, zum Guten oder zum Bösen. Aber Preußen war der König, war die Armee, war die Beamtenschaft und dann natürlich die Idee, die alles zusammenhielt. Das Territorium selber war ziemlich unergiebig, nicht nur in ästhetischer, sondern auch in ökonomischer Hinsicht; Rüben, Gerste und Roggen, das war alles.
Fontane mußte kommen, diesen Boden ans Licht zu ziehen, das der Geschichte und das des Gefühls.

Wolf Jobst Siedler

Auf der Pfaueninsel

Spaziergänge in Preußens Arkadien

Kein tragischer Ort, die Pfaueninsel; nur ein Ort, wo eine Laune
Geschichte an einem Platz zusammenzog. Die Laune von wem?
Die Laune eines Prinzen? Die Laune der Geographie, die hier
eiszeitliche Ablagerungen in dem Wasser zurückließ, das zwei
Residenzstädte trennt und verbindet, denn man kann zu Schiff
von Berlin nach Potsdam? Oder wollte sich die Geschichte selbst

WOLF JOBST SIEDLER
AUF DER PFAUENINSEL
*SPAZIERGÄNGE IN
PREUSSENS ARKADIEN*

128 Seiten
60 Abbildungen
Leinen

*im
Siedler
Verlag*

CORSO bei Siedler

eine Laune gönnen, vorführen, wie sich das Größte im Kleinsten
spiegelt? Kein tragischer Ort, die Insel »Zu den Pfauen«, das alte
»Pauwerder«, nur ein Stück Land, in die Geschichte gefallen.

»Dieser Band hat ein geistiges Volumen, dem so viele umfang-
reichere Geschichtswerke nicht entsprechen können.«
Günter Kunert, Frankfurter Allgemeine Zeitung